두 명의 이십 대 여성을 향한
25인 여성들의 뜨거운 연대 추천사!

이 책에 긴박하게 때로는 차분하게 담은 사건의 충격은 이루 말할 수가 없습니다. 그런데 가장 인상적인 것은 이 비범한 필자들이 너무도 '평범한' 이십 대 여성들이라는 사실입니다. 이 평범함에 새삼 큰 희망과 용기를 얻게 되었습니다. _구정아(영화 프로듀서)

N번방의 관전자 중 누구도 자신들이 저지르는 일이 잘못이라는 걸 모르지 않았다. 다만 그들은 자신들이 안전할 거라 믿었다. 그 믿음을 깬 추적단 불꽃에게 깊이 감사를 드린다. _권김현영(여성학자)

흔들리지 않는 피해자중심, 탈코르셋, 아웃리처, 끝끝내 익명, 이 시대 두 명의 찐영웅, 전혀 새로운 젊은 여성 정치리더의 탄생 기록을 존경과 감동으로 단숨에 읽었다. _권인숙(더불어민주당 국회의원)

어린이를 지키기 위해서 지금 먼저 해야 하는 일은 이 책을 정독하는 일이다. 명확한 사태 파악 없는 분노는 힘으로 조직할 수 없다. 그리고 어느 미래에 디지털 성착취의 악몽 안에서 누가 어린이를 지키고, 안전한 세계를 만들었느냐고 묻는다면 그 용감한 길의 선두에 추적단 불꽃이 있었다고, 그들의 책을 읽어보라고 말할 것이다. _김지은(아동문학평론가)

이십 대 여성으로 살아가며 끊임없이 비참한 현실을 마주할 때, 최전선에서 맞서는 그들의 용기와 강인함을 생각한다. 언제나 그 용기를 본받고 싶다. _김초엽(소설가)

그들의 문제가 아니라 나와 우리의 문제라고 생각한다. 우리는 우리의 일상을 우리의 힘으로 바꾸어낼 것이라는 믿음을 재확인했다. 이 책을 통해 '우리'의 목소리에 귀 기울이고 공감하는 것도 연대가 아닐까. _류호정(정의당 국회의원)

여성이 안전한 사회가 누군가에게는 위험이 될 리 없습니다. 이 책은 한국 언론의 미래와 디지털 성착취 근절이라는 거대한 방향성을 제시할 뿐 아니라 페미니즘이 필요한 이유와 역할을 통렬히 풀어냅니다. _박민지(국민일보 기자)

불편하다는 이유로 외면하고 싶을 때는 하루에도 몇 시간씩 N번방을 지켜본 불과 단을 떠올리겠습니다. 묻히고 있는 N번방에 새로운 불꽃을 지펴줄 책. 있는 힘껏 구매하고 나누겠습니다. _수신지(만화가)

블랙홀처럼 곪아버린 이 땅의 성인지 수준을 용감히 밝혀낸 두 명의 불꽃. _슬릭(뮤지션)

슬프게도 우리는 아직 알아야 할 것이 많다. 꼭 "읽어보고" 말해야 하는 책, 지금 나와서 다행인 책이다. 추적단 불꽃의 존재를 응원한다. _엄지혜(채널예스 기자)

이 책은 '추적단 불꽃'의 일상과 추적 사이의 경계가 흐릿해져가는 과정을 담았다. 이 기록이 '디지털 성착취 세계 종말기'의 첫 페이지가 되길 바란다. _오연서(한겨레신문 기자)

세상을 바꾸는 여성의 모습. _오지은(뮤지션)

본 것을 봤다고 끈기 있게 말하는 일에 변화의 힘이 깃들어 있음을 보여주는 르포르타주다. _은유(작가)

평범한 두 사람이 위대한 일을 해냈다. 같은 뜻을 가지고 애쓰는 사람은 많지만 특별히 두 사람이 감동적인 이유는, '적은 경험과 기술'을 가지고 아무도 결심하지 않은 끔찍한 일을 해냈기 때문이다. 그런데 진짜 끔찍한 사실은 당시 '이것이 얼마나 끔찍한 일'인지 세상은 각성하지 못했다는 점이고, 정말 위대한 점은 '이들은 그것을 알면서 결심했다'는 것이다. _이경미(영화감독)

성폭력 가해자들을 드러내는 고발과 연대의 기록은 이렇게 아카이빙되어야 한다. _이다혜(씨네21 기자)

이 미친 나라에서는 성범죄를 밝히고 기록하는 것마저 여성의 일이다. 추적단 불꽃이 견디고 이뤄낸 모든 걸음에 존경을 보내며, 읽고 기억하기에 동참한다. _이두루(봄알람 출판사 공동대표)

비접촉 시대의 '방향등'으로서 여성들의 안전에 밝은 불빛을 비추어주십시오. _이수정(범죄심리학자)

시대정신을 담은 고발성 기사는 심장 뛰는 모든 기자들의 사명입니다. 그러나 사명을 넘어 사회 구조를 바꾸는 일은 꿈처럼 어렵습니다. 그 꿈에 먼저 다가선 불꽃에게 큰 용기와 응원을 보냅니다. _이화진(KBS 기자)

불과 단의 용기와 집념에 가슴이 뜨거워졌다. 모두가 알아야 할, 아직 진행 중인 이야기. _임현주(MBC 아나운서)

불과 단, 두 사람의 용기로부터 거대한 변화가 시작됐다. '나'가 '우리'가 되는 순간 불꽃이 타올랐다. 이제 더 많은 '우리'들이 각자의 자리에서 이 환한 불꽃에 합류할 때다. _장혜영(정의당 국회의원)

N번방 사건은 우연한 계기로 세상에 알려진 것이 아니다. 끊임없이 직시하고, 고민하고, 행동하며 살아 온 두 이십 대 여성의 삶이 세상에 큰 파장을 던져낸 것이다. '불꽃'이라는 익명 뒤에 있을 수밖에 없는 현실에 대한 위로와 감사를 고개 숙여 전하고 싶다. _전고운(영화감독)

참혹한 착취를 먼저 목격한 데에서 그치지 않고 온 힘으로 미래를 끌어온 추적단 불꽃에게 우리 모두 큰 빚을 졌다. 이 중요한 기록을 함께 읽으며, 두 언론인이 앞으로 걸어갈 길에 강력한 지지를 보내고 싶다. _정세랑(소설가)

디지털 성폭력 근절을 위해 활동하는 것은 힘든 일이다. 두 눈으로 목격한 범죄 행위는 매 순간을 침범하고 일상의 안녕과 안정은 멀어진 지 오래다. 그럼에도 우리가, 불꽃이 멈출 수 없는 이유가 이 책에 들어 있다. N번방을 세상에 알리기까지 그들이 흔들린 시간과 고뇌한 흔적이 고스란히 담겨있는 이 책은 대한민국 여성사에 소중한 한 획이 될 것이다. 혼자서는 변화를 가져올 수 없으며 세상은 쉽게 바뀌지 않는다. 그러나 서로를 이해할 수 없었던 불과 단이 만나 추적단 불꽃이 되었듯, 다른 배경과 다른 생각을 가지고 다른 위치에서 살고 있는 여성들이 동일한 의제를 위해 싸우는 서로를 만나게 된다면 그 자리에는 눈부시게 타오르는 불꽃이 피어나리라 믿는다. _최서희(리셋)

누구나 읽어야 할 책이다. 안전하고 건강한 사회 속에 살아가고 싶은 사람이라면, 이 기록을 마주하면서 디지털 성범죄의 끔찍함에 경악했고, 나의 무지함에 부끄러웠으며, 행동으로 연대하고 싶어졌다. 처참한 현실을 직시할 수 있도록 끈기 있게 취재한 불과 단에게 감사드린다. 세상을 바꾸는 건 이런 이들로부터 번져나가는 용기의 화력이다. _황선우(작가)

페미니즘은 어제의 나를, 우리를, 세상을 어떤 방식으로든 부수고 변화시킨다는 사실을, 불과 단을 통해 더욱 선명하게 확인한다. 당장 변한 게 없는 것처럼 느껴질 때도 '페미니즘이 정말 세상을 바꿀 수 있을까?'라는 질문을 더는 하지 않기로 했다. _황효진(팟캐스트 시스터후드 진행자)

우리가 우리를 ─── 우리라고
부를 때

일러두기

1 이 책에서 용어 '음란물'과 '성착취물'은 각각 구분하지 않고, 모두 '성착취물'로 통일했다.

2 각주 중 '불꽃 수첩'은 지은이가 디지털 성범죄 관련 용어와 사건을 짧게 정리해넣은 것이다.

3 법률에 따라 범죄자의 신상공개 결정이 내려진 이들의 실명과 나이 등을 닉네임 옆에 병기했다.
  병기하지 않은 이들은 신상공개처분이 법원의 가처분 결정으로 취소되어 불허된 경우다.

우리가 우리를 ── 우리라고 부를 때

N번방 추적기와 우리의 이야기

추적단 불꽃 지음

이봄

시작하며

2020년은 'N번방'사건으로 온 나라가 분노했습니다. 분노의 열기를 통해 가해자는 합당한 처벌을 받고, 피해자는 숨지 않아도 되는 그날이 하루빨리 오길 희망했습니다. 2021년, 주요 가해자들의 재판이 아직 끝나지 않았습니다. 그러나 디지털 성범죄를 향한 분노의 목소리는 나날이 약해지고 있습니다. '사건이 서서히 잊혀 1년 뒤에는 내 영상이 어딘가에 올라오겠구나…….' 체념하던 피해자의 말이 아직 생생합니다. 빠르진 못해도, '해결'이라 말할 수 있는 그날까지 우리는 피해자와 함께할 것입니다. 이 책이 지긋지긋한 여성 혐오 범죄에 지친 이들에게 '이제 함께 걸을까요?'라는 인사로 다가가면 좋겠습니다.

'어떻게 하면 섬세하게 디지털 성범죄 피해자의 목소리를 기록할 수 있을까?' 유념하며 1부와 3부를 썼습니다. 2부는 각자 살아온 이야기와 함께, 피해자의 목소리를 기록하는 나의 마음에 귀 기울이며 썼습니다. 1부와 3부는 사실관계를 정확히 따져 기사 형식으로 썼고, 2부는 불과 단의 에세이를 담았습니다. 2부를 쓰는 내내, '과연 내 글이 책이 될 수 있을까?' 하며 스스로를 의심했습니다. 그러면서도 우리는 에세이를 쓰며 나와 대화했던 매 순간 위로받을 수 있었습니다. 여러분에게도 이 책이 위로가 될 수 있기를 소망해봅니다.

책을 읽으시는 도중, 사건의 끔찍함에 마음이 힘드실 수 있습니다. 믿고 싶지 않은 이야기라, 알아야 한다는 것을 알면서도 알고 싶지 않으실 수도 있습니다. 1년 넘게 사건을 취재한 저희조차도 때로는 사건이 주는 괴로움에 눈을 가릴 때가 있는 걸요. 그럼에도 감히 부탁드립니다. 사건을 받아들이고, 문제를 인지해주세요. 저희가 이 사건을 계속 취재하는 이유는 계속되는 묵인이 불러일으킬 폐해를 너무도 잘 알기 때문입니다.

1부와 3부를 쓰던 어떤 날은, 괴로워서 노트북을 덮었습니다. 혼자였다면 며칠 동안 기운을 차리지 못했을 겁니다. 추적단 불꽃으로 활동하면서, 우리가 두 명이라서 다행이라는 생각을 많이 합니다. 혼자였다면 진작 포기했을 일들이 참 많다는 것을 깨닫는 중입니다. 더 많은 사람들이 우리와 함께한다면 어떤 기운이 솟아날지 궁금합니다.

책을 통해 독자들에게 가까이 다가갈 수 있다면 얼마나 좋을까요. 1년 넘게 익명으로 활동하다보니, 연대하는 사람들과 마음 놓고 교류를 할 수 없어 아쉬움이 컸습니다. 그래서 책에서만은 '나 사실 이런 사람이야' 하고 툭 터놓기로 했습니다. 우리의 공통점은 여성, 20대 중반, 같은 대학과 전공, 자매가 있다는 정도입니다. 너무 다른 환경에서 자라온 우리의 차이점은 손에 다 꼽을 수도 없이 많습니다. 그럼에도 대한민국에 사는 20대 여성으로서 겹치는 경험 역시 많았습니다. 살아온 환경, 살아온 방법, 살아온 시간이 달라도, 우리를 '우리'라고 부를 때 연대는 시작된다고 생각합니다.

오래전부터 어려운 싸움을 하시며 용기를 주신 이수정 교수님, 서지현 검사님, 같은 목표를 가지고 활동하며 애쓰시는 리셋, 그 외에도 한국여성의전화, 텔레그램 가해자 재판방청 연대 활동가님들, 피해자

분들을 위해 애써주시는 한국성폭력상담소의 관계자 여러분들이 있었기에 저희도 무엇이 문제인지 명확히 알고, 취재할 수 있었습니다. 조금씩이지만 나아지고 있는 이 한국 사회의 변화는 여러분들께서 일궈낸 자산입니다. 성범죄 타도 활동을 지속하는 일이 어렵다는 것, 저희도 이번 일을 통해 뼈저리게 느꼈습니다.

진심을 담은 응원을 아끼지 않아준 정유선 기획자님, 저희를 믿고 기다려주신 이봄 출판사의 고미영 대표님, 이채연, 성유경 편집자님, 첫 책을 여러분이 맡아주셔서 얼마나 다행인지요. 늘 감사한 마음 가지고 살겠습니다. 저희를 불꽃으로 뭉치게 해주신 주영기 교수님, 감사합니다. 또 우리를 지지해준 박 선배를 비롯한 선배 기자님들 고맙습니다.

그리고 우리가 취재를 시작한 이래로 가장 많은 걱정을 하고 계시는 우리 가족, 고맙고 미안하고 사랑합니다.

2020년 9월
추적단 불꽃 드림

차례

1부
2019년 7월
그날의 기록

3장. 나의 목소리를 내기 시작하다

4장. 어디로 가야 나를 다시 만날까

5장. 취재를 시작하며

3부
함께
타오르다

2019년 7월

1부   그날의 기록

2019년 7월, 우리는 손안의 지옥을 보았다

1년 전, 우리는 기자를 꿈꾸는 대학생이었다. 취업에 도움이 될 만한 수상 스펙을 쌓으려 뉴스통신진흥회의 '탐사 심층 르포 취재물' 공모전 준비를 하고 있었다. 기사 주제는 '불법촬영'으로 잡았다. 대한민국에서 살아가는 20대 여성인 우리에게 무엇보다 피부에 와닿는 문제였기 때문이다.

우리는 불법촬영물이 유포되는 소굴을 찾으려고 인터넷 검색을 했는데 생각보다 쉽게, 다양한 사이트를 발견할 수 있었다. 어느 정도 예상은 했지만 여러 차례 맥이 빠지고 허탈해졌다. 우리가 일상을 보내는 모든 곳에서 불법촬영 범죄가 발생하고 있다는 것을, 수많은 여성들이 자신이 피해자인 것을 모른 채 살아가고 있다는 것을 직면해버린 게 그 이유였다. 10분쯤 '구글링'을 했을까, 'AV-SNOOP'이라는 구글 블로그가 눈에 띄었다. 그간 봐왔던 사이트들과는 좀 달라 보였다.

불법촬영물 공유 사이트는 대개 사진과 영상 등 이미지 위주인데 반해 이 블로그는 글이 많았다. '와치맨'이라는 운영자가 자신의 블로그에 불법촬영 사진이나 영상에 대한 후기를 여럿 올려두었는데, 그 중에서도 텔레그램 '번호방'(당시 가해자들은 N번방을 '번호방'이라고 불렀다) 후기가 특히 눈에 띄었다.

이미지 없는 단순 게시'글'임에도 불구하고 조회 수가 블로그 내에서 가장 높았다. '트위터 ○○녀 유포 사건(N번방)'이라는 게시글을 클릭해 읽어보니, '갓갓'이라는 닉네임을 가진 자가 청소년들을 대상으로 성 학대를 일삼고 있다는 내용이었다. 게시글 끝에는 일명 '노예 영상'이 모바일 메신저인 텔레그램에서 공유되고 있다고 적혀 있었다.

AV-SNOOP 블로그 상단에 '고담방'이라는 텔레그램 대화방으로 가는 링크가 올라와 있는 것을 보았다. 어떤 일이 벌어지고 있는지 확인해야 했다. 먼저 텔레그램에 가입한 다음 고담방에 입장했는데 놀랍게도 성인인증 같은 입장 조건이 전혀 없었다.(텔레그램은 가입 시 번호를 비공개로 설정하거나 이름을 원하는 대로 바꿀 수 있어서, 개인정보가 노출되지 않는 것이다.)

아무런 위험부담 없이 고담방에 들어가자 맨 먼저 '공지'가 눈에 띄었다. 1번부터 8번까지 대화방이 있는데, 그 방에서만 볼 수 있다는 영상에 대한 품평과 영상 속 여성의 신상 정보가 간략하게 정리되어 있었다. 번호가 매겨진 여덟 개의 대화방에서는 분명 무슨 일이 벌어지고 있었다. 고담방에만 이미 1000명에 이르는(2019년 7월 15일 오후 10시 기준) 익명의 텔레그램 회원들이 들어와 있었다. 이들은 온갖 불법촬영물에 대한 정보를 공유하고 여성을 인간이 아닌 한낱 상품으로 취급하는 대화를 쉬지 않고 이어갔다. 한 시간에 오가는 대화 글이 1000개가 훌쩍 넘었다. 두 시간 정도 동태를 살피니 방의 생리를 어느 정도 파악할 수 있었다.

고담방의 방장은 AV-SNOOP 블로그 운영자인 '와치맨'이었고, 그는 방의 참여자들에게 '형님'으로 통하고 있었다.

"텔레그램에 정상적인 것 보러 오는 놈은 없지. AV 보려고 여기 들어왔으면 차라리 일본 사이트를 뒤져라~"

"그럼그럼~ 텔레그램은 아청물(아동·청소년이 나오는 영상) 보러 오는 곳이지."

우리가 입장한 후로도 참여자 수는 계속해서 늘어나고 있었다.

"전 여친 카톡 아이디 뿌려도 되나요?"

전에 사귀던 애인의 개인정보인 카카오톡 아이디를 뿌리는 참여자도 있었다. 대화방 참여자들은 "카톡 아이디는 됐고, (성관계) 영상 풀어줘"라며 그를 부추겼다.

무엇보다 이들의 최대 관심사는 'N번방'이었다. 와치맨은 N번방에 있다는 여성의 이름, 학교, 반, 평가를 주기적으로 올리며 참여자들의 궁금증을 증폭시켰다. 소위 'N번방 회원'들은 주로 고담방에서 N번방에 있는 여성들을 대상으로 한 품평회를 열었다. "○○이 학교 찾아가자"는 식으로 강간을 모의하기도 했다. 고담방은 입장이 까다롭지 않기 때문에 불법촬영물이 올라가 누군가 이를 신고한다면 방이 폭파될 우려가 있었다. 그렇게 되면 N번방으로 가는 첫번째 통로가 막히기 때문에, 와치맨은 고담방에 성착취물이나 불법촬영물이 올라오면 곧바로 삭제하고 올린 사람을 강제 퇴장시키는 등 초 단위로 철저히 관리했다.

고담방에서 N번방과 연결되는 링크를 바로 받을 수는 없었다. 먼저 고담방에서 파생된 대화방에 입장해야 하는데 파생방으로 가는 링크는 불시에 올라왔다. 취재를 시작하고 하루 만에 알게 된 '파생방'만 20개가 넘었다.

파생방에는 국내외 포르노와 국내 불법촬영물은 물론이고 아동을 불법촬영한 사진, 그리고 분류를 할 수 없을 정도로 낯설고 잔인한 영상들이 공유되고 있었다. 파생방에 처음 입장한 사람들은 방에 있는 사람들이 원하는 사진이나 동영상을 올리며 자연스럽게 무리에 섞여 들었다.

파생방 한 군데만 해도 불법촬영 사진 1898개, 동영상 938개, 용량이 커서 압축한 파일 233개가 오가고 있었다. 우리가 직접 본 것만 이정도였다. 텔레그램 회원들끼리 개인적으로 주고받은 불법촬영물도 있을 터였다. 대체 하루 동안 불법촬영물 유포가 얼마나 자주, 빈번히 일어나는지 도저히 헤아릴 수가 없었다.

우리가 잠입해 있던 파생방에서는 주로 나이와 국적을 가리지 않은 아동 성폭행 영상과 화장실이나 여성 자취방 불법촬영물, GHB(일명 물뽕)를 먹여 기절시킨 여성을 성폭행하는 사진과 영상 등이 유포됐다. 영상 유포와 함께 여성을 성희롱하는 대화가 이어졌다. 어떤 파생방에서는 성희롱하는 대화에 참여하지 않으면 강제 퇴장을 시키기도 했다.

파생방의 방장들은 "몰카 올리면 N번방 링크 줌" "희귀 야동 올리면 N번방 준다" 같은 말을 흘렸다. 하지만 우리에게 그런 영상이 있을리 없었다. 어떻게 하나 고민하던 참인데 고담방에 비교적 쉬운 인증조건을 내건 참여자가 나타났다.

"나 N번방 링크 있음. N번방에 들어오고 싶은 사람은 프로필 사진을 일본 애니메이션 여주인공으로 설정하고 연락해."

우리는 바로 포털사이트에서 '일본 애니메이션'을 검색했고, 여주

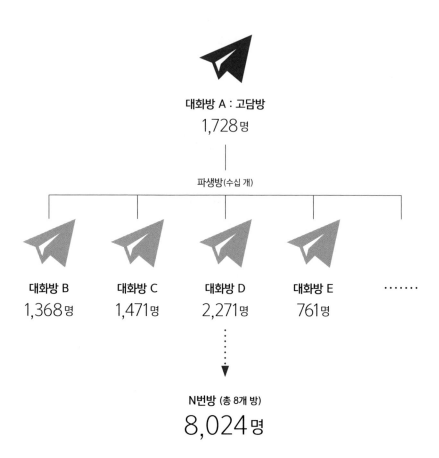

대화방 A : 고담방
1,728명

파생방(수십 개)

대화방 B
1,368명

대화방 C
1,471명

대화방 D
2,271명

대화방 E
761명

⋯⋯⋯

N번방 (총 8개 방)
8,024명

2019년 7월 30일 오후 5시 텔레그램 대화방 현황표.
대화방 A는 고담방, 대화방 B~E는 고담방에서 링크를 얻어야 들어갈 수 있는 주요 파생방이다.
취재 당시 주요방을 포함한 또 다른 파생방만 수십 개가 넘었다.

인공의 사진을 저장해 텔레그램 프로필 사진을 바꿨다. 그는 바로 링크를 보내줬고, 우리는 텔레그램에 가입한 지 다섯 시간 만에 링크를 받아 N번방 중 하나인 1번방에 입장했다.

N번방 입장과 동시에 눈에 들어온 것은 피해자들의 나체였다. 고담방과 파생방 회원들이 수없이 말하던 '노예'였다. 대부분 중학생 혹은 초등학생으로 보였다. 피해자들은 도구를 이용해 자위행위를 하거나, 칼로 몸에 글자를 새기기도 했다. 야외 공간 등에서 겉옷 하나만을 걸친 채 나체로 길거리를 활보하기도 했다.(이는 '갓갓'이 피해자들에게 시킨 행위 중 일부일 뿐이다. 2차 피해를 유발하지 않기 위해 특정 피해 사례는 언급하지 않는다.) 피해자들은 N번방 회원들의 지시에 따라 그런 영상을 직접 촬영해 보내는 것 같았다.

영상을 본 우리는 한동안 아무 말도 할 수 없었다. 정신이 혼미해졌다. 이게 정말 현실에서 일어나는 일인가······? 지금 우리나라에서, 우리와 같은 시대에 살고 있는 이들이 벌이는 짓인가······? 혼란스러웠다. 도무지 믿기지 않았고, 믿고 싶지도 않았다. 그때 N번방의 공지가 눈에 띄었다.

여기 공유되는 아이들의 영상과 사진들은 일탈계[1]하는 여자아이들을 협박하여 얻어낸 자료들입니다. 시키는 대로 하지 않아 도망간 아이들(의 영상)이니 마음대로 (유포)하셔도 됩니다.

N번방 중 1번방의 공지 캡처 자료.

피해자들은 'N번방'으로 불리는 감옥에 갇혀있었다. '갓갓이라는 자가 부모님과 학교에 알려질까 두려워하는 피해자들의 심리를 이용해 협박했겠구나.' 협박을 당한 피해자들의 심정이 어땠을까 생각하니 속이 울렁거렸다. 텔레그램 대화방에서는 끔찍한 범죄가 벌어지고 있었다. 실시간으로 계속해서 가해자와 피해자, 그리고 성착취물이 우리 눈 앞을 지나치고 있었다. 기사 하나를 쓰자고 그냥 보고만 있을 수는 없었다. 신고를 해야 했다. 그게 먼저였다.

텔레그램 대화방의 가해자들과 그들의 정신적 지주

"N번방이 ○○녀 시리즈[2]보다 더 핫한가요? N번방 구경도 못해본 1인입니다."

"아무래도 못 본 사람은 번호방(N번방)이 핫하죠. 이전 글 찾아보면 번호방 들어갈 수 있습니다."

"몇 페이지 정도 올려야 하나요? 이 방(고담방) 하루 종일 올려봐야 겠네요."

"이정도 말 했으면 알아서 찾아봐야 하는데, 그걸 못 찾겠다고 자꾸

---

1   일탈하는 계정의 줄임말로, 성별 구분 없이 주로 10~20대 초반 이용자들이 SNS에 성적 욕망을 표출하는 계정이다. N번방 사건은 갓갓이 일탈 계정을 해킹하거나 참여자들을 협박해 얻어낸 개인정보로 1년 이상 수십 명의 미성년자들을 성착취한 사건이다.

2   불법촬영물을 가리키는 가해자들의 은어. 시리즈 앞에 붙은 '○○녀'는 불법촬영 피해자를 가리킨다.

물어보면 강퇴시키겠습니다. 양심에 털 난 것도 아니고."

　고담방에서 N번방의 성착취 영상을 찾던 어느 회원은 와치맨에게 '뜨내기' 취급을 당했다. 기존 가해자들은 대화방에 막 참여한 '신입'에게 최소 사흘은 말을 하지 말고 분위기부터 살피라고 으름장을 놓았다.

　우리가 취재를 시작한 2019년 7월, N번방은 1번부터 8번까지 있었는데 이 사실을 알게 된 건 고담방에서였다. 고담방의 공지는 말하자면 N번방의 홍보 문구였다. 고담방 운영자인 와치맨은 공지를 띄워 사람들의 호기심을 불러일으키면서도 정작 '신입'이 'N번방을 어디서 볼 수 있냐'고 물으면 면박을 줬다. 이처럼 와치맨은 공지글로 사람들을 끌어모으는 바람잡이 노릇을 하면서 성착취 동영상을 보려고 몰려드는 사람들 위에 군림하고자 했다. 또한 자신은 블로그와 텔레그램 대화방(고담방)에서 N번방을 홍보하는 통로 역할을 할 뿐, '갓갓'처럼 성착취물을 직접 제작하지는 않으니 죄가 없다는 논리를 펴는 이중적인 성범죄자였다.

　와치맨은 방장이다 보니 방에 있는 가해자들에게 여러 질문을 받았는데, 이때 답한 내용을 정리해보면, 그는 20대 후반의 수학 학원 강사였으며 미혼이었다. 결혼했느냐는 질문에는 "학원에 애들 많은데 굳이 결혼을 왜 하는지?"라고 답했다. 아동의 성착취물을 공유하는 자가 학원 강사라니…… 그가 하는 말을 다 믿을 순 없었지만 '혹시' 하는 두려움이 일었다. 그는 "테러 용의자도 텔레(텔레그램)에서 협조한 사례 없다"라며 사람들을 안심시키고, 자신이 운영하는 고담방을 "텔레 입문자를 위한 사용설명서"라고 말할 만큼 자부심을 드러내기도 했다.

그가 운영하는 대화방과 블로그를 통해 유입되는 사람이 너무 많았다. 와치맨의 정체를 알아내 신고해야 했다. 그래야 디지털 성범죄 가해자들이 고담방을 거쳐 성착취물을 시청하고 유포하는 행위를 막을 수 있었다. 우리는 와치맨의 신상에 관한 모든 정보를 캡처하기 시작했다.

N번방 사건 기사화, 해도 될까?

텔레그램에는 N번방 말고도 성희롱과 강간 모의, 지인능욕 등 각종 성범죄가 판치는 대화방이 너무나 많았다. 대체 어떤 실태를 어디까지 기사화해야 하나 고민이 되었다. 고담방에 모인 가해자들은 종종 N번방에서 벌어진 일이 비현실적이라 영상을 확인하기 전까지는 믿지 않았다고 떠들어댔다. 그러면서 N번방에서 일어난 일은 일본 성인 애니메이션에서나 나올법한 내용이므로 국내 언론은 믿지 않을 테고, 따라서 기사화될 일은 절대 없을 거라며 마음을 놓았다. 그들은 이 일이 잔인한 '성착취 사건'임을 잘 알고 있었고 바로 그런 이유로 안심했다. '텔레그램' '디지털 성범죄' 'N번방'을 포털사이트에서 검색해도 사건과 관련된 기사 한 줄 나오지 않았다.

2019년 7월 중순, 와치맨은 "원래는 (기사로) 트위터 ○○녀[3]가 나왔어야 했다"며 "커뮤니티에 퍼지면 언론에서 냄새 맡고 기사 써야 하는데 도시괴담이라면서 아무도 안 믿는다"고 조소했다.

이에 '켈리'가 말했다. "대한민국에서 1000명 정도가 알고 있는 사건으로 덮어두자." 그는 1000명이 훌쩍 넘는 고담방 참여자들 중에서 특히 더 활발하게 활동하던 가해자였다. 당시 우리는 한 남성 중심 온라인 커뮤니티에서 링크를 보고 찾아왔다는 고담방 참여자도 보게 됐다. 실제로 우리가 구글에 'N번방' '번호방' '트위터 노예'를 검색하자 남성 중심 온라인 커뮤니티인 '개드립' '웃긴대학'에서 N번방에서 발생하는 피해 사실들과 관련한 게시글들을 발견할 수 있었다. 하지만 이런 글은 커뮤니티 가이드라인에 위배되어 바로 삭제될 뿐, 누군가 경찰에 적극적으로 신고하는 움직임은 전혀 보이지 않았다.

7월 말, 공모전 제출 마감이 다가올수록 우리의 걱정은 커져만 갔다. 공모전을 통해 N번방 기사를 발표하는 것이 피해자들에게 더 큰 고통을 줄까 싶어 염려되었다. 기사가 나갔어도 그대로 묻힌다면, 텔레그램 N번방을 홍보해주는 꼴이 될 수 있었다. 그래서 기사화가 조심스러웠고 두려웠다. 중요한 것은 기성 언론이었다. 언론이 'N번방' 사건에 관심을 갖고 탐사 보도를 이어간다면 우리의 걱정도 한결 덜어질 거라 생각했다. 언론이 가해자들을 끝까지 추적해 강력히 처벌해야 한다는 여론을 끌어내야 피해자를 보호할 수 있을 것이다. 우리는 국민일보에서 인턴기자 생활을 할 때 알게 된 선배 기자에게 조언을 구하기로 했다.

---

3 **불꽃 수첩** ① N번방 사건과 같은 성착취를 당한 피해자들을 가리키는 은어이다. N번방 사건이 세상에 드러나기 전인 2019년 여름과 가을, 디지털 성착취 범죄는 번호방 사건, 트위터 노예녀 사건 등으로 불렸다. 트위터에서 활동하던 가해자들이 성착취 영상을 유포한 행위는 최소 2016년부터 꾸준히 자행된 것으로 우리는 파악하고 있다.

국민일보 박 선배는 경찰이 협조한다면 조심스럽게 공론화할 수 있을 것 같다고 말했다. 그는 2차 피해를 우려하면서도 '피해자가 없는 사건은 없다'며 기자로서의 입장을 분명히 밝혔다. 우리는 박 선배의 조언 이후, 며칠간의 고민 끝에 "사회를 더 나은 방향으로 바꿀 수 있다면 보도해야 옳다"는 결론을 내렸다. 보도 이후 피해자의 2차 피해가 두려워 눈앞의 1차 가해를 외면할 수 없었다. 우리가 한 달간 지켜본 끔찍한 '가해자 연대'를 하루라도 빨리 해체시켜야만 했다. 법의 사각지대에 무방비 상태로 버려진 피해자를 보호하고, 껍질 속에 꽁꽁 숨은 소라게처럼 텔레그램에서 살고 있는 가해자를 엄벌하기 위해 이 사건에 관한 기사를 써내려갔다.

피해자 '본인'인가요?

우리가 처음 문을 두드린 곳은 경찰청 본청 사이버안전국이었다. 이곳에 신고해야 각 지방 경찰청으로 사건이 배분되어 효율적으로 수사를 할 수 있으리라 판단했다. 사이버 공간에서 발생하는 범죄의 성격상 가해자들은 전국에 흩어져 있을 가능성이 높았다.

신고 전날 새벽 내내 텔레그램의 여러 대화방에 상주하며 분위기를 다시금 파악했다. N번방이 아닌 다른 대화방에서도 온갖 성범죄가 벌어지고 있었기에 어디서부터 설명해야 할지 막막했지만, 우선 각종 대화방의 통로인 고담방의 운영자 와치맨과 N번방 사건을 고발하기로 했다. 우리는 다음 날 오후, 본청 사이버안전국에 연락했다.

"한 가해자가 아동·청소년 수십 명을 대상으로 성착취 영상을 제작한 사실을 알아냈습니다. 영상들은 텔레그램 내에서 아주 널리 공유되고 있어요."

"디지털 성범죄는 접수된 사건들이 많아서 지금 설명한 사건도 분명 신고가 됐을 거예요, 사건 당사자신가요?"

"아, 피해자는 아닌데요. 그래도……"

"피해자 본인이 아니면 신고가 힘들어요."

'친고죄4 폐지된 지가 7년이나 지났는데……'

수사관은 디지털 성범죄가 얼마나 심각하게 자행되고 있는지 인지하지 못하는 눈치였다. 특히나 보안이 견고한 텔레그램에서 벌어지는 성범죄는 더더욱 눈에 띄지 않을 터였다. 우리 역시 텔레그램 N번방까지 들어가기 어려웠고 안에서 벌어지는 범죄를 파악하는 데 여러 날이 걸렸다. 결국 인근 경찰서를 찾아가 자세히 설명하기로 하고 바로 택시를 잡아탔다.

경찰서 안내 데스크에서 사이버 범죄를 신고하러 왔다고 말하고,

---

4   **불꽃 수첩** ② 범죄의 피해자 또는 법률이 정한 자의 고소, 고발이 있어야 공소할 수 있는 범죄로 성범죄를 저지른 사람은 피해자의 고소가 없어도, 피해자와 합의를 해도 처벌을 받게 된다. 13세 미만 아동·청소년을 강제추행하거나 강간, 살인을 저지른 범죄자는 공소시효를 적용하지 않는다는 내용을 담은 개정 조문이 2013년 6월 19일부터 시행되었다. 1953년 9월 형법 제정 이래 60여 년 만에 '성범죄에 대한 친고죄 규정'(형법 제296조 및 제306조)이 전부 삭제, 폐지되었다.

'사이버수사팀'이라는 팻말 앞에서 숨을 크게 들이쉬었다.

"안녕하세요. 사건 신고하러 왔는데요. 먼저 보여드릴 자료가 있습니다."

우리가 가져온 사진과 동영상 자료를 보는 동안 경찰관은 아무 말도 하지 못했다. 그는 사건의 심각성을 인지하고 '피해자와는 연락이 되었는지, 가해자의 규모는 파악했는지' 등 질문을 쏟아내기 시작했다. 우리는 한 주 동안 파악한 사건의 진상을 열심히 설명했다.

경찰관은 "미성년자들의 성착취물을 제작하고 유포하는 것은 처음 보는 사이버 범죄 유형"이라며 "사건이 중대하니 경찰청으로 사건을 올리는 것이 좋겠다"고 말했다. '아, 다행이다……' 우리는 안도의 한숨을 내쉬었다. 하지만 한편으로는 경찰청에서 적극적으로 수사에 나서지 않으면 어쩌지, 하는 걱정이 치밀어 올랐다. 여성 안전이 사각지대에 놓여 있는 현실에 좌절감을 느끼던 때였다. 2018년, 여성들이 거리로 나와 불법촬영과 웹하드 카르텔5, 여성 혐오를 방치하는 정부를 규탄하며 '불법촬영 편파수사 규탄시위'를 벌였다. 여성을 대상으로 한 성범죄가 불법촬영이라는 방식으로 은밀해지고 있다는, 사태의 심각성을 알리는 아시아 최대 규모의 여성 인권 시위였다. 그로부터 고작

---

5 **불꽃 수첩 ③** 음란물이나 성범죄 동영상 같은 불법 영상물을 올리는 이용자와 웹하드 업체들이 유착해 부당 이득을 취하는 것을 말한다. 웹하드에 불법 콘텐츠를 대량으로 올려 유통시키는 이른바 헤비 업로더와 불법 콘텐츠를 검색해 차단해야 하는 필터링 업체가 모두 웹하드 업체와 손잡고 있는 것이다.

1년도 지나지 않았는데 인터넷에서 이런 끔찍한 사건을 목도한 것이다. '우리가 이 범죄를 막고 싶다고 한들 정말 막을 수 있을까?'

강원지방경찰청의 연락을 기다리는 닷새 동안 텔레그램 성범죄의 중심부였던 고담방의 참여자 수는 100명가량 더 늘어났다.

경찰과 불꽃의 대화방 개설

경찰서에 다녀온 후 다음주 월요일에 강원지방경찰청 사이버수사대 성폭력수사팀 경찰관 두 사람을 만났다. 경찰관에게 우리가 들어간 대화방을 보여주었다. 대화방에서는 꾸준히 성착취 영상물이 올라오고 있었다. 괴로웠다. 범죄의 양상을 전하는 일이 죄책감을 수반할 줄은 몰랐다. 경찰관에게조차 영상을 보여주는 게 거부감이 들었다. 불법 촬영 영상을 시청하는 행위 자체가 피해자에게는 가해이기 때문이다. 카페 구석에서 노트북을 켜고 텔레그램 대화방 중에서 가장 활발했던 '고담방' '완장방'(불법촬영물, 성착취물 공유방) 그리고 '번호방'(N번방)에 대해 설명했다. 경찰관들은 대화방을 살펴보다 문화상품권이나 암호화폐 관련 대화에 집중하는 모습을 보였다. 우리가 지나쳤던 가해자들의 대화도 경찰관의 시각으로 보면 결정적인 증거가 될 수 있겠다는 생각이 들었고 그제야 마음이 놓였다.

"드디어 수사가 시작되는구나!"

그동안 끝이 안 보이는 터널에 서 있는 것 같았다. 눈앞에서 벌어지는 끔찍한 범죄에 전전긍긍했다. 수사기관에서 디지털 성범죄의 심각성을 알아주기를, 그래서 사건을 제대로 수사해주기를 간절히 바랐다.

수사기관에 고발이 접수되었으니 이제 우리가 지켜봤던 텔레그램 대화방은 '범죄현장'이 되었다. 우리는 범죄가 실시간으로 일어나는 이 대화방에서 계속 잠입 취재를 해도 되는지, 경찰관의 조언을 구했다.

"두 분께서 사건을 취재하는 일은 수사에 협조하는 활동이라 문제 없습니다. 다만 수사 중인 경찰이 아닌 다른 사람에게 사진이나 영상을 공유해서는 절대 안 됩니다."

7월 중순, 경찰 수사가 시작되었다.

경찰관은 우리와 함께 만든 카카오톡 대화방에 첫 메시지를 올렸다.

"시간에 구애받지 말고 언제든 자료 공유해주세요."

우리는 이 메시지가 참 고마웠다. 언제든 수사할 준비가 되어 있다는 말로 들렸다. 이후 고담방의 와치맨을 비롯해 가해자 검거에 증거가 될 것 같은 자료를 수시로 대화방에 올렸다.

"이런 정보도 도움이 되나요?"

그동안 모은 증거가 쓸모가 있는지 반신반의하면 경찰관은 "무엇이든 피의자를 특정할 수 있는 내용이라면 다 도움이 된다"며 격려해줬다. 우리가 보낸 자료를 그냥 지나치는 법이 없었다.

우리가 도움이 될까요?

우리는 코딩 수업이 끝나고 저녁 식사를 마치자마자 새벽 3~4시까지 하루 평균 다섯 시간 정도 증거를 수집한 뒤 잠자리에 들었다. 잠에서 깨면 곧바로 텔레그램에 접속했다. 대화방 하나당 수천 개의 대화가 쌓여 있었다. 아침에 눈을 뜨면 새벽에 일어났을 사건이 걱정돼 한 시간은 텔레그램 대화방을 나가지 못했다. 우리가 잠 드는 새벽 시간에 놓치는 피해자가 있을지도 모른다는 생각에 매일 아침이 불안의 연속이었다. 경찰에 신고한 뒤 7월 셋째 주 이후로는 밤중에 모니터링을 하다가 절로 눈이 감길 때까지 휴대전화를 손에서 놓지 못했다. 우리가 당장 사건을 해결할 수 없다는 사실은 알고 있었지만, 그렇다고 가만히 있을 수는 없었다. 뭐라도 해야 할 것 같았다.

우리가 들어간 대화방은 100개 정도였다. 가해자들이 성범죄 영상을 가장 활발히 공유하는 시간은 자정부터 동이 틀 때까지다. 영상이 비교적 적게 공유되는 시간인 오전 6시부터 오후 6시까지는 이런저런 잡담이 오간다. 고담방에서만 수천 명이 대화하고 있기에 화제도 가지각색이었으며 단 1분도 대화가 끊기는 법이 없었다. 경찰이 수사에 나선 이후 우리는 매일 캡처한 대화방 자료를 보냈다. 주로 불법촬영 피해자에 대한 가해 행위, 불법촬영물 유포 장면을 캡처한 것이었다.

우리의 취재 방식이 특별한 것은 아니다. 대학에서 언론을 전공했지만, '사이버 범죄'를 취재하는 방법은 배우지 못했다. 하지만 사이버 공간에서 벌어지는 성착취 행위와 피해자의 인격을 짓밟는 대화를 추적해 증거로 만드는 일은 전공 지식이나 취재 요령이 아닌 끈기가 필요하다는 걸 깨달았다. 이렇게 그들을 반드시 법의 심판대에 세워야 한다는 신념 하나로 버티느라 가해자들에게 받는 정신적 충격이 가랑비에

옷 젖듯 우리에게 스며드는 줄도 몰랐다. 감당하기 힘든 순간들을 이겨
내며 우리는 1년 넘게 잠입 취재를 수행했다. 텔레그램은 전쟁터였고
우리의 휴대전화 사진첩에는 전쟁의 상처가 고스란히 담겨 있었다. 사
건 해결은 더뎠고 모니터링을 포기하고 싶은 순간은 매일 매순간 찾아
왔다. 그런 생각을 하는 동안에도 텔레그램 가해자들은 계속 피해자를
공격하고 있었다.

　우리의 활동이 세상에 드러나자 어떤 이들은 '추적단 불꽃이 어린
애들 탐정 놀이 하듯 증거를 수집했다'고 비웃었다. 휴대전화로 그저
텔레그램 대화방의 동태를 살핀 대학생 둘이 수집한 증거 자료를 어떻
게 신뢰할 수 있느냐는 것이었다. 물론 그렇게 생각할 수도 있다. 우리
가 수집한 자료의 내용을 모두 믿을 수는 없다. 가해자가 거짓말을 했
을 가능성도 배제할 수 없기 때문이다. 가해자 자신이 '○○대 철학과'
에 다니고 '학원을 운영하고 있다'고 한 말처럼 걸러야 할 정보들도 많
았다. 하지만 우리는 그런 내용도 전부 캡처하고 노트북에 대화 내용을
백업해두기로 했다. 그래야 계속 전진할 수 있었다.

텔레그램은 못 잡는다고요?

불꽃 '래빗'은 특정될 것 같은데, 이 증거가 도움이 될까요?
경찰 좋은 정보네요! 감사합니다.

래빗 추적 첫날, 경찰관과 나눈 대화다. 텔레그램 고담방을 비롯한 각종 파생방에 우리보다 2주가량 늦게 들어온 회원이 있었다. 텔레그램 닉네임 '래빗'. 래빗은 경찰이 수사를 시작했을 때 등장해 우리에게 '이 정도면 텔레그램이라도 가해자를 잡을 수 있겠는데?'라는 희망을 선사한 장본인이다. 밤낮을 가리지 않는 활발한 활동으로 래빗은 금세 대화방의 '열혈 참여자'가 되었다. 그는 마치 날 좀 잡아보라는 듯이 자신의 꼬리를 아주 길게 내밀기 일쑤였다. 처음부터 자신의 신상을 대화방에 공개했던 것이다.

래빗 추적 이틀째, 우리가 정리해둔 그의 신상 정보는 이랬다.

'○○대 공과대학 1×학번, 최근 위치 광주광역시, 최근 대구 여행.'

익명으로 흘린 정보라 마냥 믿을 수는 없었지만, 사실일 가능성이 있어 검거에 도움이 될 단서는 모두 정리했다.

래빗 추적 사흘째, 당시 활발하게 활동하던, '이기야'(이원호), '체스터'(완장방 방장) 등 주요 가해자들은 래빗이 성실하고 개념 있다며 신뢰하기 시작했다. 래빗은 하루종일 텔레그램을 들여다보는지 시도 때도 없이 대화를 해서 사기를 올렸고, 물을 흐리는 참여자들을 관리했으며, 아동 청소년 성착취물까지 자주 공유했다.

래빗은 남성이 다수인 커뮤니티 디시인사이드에서 온라인 친구를 사귀듯 텔레그램 대화방에서도 다른 회원들과 친분을 쌓으려 했다. 자신과 같은 지역에 살고 있는 사람에게는 동네주민을 만난 양 반가움을 표현하기도 했다. 주요 가해자들은 일반 참여자들에게 "래빗만큼만 하라"고 말할 정도였다. 자연히 래빗은 우리 눈에도 띄었다.

'신작'을 원하는 회원들은 많았다. '신작'이 많이 올라오는 대화방일 수록 참여자가 많았다. 주요 운영자들은 대화방 참여 규모를 늘려 결국 에는 돈을 받고 방을 팔고 싶어 했다. 불법촬영물 유포를 비롯한 참여자 들의 활발한 활동은 대화방 매각 대금과 직결되어 있었다. 고담방에서 파생된 대화방 가해자들은 성착취물 공유를 통해 수익도 취할 수 있게 된 것이다. 여성의 인격을 짓밟아 가해자들이 얻는 게 고작 돈이었다.

고담방에서 파생된 다수의 대화방에서 활발하게 활동한 래빗은 다른 회원들에게 '롤 모델'로 통하기 시작했다. '완장방'과 '딸딸이방'에서 활발하게 활동하면서 점점 이름을 알렸던 것이다. 대화에 많이 참여할 수록 닉네임을 노출시키는 빈도수가 늘어나기에 가해자들은 단 사흘 만에 래빗을 '주요 회원'으로 인식했다.

"(링크 첨부) 외국인한테 페도물[6] 받아 옴ㅋ"

래빗 추적 나흘째. 스타벅스 ○○점 앞에서 사진을 찍어 자신의 위치라며 전송했다. 사실이라고 믿고 싶었다. 자신이 서 있는 지하철역 풍경을 찍어 보내기도 했다. 우리는 그가 일상을 공유할 때마다 그가 개인정보를 흘리게끔 살살 긁었다. 래빗을 특정할 수 있는 단서를 얻는 게 목적이었다. 이렇게 얻어낸 정보는 경찰관에게 전달했다.

---

6 '페도'는 페도필리아(pedophilia: 소아성애)의 줄임말로, '페도물'은 소아 성착취물을 가리 킨다.

래빗을 거의 잡을 수 있겠다 싶은 결정적 단서가 나왔다. 래빗이 자신의 신체검사 결과를 올리며 좋지 않은 등급이 떴다고 푸념하는 게 아닌가. 우리는 예의주시하며 휴대전화 화면녹화 기능을 실행했다. 텔레그램에서 주고받는 대화는 카카오톡과 달리 바로 삭제할 수 있기에 유일한 증거인 대화를 지워버리는 상황에 대비해야 했다.

"속보, 본인 (신체검사) ✕급 뜸"

"재검 (받아야 하는 거) 아님?"

"시력만으로는 ✕급임"

래빗이 신체검사 결과와 병원 정보 등을 누설한 대화방은 '노사모ㅡ우리들의 야동 저장소'였다. 대화방에 참여한 회원들은 1500명이었는데 주요 가해자 열 명가량이 래빗과 대화를 나누었다. 그들은 "래빗이 ○○대학병원 간호사 보러 가노"라며 맥락 없는 여성혐오를 쏟아내기도 했다.

래빗을 추적한 지 일주일이 되던 날, 래빗은 동남아시아, 오스트레일리아, 러시아 국적으로 보이는 아동들을 대상으로 한 '아동·청소년 성착취물'을 소비하고 유포하는 행위를 주도했다. 이전에는 자신의 신상을 노출하면서 대화에 열정적으로 참여하는 정도였는데, 서서히 본색을 드러낸 것이다. 이어 래빗은 영미권 국가의 아동 성착취물이 유통되는, 소수만이 입장 가능한 국제 대화방을 회원들에게 소개했다.

우리가 주요 가해자로 인식한 지 며칠 되지도 않았는데, 래빗은 소아 성착취 영상물을 공유했다. 인적 사항만 특정되면 텔레그램 대화방에서 미성년자 성착취물을 유포한 혐의를 적용할 수 있을 터였다.

불꽃 지금 수집한 내용들로 잡기 힘들까요?

경찰 해당 정보는 관련 절차를 밟아 확인해야 하는데 일단 ○○지
방병무청을 상대로 확인한 결과, 신체검사 ×급에 해당하는
이들이 일부 있어 명단 확보하면 특정 가능할 것으로 보입니
다. 따라서 현재 관련 절차를 밟는 중입니다. 래빗의 말이 사
실이면 잡을 수 있을 겁니다!

며칠 뒤, 래빗이 텔레그램에서 사라졌다. 마침내 잡힌 것이다.

성착취 가해자들의 연대기

래빗을 잡은 건 시작에 불과했다. 나머지 주요 가해자들도 반드시
응분의 대가를 치러야 했다. 래빗은 와치맨이나 켈리 등에 비하면 조무
래기였다. 특히 '켈리(신모 씨)'는 아동에게 병적으로 집착했는데, '국내
유일 로리방 인턴쉽'을 비롯해 수많은 아동 성착취물 대화방을 개설했
다. 그는 범죄자 손정우가 운영한 '웰컴 투 비디오'의 공지사항과 같은
내용을 올렸다. "성인물은 올리지 말 것." 켈리는 성착취물 신고와 단속
을 피하려고 아동·청소년 성착취 파일은 압축해 올려야 한다는 점을 강
조했다.

켈리의 행위는 갈수록 심각해졌다. 자신이 벌인 아동 성착취를 자

랑삼아 떠벌리고 동남아시아 여행지에서 길을 지나는 여아의 모습을 촬영해 올리기도 했다. 영상에서 켈리는 아이에게 "얼마면 되냐"고 묻고 있었다. 켈리의 손과 목소리가 나온 이 영상을 경찰에게 보냈다.

켈리는 자신이 '공무원'이라고 말했다. 실제로 9급 공무원에 합격할 수 있는 '꿀팁'을 전수하기도 했다. "공무원 시험도 해킹이 가능하다 이기야~"라며 장애인 전형을 추천했다. 이 꿀팁을 여기저기 공유하라는 말도 덧붙였다. 나중에 경찰에 체포된 후 확인해보니 켈리는 공무원 시험 준비생이었다. 공시생이자 텔레그램 대화방의 가장 적극적인 이용자였다. 켈리는 "로리 환영" "반사회적 반인륜적 자료 환영" "고딩도 안 꼴림"이라고 수시로 이야기하며 자신이 소아성애자임을 자랑하듯 드러냈다.

일반 이용자도 금세 적극적인 이용자가 되었다. 닉네임 '김 마스터'는 자신이 교회 학생부 회장이라며 교회에서 아이들 뒷모습이나 일곱 살 여아가 누워 있는 모습을 속옷이 보이게 찍어 올렸다. 참여자들이 좋은 반응을 보이면, '올릴 맛'이 난다며 신나했다. 그는 불법촬영을 밥 먹듯이 저질렀다. "지나가는 아줌마 뒤태 찍어봤어용"이라는 말과 함께 불법촬영물을 올리고, 친구 엄마, 교회 지인, 중학생 때의 선생님 사진을 유포하기도 했다.

텔레그램 내 지인능욕의 시작은 김 마스터였다고 말해도 과언이 아니다. 그는 여성이라면 나이 불문하고 누구라도 찍어서 대화방에 올렸다. 이를 본 다른 회원들도 너나없이 지인 사진을 올리기 시작했다. 이윽

고담방의 '켈리'등의 대화 캡처 자료.

고 김 마스터는 '아줌마 조○○'이라는 대화방을 만들었다. 일반 이용자는 이런 식으로 자신의 '취향'에 맞는 방을 만들어 운영자가 되었다.

2019년 8월 26일, 한 피해자가 자살했다는 이야기가 떠돌았다. 그들은 "○○(특정 지역)에 살면 죽어도 돼" 혹은 "내 알바 아니잖아"라고 말하며 자신들은 아무 상관도 없다는 식으로 굴었다. 죄책감 따위는 전혀 없었다. 지켜보는 우리만 애가 탔다. '피해자가 정말 극단적인 선택을 했으면 어떡하지'라는 생각에 경찰에 전화해봤지만 확인할 길은 없었다. 며칠 동안 잠을 이루지 못했다. 인간에게 이렇게까지 역겨움과 증오를 느낄 수 있을까…… 가해자들을 죽이고 싶다는 생각뿐이었다.

8월 말, 켈리가 사라졌다. 아침저녁 없이 활발하게 활동하던 켈리가 사라지니 다른 회원들은 "켈리 어디 감? 뒤졌냐?"라는 반응을 보였다. 열혈 운영자였던 닉네임 '똥집튀김'은 켈리가 갑자기 사라질 놈은 아니라며 상황이 심상치 않다 싶었는지 자신의 방을 폭파했다. 우리는 이미 켈리를 체포했다는 연락을 받은 터였다. 가해자들끼리 켈리가 잡힌 것 아니냐며 불안해하는 꼴을 보며 '너도 얼마 안 남았어. 조금만 기다려'라는 말을 삼켰다.

경찰은 켈리를 취조해 주요 가해자들을 잡아들여야 한다며 보안 유지를 당부했다. 수사를 받던 켈리는 자신의 혐의를 극구 부인하며 진술을 거부하다가 증거가 하나둘 드러나며 도저히 부인할 수 없는 상황에 이르자 수사에 적극 협조하기 시작했다고 한다. 켈리가 대화방에서 누누이 강조하던 '경찰에 잡혔을 때 대처하는 법'대로 행동한 셈이다. "처음엔 무조건 적극 부인해라." "빼도 박도 못하는 증거가 나오면 경찰에 적극 협조해서 형량을 줄여라."

경찰 수사에 적극 협조하면 형을 감경받을 수 있다는 사실을 알고 '대처법'을 성실히 수행한 덕에 2019년 11월, 켈리는 1심에서 징역 1년 형을 선고받았다. 켈리는 이 판결도 무겁다며 항소했지만, 검찰은 켈리가 범행을 모두 자백한 점 등을 고려했다며 항소하지 않았다. 그러나 N번방 사건이 공론화되고, 디지털 성착취 범죄를 엄벌해야 한다는 여론이 높아지자 검찰은 2심 선고를 앞두고 부랴부랴 재판을 다시 열어달라고 요청했고 보강 수사를 통해 공소장 변경을 시도했다. 이튿날, 켈리는 항소를 포기했고 결국 징역 1년형이 확정되었다.

몇 달간 켈리의 범행을 낱낱이 보아온 우리는 분노를 참을 수 없었다. 고작 1년형이라니. 그야말로 솜방망이 처벌이 아닌가. 켈리의 형이 확정된 날, 우리는 그의 범죄 행각을 정리해 영상을 만들었고, 이를 유튜브에 올렸다. 많은 사람들이 우리와 함께 분노했고 여론이 끓어올랐다. 결국 검찰은 보강 수사를 통해 아동·청소년 성착취물 배포, 상대 여성의 동의 없이 성행위 장면을 촬영한 혐의 등을 들어 켈리를 추가 기소했다. 추가 혐의에 대한 재판은 2020년 8월 11일 진행되었는데, 그는 검찰의 증거수집 절차가 위법하다며 무죄를 주장하고 있다.

대한민국에서 디지털 성범죄 처벌이 얼마나 미약한지 그들은 너무나 잘 알고 있었다. N번방은 이런 어처구니없는 판결을 먹고 자란 것이다.

절대 잡힐 일 없다던 와치맨

2019년 9월, '추적단 불꽃'의 기사가 뉴스통신진흥회에서 우수상을 받았다. '텔레그램 N번방이 드디어 세상에 드러나겠구나, 우리를 취재하기 위해 기자들이 몰려들겠지, 그러면 더 많은 이들이 진상을 알게 될 거야. 그런데 가해자들이 우리를 잡아내려고 혈안이 될 텐데, 어떡하지.' 이래저래 마음이 조마조마했다. 하지만 세상은 이상하리만치 조용했고 다른 사람도 아닌 와치맨이 먼저 반응을 보였다. 우리 기사가 나온 날 자정이 지나, 와치맨은 "텔레 기사 떴다"는 말과 함께 기사를 캡처한 사진을 올렸다. 우리가 쓴 기사의 일부였다. 심장이 덜덜 떨렸다. 해당 기사에는 우리의 실명이 나와 있었기 때문이다.

아무리 사악하게 굴어도 세상은 조용하기만 하니, 범죄자들의 행태는 갈수록 심해졌다. 경찰 수사를 돕는 와중에도 현직 기자도 아닌 우리가 뭘 더 할 수 있을까 싶기도 했다. 하지만 피해자가 한없이 늘어나는 사태만큼은 막아야 했다. 증거수집은 우리가 할 수 있는 유일한 일이었다. 가해자를 특정할 수 있는 대화는 보이는 대로 캡처해 바로바로 경찰에게 보냈다. 수사 인력은 턱없이 부족한 데 반해 가해자들의 수는 빠르게 늘어나기만 했다.

9월 말, 고담방의 방장 와치맨의 '굿모닝'이 눈에 띄지 않았다. 매일 아침 와치맨은 비슷한 시각에 아침 인사를 남겼다. 그는 "내가 굿모닝 안 하면 경찰에 잡힌 걸로 알아달라"고 말한 적이 있다. '뭐지……? 설마……? 드디어……?' 간절한 마음으로 경찰관에게 연락해보았더니 확인해서 알려주겠다고 했다. 다음 날에도 와치맨은 모습을 드러내지 않았다.

그로부터 3일 후인 10월 초, 경찰에게서 전화가 왔다. 와치맨 소식인가 싶어 도서관에서 뛰쳐나가 전화를 받았다. "기자님, 와치맨 잡혔어요!" 얼마나 기쁘던지 학교 도서관 앞에서 펄쩍펄쩍 뛰었다. '드디어 잡았구나!' 경찰은 공범을 추적하고 있으니 철통같은 보안을 유지해야 한다고 주문했다. 또 수사 진행 상황이 밖으로 새어나가면 2차 피해가 발생할 우려도 있었다. 엄중한 상황임에도 우리 입 꼬리는 자꾸만 하늘을 향했다.

'드디어. 와치맨이 잡혔구나. 드디어.'

와치맨이 활동을 멈추자 고담방 참여자들은 그가 검거되었을 거라는 말을 주고받았다. 와치맨이 경찰에 붙들렸다고 판단한 일부 회원은 탈퇴했고 불법촬영물 유포 행위도 줄어드는 기미를 보였다. 하지만 그것도 잠시뿐이었다.

지인능욕

10월이 되자, 그들에게 N번방은 '한물 간 작품'에 불과했다. 그들은 계속 새로운 것을 찾으며 '지인능욕'에 열을 올렸다. 누군가 지인의 사진을 올리면 '능력자'라 불리는 자들이 다른 사람의 나체 사진과 합성해 뿌려댔고 대화방 가해자들은 이를 보며 성희롱을 일삼았다. 피해자를 대상으로 모욕적인 소설을 쓰며 신이 나서 떠들어대기도 했다. 이런 지인능욕방이 수십 개나 생겨났다. 선생님방, 군인방, 경찰방, 아줌마방, 중고딩방 등, 우리가 들어간 지인능욕방만 열 개가 넘었다.

처음에는 합성 사진이니 성착취 영상보다는 그나마 낫다고 생각했다. 하지만 얼마 지나지 않아 착각임을 깨달았다. 그들은 자신의 애인을, 친구를, 가족을, 선생님을 모욕하며 즐기고 있었다. 이 방에 있는 이들은 대체 누굴까, 내가 아는 사람이면 어떡하지? 나는 사람을 믿으며 살 수 있을까?

며칠 후, 학교 후배의 사진이 신상 정보와 함께 올라왔다. 후배에게 이 사실을 알려야 하나 말아야 하나 고민했다. 학교에서 후배를 마주칠 때마다 죄책감에 시달렸지만 차마 그런 이야기를 전할 수 없었다. 범인을 잡기엔 정보가 너무 미약했다. 1년이 지난 지금도 여전히 후배를 보면 죄스러운 마음이 든다.

피해자가 계속 늘어나는 것을 묵인할 수 없었다. 막을 수 있는 만큼이라도 막아야 했다. 먼저 SNS에서 해시태그 기능을 이용해 특정 직업군을 검색했다. 지인능욕방에 올라온 사진과 해시태그 기능으로 찾은 사진들을 하나하나 대조해 특히 피해가 심한 이들을 찾아 나섰다. 피해자를 찾아도 이야기를 전하기가 쉽지 않았다. SNS 개인 메신저를 통해 우리를 소개하고 피해 사실을 전했다. 당신의 사진이 수천 명의 이용자가 있는 방에서 성희롱의 대상이 되고 있다는 말을 전해야 하는데 쉽게 입이 떨어질 리 없었다. 그럼에도 알려야 했다. 짐작이 가는 사람이 있는지 묻고는 경찰에 신고할 것을 권했다. 용기를 내서 각 지방 경찰서에 신고한 피해자들은 한결같이 이렇게 말했다.

"경찰서에서 텔레그램 범죄는 영장 발부도 안 된대요. 가해자를 못 잡는대요⋯⋯"

피해자 A의 추적기

'잡지도 못하는 가해자, 오히려 모르는 게 나을 일을 공연히 알려서 피해자들만 괴롭게 한 것은 아닐까. 차라리 그만두는 편이 나을까.' 고민했다. 그러면서도 취재 과정에서 파악한 한 피해자의 사례가 계속 마음에 걸렸다. 피해자 A의 사진이 시도 때도 없이 올라왔는데, 거의 수백 장에 달했다. 700명이 넘는 사람들이 참여해 구경하는 대화방에 무방비로 던져진 희생자였다. 방장은 자신이 피해자 A의 친구라고 말하며 A의 사진과 신상을 유포했다.

'가해자가 피해자의 가까운 지인이라면 잡을 수 있지 않을까?' 우리는 이 사실을 피해자에게 알리기로 결심했다. 피해자의 SNS가 비공개라 연락처를 찾기가 어려웠지만, 대신 직장이 공개되어 있었다. A의 직장에 연락해 친구라고 소개하며 회신을 부탁했다. 직장에 이상한 소문이 날 수도 있고, 범인이 동료일 가능성도 있어서 신분을 감춘 것이다.

A와 겨우 연락이 닿아 상황을 설명했다. 그리고 지인능욕방에서 캡처한 합성 사진 일부를 보내며 원본 사진을 어디에 올렸는지 물었다. A는 의아해했다. 원본은 자신의 인스타그램에 올린 사진인데, 자기 계정은 비공개라서 소수의 지인만 볼 수 있다는 것이다. 지인을 희롱하는

방에서 나온 사진이니 가해자는 당연히 지인일 테지만, A는 지인 중에 가해자가 있을 수 있다는 사실에 반사적으로 거부감을 느낀 듯했다. 온라인 범죄 특성상, 인터넷에 떠도는 A의 사진을 보고 혹시 모르는 사람이 '팔로우' 신청을 해서 수락했을 가능성도 있지 않겠느냐 물었더니 A는 단호히 아니라고 말했다. 자신의 사진은 철저히 지인만 볼 수 있었으므로 지난 몇 년간 인터넷에 자신의 사진이 떠도는 걸 본 적 없다는 것이었다. 그렇다면 범인은 지인이 확실했다. 주변 경찰서에 신고할 것을 권했고, A는 곧바로 경찰에 신고했다. 아니나 다를까, 텔레그램 측이 수사에 협조하지 않기 때문에 영장이 발부되지 않는다는 답변이 돌아왔다.

하지만 A는 여기서 멈추지 않았다. A는 특정 팔로워에게만 사진을 공개하는 기능을 이용해 피의자의 범위를 좁혀가며 추적하기로 했다. 지인능욕방에는 A가 10년 전에 찍은 사진까지 올라왔기 때문에 동창이거나 동창을 통해 알게 된 남성들로 용의자를 좁혀갔다. 우선 사진의 공개 범위를 다시 수정해 몇 명만이 볼 수 있게 했다. 사진은 올린 지 겨우 두 시간 만에 지인능욕방에 유포되었다. 다시 팔로워 그룹을 나눈 뒤 특정 그룹에만 새로운 사진을 공개했다. A는 한 명씩 볼 수 있도록 공개 범위를 설정해 사진 한 장을 올렸다. 다시 지인능욕방에 A가 방금 올린 사진이 올라왔다. 너로구나, 범인!

이제 경찰에 알릴 차례였다. A는 해당지역 경찰서를 신뢰하지 않았다. 범인을 특정하기 전, 이러한 범죄가 일어났노라 신고했을 때 경찰

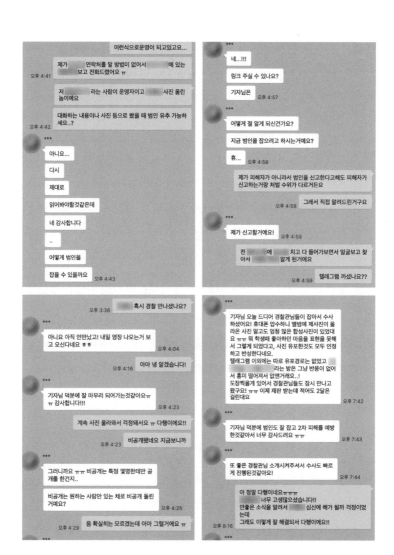

피해자는 우리와 함께 범인을 추적해나갔다.

측에서 사건을 접수하지 않고 반려한 탓이었다. 우리는 강원지방경찰청 사이버수사대에 신고할 것을 권했고 A는 우리를 믿고 따라주었다. 사건 개요를 파악한 사이버수사대에서는 "가까운 경찰서에 신고하는 것이 원칙이지만, 온라인에서 발생한 사건이니 피해자가 원할 경우 관할에 상관없이 신고를 접수할 수 있습니다"라고 말했다. 경찰이 확인한 결과, A와 우리가 지목했던 사람이 바로 범인이었다. 심지어 중학교 동창이었다. 경찰은 그의 휴대전화에서 A의 합성 사진과 일반 사진 수천 장을 확보해 2020년 1월 정보통신망 이용 촉진 및 정보 보호 등에 관한 법률 위반(명예훼손과 음란물 유포) 혐의로 입건하고 검찰에 송치했다. 그는 경찰 조사에서 "어릴 때부터 A를 좋아했는데 그런 마음을 잘못 표현하게 되었다"라고 밝혔다. 또래 남자아이가 여자아이를 괴롭히면 어른들은 '쟤가 널 좋아해서 그런다'고 말한다. 아니다. 괴롭힘은 결코 애정 표현이 될 수 없다. 잘못된 애정표현이라고? 아니, 명백한 성범죄다.

가해자들의 추모제

주요 가해자가 텔레그램을 탈퇴하고 잠적하면 대화방에서 '추모제'가 열린다. 2019년 가을, 와치맨이 잠적하자 국화꽃 이모티콘을 보낼 수 있는 '감시자추모방'이라는 대화방이 개설됐다. 와치맨이 관리하던 고담방(2019년 10월 1일 기준 참여자 5080명)에서는 며칠 전부터 "와치맨 경찰한테 잡혔네.""태국 여행 갔다니까 어디서 자꾸 ××× 같은 소리가 나오냐" 따위의 대화가 오가고 있었다. 검거된 범죄자들을 위로하는 가해자들만의 '문화'는 조주빈, 잼까츄 등 자기네가 '수장'이라고 떠받들던 성착취방 운영자들이 잡힌 후에도 여전했다.

경찰이 검거에 나섰는데도 공권력을 두려워하기는커녕 그런 일조차 놀이로 삼는 공간. 살면서 두려움이라는 감정을 느껴본 적이 없는 듯한 자들. 대체 이들은 어떻게 살아왔기에 위태로운 줄타기를 하며 놀 수 있는 걸까.

언론이라는 한줄기 빛

2019년 11월, 뉴스통신진흥회에서 전화가 왔다.

"한겨레신문 사회부 ○○○ 기자가 불꽃 기자분들 연락처를 물어보네요. N번방 취재 차 연락한 것 같은데 연락처를 알려줘도 될까요?"

드디어 언론에서 관심을 가지는구나, 정말 다행이다! 기자가 우리 번호를 조심스럽게 물어봤다는 점에서도 신뢰가 갔기에 연락처를 알렸다. 드디어 이 사회에 디지털 성범죄에 대한 경각심을 불러일으킬 수 있겠구나 생각했다. 전화를 걸어온 기자는 우리가 쓴 기사를 읽었다고 했다. 마침 그날은 N번방 사건을 공모전을 통해 기사화할 때 조언해준 국민일보 선배 기자와 저녁 약속이 있어 서울에 있을 때였다. 언론이 하루빨리 텔레그램 성범죄를 파헤치기를 갈망했던지라, 한겨레신문 기자와 다른 날에 보자고 하기가 아쉬웠다. 그래서 선약을 마친 뒤 만나기로 했다. 밖에서 설명하기 조심스러운 일이었지만 마땅한 장소가 없어 여의도역 근처에 있는 카페의 가장 구석진 곳에 자리를 잡았다.

밤늦은 시간에 버선발로 달려 나온 기자에게 어디서부터 설명해야 할까. 잠입 취재를 시작했던 7월부터 일어난 일을 쭉 설명해야 하나? 그럼 너무 장황하지 않을까. 우리 의도를 정확히 전달하지 못하면 어쩌지? 중요한 가해 사실들만 나열하는 편이 나을까? 온갖 이미지가 머릿속을 스쳐지나갔고, 우리 나름대로 범죄의 경중을 따져 이야기하다 무언가를 놓칠까 봐 가벼이 입을 뗄 수가 없었다. 한겨레신문 기자는 편하게 이야기해달라고 말했다. 우리는 7월에 잠입 취재를 한 계기부터 차근차근 설명해나갔다.

"기사를 보고 오셨다니 아시겠지만, 저희는 뉴스통신진흥회 '탐사 심층 르포 취재물' 공모전에 참가하려고 취재를 시작했습니다. 불법촬영물의 유통 경로를 쫓다가 와치맨의 AV-SNOOP이라는 구글 블로그를 발견했고 그가 정리해놓은 'N번방' 후기 글을 접했습니다. 실제 성착취 영상이 아니라 후기 글을 읽었을 뿐인데 온몸에 소름이 돋았어요.

만약 이게 사실이라면 이건 대한민국을 넘어 전 세계가 경악할 성범죄라고 생각했습니다. 당장 공론화해야 한다고 생각했어요. 하지만 대학생들의 취재 기사로는 가능해 보이지 않았습니다. 그래서 N번방의 실체를 확인하자마자 바로 경찰에 신고했고, 지금 4개월째 강원지방경찰청 사이버수사대를 돕는 활동을 하고 있습니다.

지금 보시는 게 와치맨이 운영하던 '고담방'이에요. 3000명이 넘게 참여하고 있습니다. 몇 달 전에는 7000명도 넘었는데 와치맨이 잠적한 뒤로 많이들 탈퇴했어요."

"와치맨은 경찰에 잡힌 걸까요?"

"글쎄요……(잡혔다는 사실을 알고 있었지만 공범들을 쫓는 중이었기에 보안을 유지하기 위해 이 부분은 말하지 않았다.) 수사 상황은 잘 모르겠습니다. 지금 여기 있는 수천 명의 가해자들 모두 N번방의 존재를 알고 있습니다. 저희가 들어가 있는 방만 100개가 넘어요. 이 카페에도 텔레그램 대화방에서 성범죄가 벌어지고 있다는 사실을 아는 가해자가 있을지 몰라요. 그런데 정말 아무도 신고를 안 했는지 언론매체에 기사 한 줄 안 나왔어요.

사실 저희가 취재했으니 뉴스통신진흥회가 주주로 있는 연합뉴스에서 탐사보도를 해주지 않을까 했는데, 아직 연락이 없습니다. 우선 연락을 기다리고 있어요. 지금 제보한다고 한들 관심을 기울일 언론사가 있을까 싶어요. 워낙 정치 문제에만 혈안이 되어 있어서…… 무엇보다 자극적으로 기사를 써낼 것 같아서 우려가 되고요. 우선 저희끼리 텔레그램에서 일어나는 또 다른 성범죄를 취재하고 있습니다.

경찰이 가해자를 전부 잡아들이지 않는 이상 피해자들은 계속 고통받겠구나, 하고 느꼈어요. 그래서 N번방을 처음 만든 '갓갓'을 꼭 잡고 싶어요. 갓갓이 누구냐면 텔레그램에 1번방부터 8번방까지 만들어서 운영한 다음에 경찰의 계좌 추적을 피하려고 문화상품권을 받고 텔레그램의 다른 대화방이나 트위터 등에 N번방을 판매한 사람이에요.

그러니까 갓갓의 N번방에는 최소 서른 명의 피해자들이 있어요.

SNS에서 일탈계하는 아이들을 점찍어 '너 부모님이 이런 음란한 짓 하는 거 아시냐?' 하고 협박하고 '나 경찰인데 너 학교에 찾아가고 부모님에게 연락하겠다'면서 경찰까지 사칭해서 거듭 협박한 악질이에요. 기자님, 혹여나 피해자 탓은 하시면 안 될 것 같아요.

저희가 기사 쓰면서 가장 걱정한 것도 의도치 않게 2차 피해를 유발하는 거예요. 피해자들이 '일탈계'를 운영했다는 기사가 나가면 분명 '피해자다움' 운운하면서 가해자가 아니라 피해자에게 비난의 화살을 쏘아대는 게 현실이니까요.

갓갓이 뭐라고 하냐면, 자기가 피해자들을 1년 넘게 협박했다는 거예요. 그루밍7 수법으로 이미 피해자들의 일상생활을 파괴해놓은 상태였다는 얘기죠. 아무쪼록 기사에서 피해자 입장을 잘 설명해주셨으면 해요.

피해자가 성착취 과정을 견디다 못해 '그만 하겠다'는 의사를 보이면 갓갓이 '이것만 찍으면 끝내줄게'라고 하면서 사기를 쳐요. 그가 시키는 대로 하면 성착취가 중단되느냐? 아니요. 가해자는 '부모님에게 알리겠다' '경찰에 신고하겠다'라며 피해자를 다시 협박해요.

가해자들은 이 대화방에 기자나 경찰들이 들어와 있다는 사실도 알

---

7 **불꽃 수첩** ④ 가해자가 피해자를 길들여 성폭력을 용이하게 하거나 은폐하는 행위를 뜻한다. 그루밍은 피해자 선정▶신뢰 쌓기▶욕구 충족▶고립시키기▶성적 관계 형성▶협박, 성착취 같은 과정을 거친다.

고 있어요. 그래서 취재하기 전에 계정 보안을 철저히 해야 해요. 그들은 '이용자의 개인정보'를 서로 공유하거든요. 만약 전화번호 숨김 설정을 안 해두면 기자님 신상이 노출될 수도 있어요. 꼭 숨겨야 하고, 이름도 사람 이름 말고 좀 특이한 걸로 바꾸는 편이 좋을 듯해요."

　여기까지 설명하는 데 한 시간 30분 정도 걸렸다. 보여줄 자료가 매우 많고 설명할 범죄 수법도 다양했기 때문이다. '소라넷[8]이 폐쇄된 이후 디지털 성범죄가 사그라든 것처럼 보이지만, 법의 허점과 수사기관의 잘못된 인식과 같은 사각지대에 숨어 가해자들은 미성년자의 성을 착취하고 있다, 또 텔레그램에서 암약暗躍하는 가해자들은 못 잡는다는 선입견 때문에 텔레그램 대화방은 지금 범죄의 소굴이 되었다⋯⋯' 이런 말을 전하고 우리는 헤어졌다. 지하철 막차 시간이 다 되어 급히 설명하느라 아쉬움이 남았다. 집에 가는 길에 문자를 보냈다.

　한겨레 기사를 통해 사건이 제대로 공론화되고 해결에 도움이 되면 좋겠어요!!

8　**불꽃 수첩 ⑤** 소라넷 폐쇄까지 이야기: 2015년 10월 소셜네트워크서비스(SNS)에 '소라넷고발프로젝트'라는 작은 단체가 등장했다. 하예나 전 대표가 이끈 '디지털 성범죄 아웃'(DSO, Digital Sexual Crime Out)의 전신이다.

이들은 불법 성착취물 유통과 성범죄의 통로가 된 '소라넷'을 실시간 모니터링했다. 초대남(공범)을 모집해 술 취한 여성을 대상으로 강간 모의를 하는 범행 수법 등을 수집하고 수사당국에 고발했다. 사안이 공론화하면서 경찰 수사에 속도가 붙었다. 이들의 노력으로 회원 100만 명을 둔 국내 최대 성인사이트 소라넷이 2016년, 운영 17년 만에 폐쇄됐다.

내일 중으로 취재 자료와 텔레그램 대화방 링크 정리해서 보내겠습니다! 기자님 다음에 또 뵐 수 있으면 좋겠어요.

2019년 11월 초, 한겨레신문에 갓갓의 'N번방'을 모방해서 만든 '박사방'의 운영자 조주빈과 관련한 연재기사가 나갔다. 첫 만남으로부터 일주일 후에 한겨레신문 기자와 다시 만났다. 우리가 들어가 있던 대화방과 그동안 수집한 자료들을 보여주었다. 2차 가해 우려가 있어 성착취 영상물이나 피해 사실, 피해자 얼굴 등은 가려서 제공했다.

우리는 한겨레신문 보도가 커다란 반향을 일으키리라 기대했다. 언론사 기자가 아닌 학생이 기사를 썼기 때문에 한계가 있었을 거야, 한겨레신문이 나섰으니 이제 됐어, 세상이 이 사건을 알아줄 거야, 이렇게 생각했다. 알음알음 알려지긴 했지만, 반향은 기대만큼 크지 않았고 해당 기자들은 말할 수 없이 수모를 당했다. 텔레그램 대화방에서는 회원들이 N번방 사건을 보도한 한겨레신문 기자들의 신상을 파헤치고 있었다. 기자 가족들 정보를 구해오면 '레어' 영상을 주거나, 유료방에 초대하겠다 약속하며 가해 행위를 부추겼다.

박사(조주빈)는 한겨레신문과 수사기관, 그리고 여론을 비웃는 공지를 올린다.

〈공지〉 최종 정리(19.11.25.)
텔레그램이 시끄러워지고 홍어9가 늘어남에 따라 딱 검증된 분들만 데리고 갑니다.

1단계 '노아의 방주' 방

금액 상관없이 코인 '모네로'[10] 입금 시 초대 드립니다. 그룹 채팅 방입니다.

2단계 자료방 '아트의 밤'

앞으로 박사의 모든 자료는 아트의 밤에 올립니다. 가격은 모네로 코인 한화 50만 원입니다.

3단계 극강 보안 '위커방'

구글 마켓 및 앱 스토어에서 '○○○' 메신저 다운받고 아이디 알려주세요. 가격은 150만 원. 연예인 및 모든 자료 다 업로드해놨으며 실시간 배우들도 상주 중.

제2의 N번방

한거레신문 기자들과 만나고 며칠 후 텔레그램 대화방에서는 또 다른 성착취 범죄가 예고됐다. 닉네임 '로리대장 태범'이 '제2의 N번방 개발자'를 모집하기 시작한 것이다. 그는 자신이 운영하던 '★공식 링크, 정보공유방★'(2019년 11월 28일 기준 참여자 6012명)에 다음과 같은 공지를 올린다.

---

9   전라도 지역 출신을 비하하는 용어. 텔레그램 대화방 내에서는 분위기에 적응 못하는 참여자들을 '홍어'라고 불렀다.

10   잔액 및 거래 내역을 추적하기 어려운 비트코인이나 이더리움 같은 암호화폐 중에서 익명성이 가장 잘 보장되는 화폐의 일종이다.

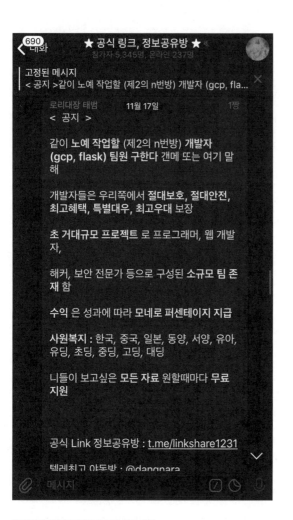

'로리대장 태범'의 대화방 공지 캡처 자료.

〈공지〉

같이 노예 작업할 (제2의 N번방) 개발자(gcp, flask) 팀원 구한다.

갠메(개인 메시지) 또는 여기(에) 말해.

개발자들은 우리 쪽에서 **절대 보호, 절대 안전, 최고 혜택, 특별 대우, 최고 우대 보장.**

초거대 규모 프로젝트로 프로그래머, 웹 개발자, 해커, 보안 전문가 등으로 구성된 **소규모 팀 존재함.**

수익은 성과에 따라 **모네로 퍼센테이지 지급.**

사원 복지: 한국, 중국, 일본, 동양, 서양, 유아, 유딩, 초딩, 고딩, 대딩

니들이 보고 싶은 **모든 자료** 원할 때마다 **무료 지원.**

"혹시 이 방 공지 보셨나요?" 우리는 경찰관에게 물었다.

"정보 감사합니다. 신경 써서 확인해보겠습니다!"

경찰관에게 정보를 보내면서도 설마, 설마 피해자가 또 생기겠어, 한겨레신문이 텔레그램 성착취 기사를 내보냈고, 추가 범행을 예고하는 공지도 경찰에 넘겼는데, 더 이상 피해자는 나오지 않겠지. 그렇게 생각했다.

며칠 후, 우리는 제2의 N번방 프로젝트의 대상이 된 세 명의 피해자를 확인하게 되었다. 그들은 한 달이 넘도록 성착취를 당했다고 한다. 대화방에 똬리를 튼 가해자들은 여전히 피해자들의 고통이 담긴 영상을 '삶을 윤택하게 만드는 야동'으로 소비하고 있었다.

'로리대장 태범' 배모 씨(19)는 우리가 그들의 범행을 목격한 지 약 한 달 만에 검거되었고, 피해 영상 유포를 막을 수 있었다. 이들은 1심에서 다음과 같은 형을 선고받았다. 이들이 항소심에서도 법정 최고형을 받을 수 있게 지켜볼 것이다.

로리대장 태범(배모 씨, 19) 소년법상 법정최고형인 장기 10년에 단기 5년

서머스비(김모 씨, 20) 징역 8년

슬픈고양이(류모 씨, 20) 징역 7년

윤호TM(백모 씨, 17) 징역 장기 9년, 단기 5년

'웰컴 투 비디오' 풀려난 자들이 날아간 곳

닉네임 '태양'은 다양한 제목의 텔레그램 대화방을 운영했다. 그가 운영한 대화방 중 하나인 '깨끗한방'(2019년 11월 28일 기준 참여자 404명)에 새벽 1시쯤 닉네임 'Spider'가 열 살도 안 되어 보이는 아동의 성착취 영상을 올렸다가 곧바로 삭제했다. '나 이런 영상까지 갖고 있다'는 허세와 '공유해줄 테니까 빨리 받아가라'는 '봉사' 심리를 동시에 내비친 것이다.

처음에는 이 또한 'N번방' 성착취물이라고 생각했다. 그런데 자세히 살펴보니 그동안 보아온 영상 중 피해자의 연령이 가장 낮은 것 같았다. 영상을 올렸다 내린 Spider 또한 베일에 싸인 인물이었다. 이 자는 누구인가, 또 대체 누가, 아이에게 이런 짓을 시킨 걸까.

성착취 영상 출처의 실마리는 금방 나왔다.

"이런 거 어디서 남? 진짜 자기만 알고 너무해."

"ㄹㅇ(레알) 어디서 구하냐."

회원 몇 명이 출처를 궁금해하자, 누군가 대신 답했다.

"□□□에서 구하는 거 아님?"

"맞아, 근데 나는 ○○○가 더 편하더라."

Spider는 출처를 밝히고 나서 아동 성착취물을 '한 번 더' 올리겠다고 알렸다. 영상을 올린 후 두 명이 확인하면 곧바로 삭제하겠다며 텔레그램의 아동 성착취물 업로드 금지 규정을 피해 가려는 의도를 드러냈다. 다크웹[11] 내 최대 커뮤니티인 '코챈'에서 '□□□'라는 사이트를 검색하니 경악할 수준의 글이 쏟아져 나왔다.

○○○ 현재 Topic 수: 대략 1만 개/ 회원 수: 약 70만 2000명.

□□□ 현재 Topic 수: 대략 1만 5000개/ 회원 수: 비공개.

○○○ 런칭이 올해 7월이거든, 고작 1분기 만에 회원 70만 명 돌파함.

□□□(의 회원 수)는 아마 백만 가뿐히 넘길 것 같다.

국산물은 '□□□'보다 '○○○'[12]에 넘사벽으로 많다.

---

11 **불꽃 수첩 ⑥** 네이버, 다음, 구글 같은 서피스 웹(Surface Web)의 반대 개념. 특수한 웹브라우저를 사용해야만 접근할 수 있으며 익명성이 보장되고 IP주소를 추적하지 못하게 고안된 인터넷 영역이다. 일반적인 검색 엔진으로는 찾을 수 없기 때문에 해킹으로 얻은 개인정보, 살인 청부, 경쟁사의 영업 비밀 등 주로 불법 정보가 거래되는 웹이다.

불법 영상을 원하는 자들도 많고 피해자는 더 많다. 또 피해자의 나이는 점점 더 어려지고 있다. 우리가 무관심한 사이에 눈물 흘리고 아파하는 아이들은 또 얼마나 많을까.

다크웹에 있는 '웰컴 투 비디오'(W2V)는 세계 최대 아동 성착취물 사이트로 아동 성착취 영상이 약 22만 개가 판매·유포됐다. '성인 포르노는 올리지 말 것'이라는 배너는 여기서 처음 만들어 달았다. 2015년 7월부터 웰컴 투 비디오를 운영한 손정우는 '어린이'의 성을 착취하고 인격을 짓밟으며 최소 4억 원을 벌어들였다. 그는 2018년 3월 체포되었으며 성착취 사이트를 운영한 혐의로 2심에서 1년 6개월 형을 받았다. 웰컴 투 비디오 국내 이용자 223명 중 단 마흔두 명만이 기소되었다. 2018년 8월, 미국 연방 검사는 아홉 개 혐의로 손정우를 기소했고, 2019년 4월 미국 법무부는 손정우에 대한 범죄인 인도 요청을 했다.

2020년 4월, 손정우의 인도 심사가 결정되자 그의 아버지는 청와대 국민청원 사이트에 '미국 송환은 가혹하다'는 내용의 청원을 올렸다. 7월 6일 한국 법원은 사법 주권을 지키고 국내 성착취물 소비자들을 원활하게 수사하려는 목적으로 '미국 송환을 불허'한다는 결정을 내렸다. '한국 법원의 결정'으로 세계 최대의 아동 성착취물 사이트 운영자였던 손 씨는 2020년 7월 6일, 자유의 몸이 됐다.

한국 법원의 솜방망이 처벌에 분노하는 사람들이 있는 반면, 기뻐

---

12 □□□과 ○○○는 소아 성착취 영상을 제작, 유포, 스트리밍하는 사이트를 가리킨다.

한 자들도 있다. 바로 웰컴 투 비디오 이용자들이다. 이들은 다수가 집행유예로 풀려나거나 솜방망이 처벌조차 받지 않았다. 겉보기에는 평범한 아동·청소년 성착취 범죄자들이 우리 주변에서 잘 먹고 잘 살고 있다. 웰컴 투 비디오 이용자들이 흘러들어간 곳이 바로 텔레그램 N번방과 다크웹의 □□□, ○○○같은 사이트다.

우리는 텔레그램을 지울 수 없었다

12월, 텔레그램 대화방에 입장하는 것 자체가 스트레스로 다가왔다. 경찰 수사를 돕고 언론에 제보하는 등 우리가 할 수 있는 일은 다 해보았다. 텔레그램 N번방을 처음 발견한 이후 5개월이나 흘렀는데 한국 사회는 여전히 무심했다. 허탈감과 무력감이 찾아왔다. 기말고사와 취업을 준비하느라 모니터링하는 시간은 전보다 줄어들었다. 휴대전화에서 텔레그램 앱을 지울까 고민도 했지만 차마 그러진 못했다.

사실 텔레그램 로고를 보는 것만으로도 괴로웠다. 친했던 사람을 텔레그램 대화방에서 목격한 이후 더 그랬다. 주변 사람을 아무도 못 믿게 되었을 때의 심정은 실로 참담했다. 그럼에도 우리는 지금도 종종 후회한다. 당장 무엇 하나 해결되지 않은 것 같아도 처음 취재에 나설 때처럼 계속 증거를 수집했으면 좋았을걸. 그랬다면 더 많은 범죄자들을 검거하는 데 도움이 되었을 텐데, 단 한 사람이라도 더 구해낼 수 있었을 텐데…….

2020년 새해가 밝았다. 알음알음 N번방이 알려지며 SBS 〈그것이 알고 싶다〉에서도 "텔레그램 비밀 대화방 N번방에 대해 잘 아는 분들 또는 피해자 분들의 제보를 기다립니다"라는 자막을 띄우기 시작했다. '그래! 〈그것이 알고 싶다〉는 공중파 방송이니까 파급력이 크겠지!' 생각하며 바로 전화를 걸었다. 받지 않았다. 2주 동안 일곱 번 전화를 걸었으나 연결조차 되지 않았다. 제보 메일을 남겨도 연락은 오지 않았다. 마지막이다 생각하고 한 번 더 전화를 걸었다. 마침내 프로그램 작가가 전화를 받았다. 그는 "지금 담당자가 없어서 다시 연락드릴게요"라고 말하며 끊었다. 결국 담당자는 한 달이 넘도록 연락하지 않았다.

그 무렵, MBC 〈실화탐사대〉에서 텔레그램 N번방 사건의 제보를 기다린다며 포털사이트에 올린 글을 보았다. 절박한 심정으로 〈실화탐사대〉 측에 연락했고 작가와 만남 일정을 잡았다. 인터뷰를 진행하기 전에 작가는 "저희 취재원이 되었으니 다른 방송이랑 연락하지 말아달라"며 "원래 취재원이 여기저기 접촉하면 상도덕에 어긋나는 것"이라 말했다. 가능한 한 널리 알려야 하는데, 〈그것이 알고 싶다〉에서 연락이 오면 어떡하지, 싶었지만 당장 우리에게 귀를 기울여주는 방송은 여기뿐이었기에 작가의 제안을 수락하고 인터뷰를 진행했다.

우리는 텔레그램 N번방 사건의 개요를 설명하며, 디지털 성범죄 유형이 점점 다양해지고 있음을 알리기 위해 지인능욕 피해자 A를 도와 가해자를 잡았던 일도 이야기했다. 이 이야기를 들은 〈실화탐사대〉 측은 피해자 A의 연락처와 이름 등 개인정보를 물어왔다. 그러나 A가 언론 인터뷰를 원하지 않아 요청을 받아들이지 않았다. 지난해 한겨레신문의 요청으로 A의 허락을 구해 인터뷰를 연결해준 적이 있다. 기사는 텔레그램 기반 디지털 성범죄를 대하는 경찰의 미온적인 태도를 비판하는 방향으로 보도되었다.

우리는 '텔레그램에서 저지른 범죄도 잡을 수 있다'는 메시지가 담긴 기사라서 정말 잘되었다고 생각했지만, 피해 당사자인 A는 오히려 경찰을 곤란하게 한 것 같다며 경찰관에게 미안한 마음이 든다고 말했다. 자신의 상처를 돌보는 것만으로도 몸과 마음이 버거웠을 텐데, A는 타인을 배려하고 있었다. 이후 A는 언론 인터뷰에 응하지 않았다. 피해자가 원치 않는 인터뷰는 당연히 진행할 수 없으므로 우리는 A의 연락처를 묻는 언론사의 요청을 거절했다.

〈실화탐사대〉와 인터뷰를 마칠 때쯤 담당 PD가 A의 연락처를 알려줄 수 있는지 다시 한 번 물었다. 알려드릴 수 없다고 하자 PD는 "피해자 취재가 안 되면 방송이 못 나갈 수도 있다"라고 말했다. 인터뷰를 마친 후에도 우리는 '피해자의 연락처를 알려달라'는 〈실화탐사대〉 측의 전화와 메시지에 시달렸다. 이런 상황을 전달받던 A가 인터뷰 거부 의사를 담은 장문의 편지를 작성해 〈실화탐사대〉 측에 전해달라고 했을 정도였다. A가 완강히 인터뷰를 거부했음에도 작가는 포기하지 않고 연락처를 알려줄 수 없다면 A의 근무지만이라도 알려달라고 우리에게 요청했다.

2018년 한국기자협회와 여성가족부가 함께 마련한 '성폭력·성희롱 사건보도 공감기준 및 실천요강'의 '취재 시 주의사항 2항'에는 '사건

당사자나 가족은 인터뷰를 거부할 권리가 있다. 반대 의사에도 불구하고 지속적으로 취재를 요청하여 괴롭히지 말아야 하며, 사건당사자 등이 인터뷰를 거부하는 것을 보도에 부정적으로 언급하지 않아야 한다'고 명시되어 있다. 이는 MBC 〈실화탐사대〉 측이 명백히 보도 준칙을 어긴 행위였다. 기자지망생인 우리조차 언론에 회의를 느끼게 되었다.

이런 상황에서 우리마저 모른 척 텔레그램을 지워버리기엔 마음에 걸리는 게 많았다. 피해자들의 영상이 머릿속을 계속 맴돌았다. 너무 괴로워서 하루에도 몇 번씩 텔레그램을 지울까 말까 고민했다. 모니터링을 한다고, 경찰에 신고한다고 해결될 일이 아니라는 생각이 들었다. 경찰에 협조한 지 수개월, 텔레그램에서는 성착취가 여전히 실시간으로 벌어졌다. 매일 되뇌었다. '도대체 끝은 어디일까……'

한 번 유포된 불법촬영물은 짧게는 며칠, 길게는 몇 년을 돌아다닌다. '○○ 여자 화장실 불법촬영' 영상이 올라오는 범죄 현장을 보며 '나도 불법촬영 피해를 당했을지 모른다'는 공포감에 사로잡혔다. 폭력으로 가득한 텔레그램 안에서 우리는 너무도 약했다. 우리 역시 성착취 사진과 영상에 장기간 노출된 '피해자'가 되어 있었다. 성착취 범행을 추적하던 당시, 피해자들의 고통은 우리가 감히 가늠할 수 없는 크기였다. 우리 앞에 놓인 눈에 보이지 않는 고통을 없애는 방법은 당장의 범죄 현장을 기록하고 증언하는 일뿐이었다. 그 일이라도 해야만 했다.

박사에게 돈을 쥐여준 자, 누구인가

2020년 ×월(피해자가 특정될 수 있어 자세한 시점은 밝히지 않는다), 그 날 새벽은 유난히 길었다. '박사방' 운영자 조주빈이 성착취가 목적인 한 유료 대화방을 개설하겠다고 알렸다. 성착취 횟수에 따라 10~100만 원에 이르는 입장권을 판매한다며, 입장권은 암호화폐 거래소를 통해 모네로로 구입하라고 했다.

이어 유료방을 홍보하는 영상이 하나 올라왔다. 피해자가 무표정한 얼굴로 자신의 이름과 유료방 홍보 문구, 조주빈이 시키는 문구를 차례차례 읊었다. 이 영상을 본 회원이 이미 500명이 넘은 상태였다. 벌써 유료방을 열었는지, 그렇다면 유료 회원은 몇 명이나 되는지 가늠할 수도 없었다. 게다가 조주빈이 피해자의 실명과 직업, 거주지와 같은 신상 정보를 공개하고 있었다. '이걸 어쩌지……' 심장이 마구 방망이질했다. 당장 할 수 있는 일은 신고였고, 바로 경찰에 전화했다.

일명 '박사'는 무료방에 '피해자 실시간 능욕 중'이라는 글을 올렸다. 기어코 유료방을 열고 만 것이다. 조주빈은 유료방에 들어간 회원들이 피해자를 실시간으로 희롱하고 협박하도록 부추겼다. 유료방을 확인하진 못했지만, 실시간 참여자가 100명이 넘는 무료방에서 피해자의 실명과 피해 내용이 계속해서 공유되고 있었다. 반드시 박사를 잡아야 했다. 그런데 조주빈만 문제일까? 조주빈만 잡아들이면 피해자의 고통은 끝나는 걸까?

수요가 있으니 공급도 있는 법이다. 조주빈을 움직이는 실제 동력

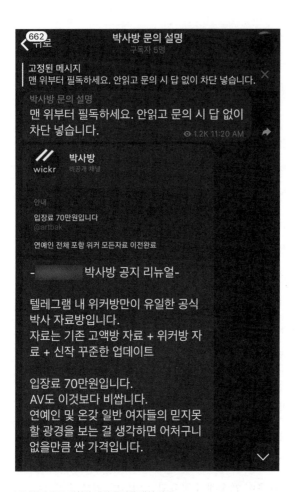

박사방 문의 설명
구독자 6명

고정된 메시지
맨 위부터 필독하세요. 안읽고 문의 시 답 없이 차단 넣습니다. ✕

박사방 문의 설명
맨 위부터 필독하세요. 안읽고 문의 시 답 없이
차단 넣습니다.
👁 1.2K 11:20 AM

박사방
wickr 비공개 채널

안내

입장료 70만원입니다
@artbak

연예인 전체 포함 위커 모든자료 이전완료

- ▨▨▨ 박사방 공지 리뉴얼-

텔레그램 내 위커방만이 유일한 공식
박사 자료방입니다.
자료는 기존 고액방 자료 + 위커방 자
료 + 신작 꾸준한 업데이트

입장료 70만원입니다.
AV도 이것보다 비쌉니다.
연예인 및 온갖 일반 여자들의 믿지못
할 광경을 보는 걸 생각하면 어처구니
없을만큼 싼 가격입니다.

박사방의 유료 대화방 개설 공지문 캡처 자료.

은 박사방 유료 회원들이었다. 어디서부터 어떻게 뿌리 뽑아야 하나. 우리는 뜬눈으로 밤을 새웠다. '만약 피해자가 극단적인 선택을 한다면 우리가 막지 못했기 때문'이라고 누군가 속삭이는 것만 같았다. 스스로가 그토록 원망스러운 적이 없었다. 증거 수집 말고는 할 수 있는 일이 없었으니……

국회에 대한 신뢰마저

2020년 2월, '국회 국민동의 청원' 게시판에 리셋ReSET13이 올린 '텔레그램에서 발생하는 디지털 성범죄 해결에 관한 청원'이 국회 접수 요건인 동의자 수 10만 명을 달성했다. 무려 1호 청원이었다.

10만이 넘는 청원 동의는 디지털 성범죄 해결에 무책임한 국가를 향한 국민의 분노가 표출된 결과였다. 국회의장에게 청원을 회부받은 20대 국회 법제사법위원회(법사위)는 3월 5일, 리셋이 올린 청원을 반영해 딥페이크Deepfake14 기술을 이용한 '성폭력 범죄의 처벌 등에 관한 특례법 개정안' 등 네 건을 처리했다.

그런데 처리 직후, 법사위는 디지털 성착취 근절책으로 역부족이라는 국민의 비판에 직면했다. 이날 법사위 참석자 대부분은 'N번방 사

---

13 2019년 12월 16일 텔레그램 N번방 성착취 사건에 분노한 여성들이 만든 텔레그램 성착취 신고 프로젝트.
14 인공지능(AI) 기술을 활용해 특정 인물의 얼굴, 신체 등을 원하는 영상에 합성한 편집물이다.

건'과 '딥페이크'를 제대로 구분하지도 못했다. 어느 법사위 소속 국회의원은 "나 혼자 즐기는 것까지 처벌할 것이냐?" "생각하는 것까지 처벌할 수는 없지 않느냐?" "청원한다고 다 법 만듭니까?" 같은 발언을 했다.[15]

국회의원들이 N번방 사건 피해자들에게 2차 가해로 느껴질 발언을 하고 있었다. 그들은 디지털 성범죄의 개념을 잘 모르는 게 분명했다. 국회의원들의 처참한 인식 수준이 드러나는 현장이었다. 법사위원이라면 적어도 자신들이 심사하고 토의할 사안은 제대로 알아야 하지 않을까. 디지털 성범죄를 근절시키겠다던 입법부에 신뢰가 깨지는 순간이었다. 이날 회의가 끝나고 'N번방 방지법'이 국회를 통과했다는 보도가 쏟아졌다. 그러나 통과된 법은 '딥페이크'를 이용한 불법행위 처벌강화와 관련된 내용으로, '딥페이크 처벌강화법'으로 정정해야 옳을 터였다.

N번방 사건(미성년자 성착취)과 딥페이크, 두 디지털 성범죄의 본질이 '성착취'라는 점에서는 같다. 하지만 범죄 형태는 완전히 다르다. 딥페이크는 우리가 텔레그램에서 본 수백 가지 범죄 유형 중 하나일 뿐이다. 법사위는 N번방 방지법을 '졸속 처리'했다는 비판을 받아 마땅하다. 청원의 핵심이 텔레그램에서 발생하는 다양한 형태의 디지털 성범죄의 '근본적인 해결'이었기 때문이다. 국회 청원을 올리고 국민 10만

---

15 "예술작품이라 생각하고 만들 수 있지 않냐", 딥페이크 처벌법 만든 고위 공직자들의 안이한 현실 인식(경향신문 2020년 3월 18일자, 심윤지 기자).

명의 동의를 얻기 위해 분투한 리셋, 그리고 함께 싸워온 수많은 여성들이 얼마나 답답할지 짐작이 갔다.

N번방 추적기와 박사 검거

우리 안의 불꽃이 점점 꺼져갈 즈음, 국민일보 박 선배에게서 연락이 왔다. 우리 '불꽃'을 화자로 N번방 추적 과정을 기사로 써보자고 했다. 국민일보 인턴 기자로 일할 때, 남성 회원이 다수인 인터넷 커뮤니티의 폐해를 보도하는 기사를 써서 남성인 사수에게 검토를 부탁했지만 거절당한 적이 있다. 사수는 그런 커뮤니티가 큰 문제라고 생각하지 않는 듯했다. 박 선배에게 검토를 부탁했고 결국 기사화되었다. '그래, 박 선배라면 이 문제를 공론화할 수 있지 않을까?' 선배를 만나 텔레그램 내에서 어떤 범죄들이 벌어지고 있는지를 세 시간 동안 낱낱이 설명했다. 꼭 해야 할 일이지만 말하는 우리나 듣는 선배나 괴로운 시간들이었다.

2월 말, 국민일보 박 선배는 "코로나 19가 웬만한 이슈를 다 잡아먹고 있어서 보도를 미루고 있다. 지면을 받기가 힘들다"는 말을 전해왔다. 어쩔 수 없이 기다려야 했지만 그렇다고 가만히 있을 순 없었다. 불꽃에 장작을 넣어 더 활활 타오르게 해야겠다는 생각으로 2019년 7월에 취재를 한창 시작했을 때처럼 텔레그램 모니터링을 다시 시작했다.

2020년 3월 9일, 드디어 국민일보에서 'N번방 추적기' 기사를 내보냈다. 우리는 각자 진로를 알아보고 준비하는 중이었기에, 이제 국가에서 불씨를 이어받아 사건을 해결하기만을 바라고 있었다.

3월 17일, '텔레그램 박사방' 유력 용의자가 검거되었다는 기사가 떴다. 피의자가 자해를 시도했다는 내용을 본 우리는 그가 박사일수도 있겠다고 짐작했다. 어떻게든 빠져나가 자신의 범죄 사실을 지우기 위해 그런 짓을 벌이고도 남을 인간이었다. 이튿날 그가 이른바 '박사'임을 확실히 알 수 있는 기사가 떴다. 그토록 바라던 일인데, 막상 범인이 잡히고 나니 실감이 나지 않았다. 경찰에 연락하고, 국민일보, 한겨레 신문 기자와 소회를 나누고, 서로를 격려했다. 수개월간 밤잠을 설치게 한 범죄자를 검거했다는 좋은 소식을 앞에 두고도 마음이 마냥 편치만은 않았다. 텔레그램에는 아직 검거해야 할 가해자가 많았고, 삭제해야 할 성착취 영상도 여전히 남아 있었다.

3월 25일, 조주빈의 신상이 공개됐다. 포토라인 앞에서 뻣뻣하게 고개를 들고 거만한 표정을 짓고 있는 그를 보며 정말 많은 생각이 들었다. 마이크를 쥔 기자들은 몇 번이고 물었다. "피해자에게 사과 안 하십니까?" "죄책감도 들지 않으십니까?" 조주빈은 대답하지 않았다. 입이 열 개라도 할 말이 없는 걸까, 잘못했다는 생각 자체를 안 하는 걸까……. 결국 사과 한마디 없이 호송 차에 오르는 그를 보며 살의를 느낄 정도의 혐오와 분노가 차올랐다. 피해자들의 심정이 어떨지 짐작조차 할 수 없었다.

텔레그램에 상주하던 회원들은 박사의 신상이 공개되는 순간 대거 탈퇴했다. 이후 몇 개월간은 수사기관의 단속이 심해서 성착취 영상 제작이나 유포는 줄었지만, "시국이 시국이니, 이 정도로 만족하죠"라는 말을 주고받으며 지인능욕 범행과 불법촬영물 유포는 멈추지 않았다. 박사가 잡히고 6개월이 지난 2020년 9월에도 우리가 텔레그램 대화방을 떠나지 못하는 이유다.

타닥타닥 불씨가 피어오르다

국민일보에서 'N번방 추적기'를 연이어 보도하자 '추적단 불꽃'을 후원하고 싶다는 사람들의 응원 이메일이 신문사로 쏟아졌다. 3월 17일 박사를 검거했다는 기사가 나간 이후 'N번방 추적기'가 또 한 번 주목을 받았다. 언론에서도 2019년 7월부터 잠입 취재를 한 대학생 기자 두 명이 누구인지 관심을 가졌다. 당시 취업준비생이었던 우리가 N번방을 '최초'로 보도한 '추적단 불꽃'으로 조명을 받는 일이 낯설었다. 우리는 국민들이 공감하고 함께 분노했으니 디지털 성범죄의 뿌리를 도려낼 수 있겠다 싶어 가슴이 벅찰 뿐이었다.

N번방 추적기가 보도된 이후 불꽃에게 처음으로 인터뷰를 요청한 언론사는 '미디어오늘'이었다. 우리는 언론이 텔레그램 성착취 문제를 보도할 때 유의해야 한다고 생각하는 점을 중심으로 답했다. "피해 사실을 가감 없이 드러내 범죄의 심각성을 알리는 과정에서 기사가 자극적으로 흐를 수 있기 때문에 단어 선정까지 유의해야 한다. 이런 이유로 피해 사실을 알리는 데 어려움을 느낄 수 있다. 텔레그램 N번방 관련 보도 이후 2차 피해를 유발하지 않는 선에서 적극적인 해결 방안과

보도 이후 처벌과정 등을 풍부하게 다뤄야 한다.”

‘기자님들 제발 N번방 관련 기사 써주세요.’ ‘그렇지만 기사를 자극적으로 쓰면 2차 피해를 유발할 수 있으니 주의하세요.’ 우리는 언론에 이 두 가지를 함께 주문하고 호소했다. 그런데 박사가 검거된 후 언론은 가해자의 입만 바라보고 있는 것 같았다. 그를 악마로 만들어 ‘가해자 서사’를 보도하는 데 혈안이 된 듯 했다. 이런 언론의 태도에 절망했다. 피해자의 안위는 뒷전이었다. 2020년 3월 23일, 우리는 ‘추적단 불꽃’의 이름으로 분명한 입장을 밝히기로 했다.

66 ───────────────────────────────────

안녕하십니까. 추적단 불꽃입니다. 저희는 대학생 두 명으로 구성된 ‘텔레그램 기반 디지털 성범죄 추적단’입니다.

불꽃은 텔레그램 내 디지털 성범죄의 흐름을 꾸준히 따라가고 있습니다. 저희는 지난해 여름부터 N번방, 지인능욕방, 딥페이크방, 박사방을 비롯해 디지털 성범죄가 벌어지는 텔레그램 대화방 100여 개에 잠입 취재했습니다. 잠입 취재는 지금도 계속하고 있습니다. 약 9개월간 텔레그램을 수시로 확인하며 대화방 내용 중 문제가 될 만한 것을 갈무리해 경찰과 언론에 제보한 바 있습니다.

불꽃은 최초 보도자, 최초 신고자입니다. 저희는 2019년 9월 뉴스통신진흥회 ‘제1회 탐사 심층 르포 취재물’ 공모전에서 상을 받았습니다. 수상한 기사는 지난해 7월 한 달간 텔레그램 ‘AV-SNOOP 고담방’

을 중심으로 퍼진 각종 불법촬영물 공유 대화방과 'N번방'을 잠입 취재한 탐사보도의 결과물입니다. 2019년 9월 저희 기사가 뉴스통신진흥회 홈페이지에 공개됐습니다. 텔레그램 N번방 사건을 취재하며 심각성을 인지했고 2019년 7월 중순, 지방 경찰청에 신고했습니다. 같은해 11월 한겨레신문, 2020년 2월 MBC, 국민일보, SBS 등에 제보했습니다. 언론에는 2019년 7월부터 우리가 수집했던 대화방 링크와 갈무리 등의 증거를 제공했습니다.

불꽃은 '최초 보도, 신고자'라는 타이틀을 지키려고 활동하지 않았습니다. 그저 '사건을 해결하기 위해' 저희가 할 수 있는 일을 해왔습니다. 최초라는 타이틀이 불꽃의 활동에 방해가 되지 않았으면 좋겠습니다. 저희는 디지털 성범죄 '문화' 해체에 초점을 맞추고 있습니다. 텔레그램 기반 성범죄는 거대한 디지털 성범죄 문화에서 빙산의 일각임을 알리겠습니다.

불꽃은 앞으로 언론 인터뷰에 적극적으로 협조할 것이며, 텔레그램 기반 디지털 성범죄의 왜곡된 사실을 바로잡는 역할을 하겠습니다. 더불어 피해자 지원과 2차 피해 방지를 위해 노력하겠습니다. 저 자신을 위해서라도, 더는 디지털 성범죄로 분노하고 불안한 여성이 없는 나라를 만들고 싶습니다.

99

불과

2부　　단의 이야기

1장
___

만남

"그 언니 어때?"

단은 같은 과 선배다. 한 학번밖에 차이가 나지 않지만 우리 과는
인원이 많아 잘 알고 지내진 못했다. 2018년 평창 동계올림픽 때 함께
봉사활동을 했을 뿐이다. 3주간 같은 숙소에서 지냈으니 가까워질 만
도 했지만 단과 나는 여전히 '얼굴만 아는' 사이였다. 봉사 기간 내내 식
사 한 번 같이 한 적 없으니 어찌 보면 당연한 일이다. 어쩌다 복도에서
단둘이 마주치면 어색하게 인사하기 바빴다. 솔직히 말하면 내가 거리
감을 느꼈다. 단의 인상이 나쁘진 않았으나 그렇다고 호감을 느끼지도
않았다. 열심히 셀카를 찍고 있는 모습을 볼 때면 나와는 다른 사람이
구나, 생각하게 되었다.

우리가 아직 가까운 사이가 아니었을 때 친구가 말했다. 단의 머리
스타일이 숏컷으로 바뀌었다고. 그냥 그런가보다 했다. 다른 사람 머리
모양이 어떻든 무슨 상관이란 말인가. 그런데 지나가다 본 단의 모습은
확실히 이전과 달랐다. 가슴까지 오던 긴 머리카락은 헤어밴드로 묶이
지 않을 정도로 짧아졌고, 항상 공들여 화장한 것처럼 치솟아 있던 속
눈썹도 원래 모습으로 돌아가 있었다. 단은 허벅지가 두꺼워 보이는 것

이 싫다며 한겨울에도 치마를 고집하고는 했다. 그러던 사람이 치마 대신 통바지를 입고 있었으니, 다들 놀랄 만도 했다. 나도 궁금했다. 단이 긴 머리와 화장, 치마를 포기한 이유가 무엇인지.

어느 해 여름, 단과 나는 한 신문사의 온라인뉴스부에서 인턴 기자로 일하며 가까워졌다. 제법 많은 수의 인턴 기자가 있었으나 선배 기자에게 인정받은 사람은 드물었다. 단과 나는 그 드문 축에 속한 이였다. 우리는 두 달 동안 꽤 많은 양의 기사를 써냈다. 성범죄와 관련된 사건은 놓치지 않고 기사로 쓰려고 애썼다. 단은 미투 운동과 일본군 '위안부' 기사를, 나는 불법촬영물과 관련한 기사를 여러 건 써냈다. 같은 문제의식에 입각해 기사를 쓰다 보니 단과 자주 이야기를 나누게 됐다. 자연스레 동지애가 생겨났다. 내가 단과 친해졌음을 알게 된 학교 동기 한 명이 내게 "그 언니 어때?"라고 물어보기도 했다. 단순히 느낌 어때? 같은 말이 아니었다. "단 언니 페미 되고 좀 이상해지지 않았어?"라는 뜻이었다. 나는 단처럼 적극적인 페미니스트로 살고 있지는 않았지만, 그렇다고 단을 욕하거나 흉볼 마음은 없었다. 오히려 전보다 더 당당하게 자신의 의견을 말하는 단이 멋져 보였다. 그래서 이렇게 대답했다. "어떻긴 뭘 어때, 그냥 사람이 다 거기서 거기지."

학교에서는 단과 같은 강의를 들었다. 기사 작성에 관한 수업이었는데, 우리는 인턴 기자의 경험을 살려 여성 문제에 관한 기사를 과제로 써 냈다. 우리 기사를 본 교수님은 단과 나에게 둘이서 공모전에 나가보라 권하셨다. 1등 상금이 무려 1000만 원이었다. 교수님이 추천까지 해주신 기회를 놓칠 순 없지. 단과 나는 의기투합했다. 학기가 끝날 무렵 단이 찾아와 방학 때 코딩 수업을 같이 들어보자고 했다. '코딩……? 프로그래밍 같은 거……?' 100퍼센트 순수 문과생인 내게 코딩은 먼 나라 이야기였다. 하지만 코딩을 배우면 조금 더 깊이 있는 기사를 작성할 수 있을 것 같았다. 고민 끝에 단의 제안을 받아들였다. 우리는 여름방학 내내 아침 9시부터 오후 6시까지 강의를 들었다. 쉬는 날도 없었으니, 490시간 정도 수업을 들은 셈이다.

단과 나는 잠자는 시간을 제외하고 하루 종일 붙어 다녔다. 그러면서 전에는 알지 못했던 단의 모습을 보게 됐다. 당시 단은 모든 남성을 적대시하며 지나가는 남자만 봐도 욕을 했고, '꾸미지' 않은 남성을 보면 화를 냈다. 단에게 직접 말하지는 않았지만 내심 '저렇게까지……?' 하는 생각도 들었다.

지금 생각해보면 단의 페미니즘은 여러 차례 변화한 듯하다. 단뿐만 아니라 누구나 이런 과정을 거칠 것이다. 단은 나보다 앞서가는 사람이었다. 매일 더 많이 생각하고, 부딪히고, 변화하고자 했다. 함께한 세월만큼이나 단과 나는 비슷한 생각과 신념을 품고 수많은 이야기를 나누며 공감하게 되었다. 한마디로 동지가 된 것이다.

'불'과 이야기를 나눌 수 있게 되었다!

불은 그 책을 단숨에 읽었다고 했다. 어제 책벌레 꼰솔이가 빌려준 얇은 페미니즘 에세이였다. 내가 빌리려던 찰나, 불이 먼저 손을 뻗었다! 책 읽는 속도는 불이 나보다 빨라서 나는 순순히 물러났다. 불의 말로는 자기 전에 잠깐만 읽을 생각이었는데 너무 재밌어서 새벽 3시까지 정독했단다. 대체 뭐가 그렇게 재밌었냐고 물으니, "간지러운 속을 긁어주는 부분이 많았다"는 답이 돌아왔다. "나는 '그때'까지만 해도 이것 역시 성차별인 줄 몰랐어"라고 말하는 불을 보니 왠지 마음이 벅찼다. '이제 불과 페미니즘 이야기를 나눌 수 있다!'

마음속 희열을 가라앉히고 불의 말에 귀를 기울였다. 불이 말한 '그때'는 2018년으로, 우리는 학교에서 언론고시 공부 모임을 하고 있었다. 『82년생 김지영』을 읽고 독서 토론을 했는데, 당시의 일을 곱씹은 모양이다. 불은 자신이 한 말이 부끄럽다고 고백했다. 나는 기억도 안 나는데 말이다. 내 기억에 남은 것은 불의 말이 아니라 모임의 일원인 남학생의 충격적인 발언이었다. "『82년생 김지영』이 극히 일부만 겪는 성차별을 한국 여성들 전체가 겪는 일로 보이게 현실을 왜곡하고 있다,

이 책의 장르는 '팩션faction'[1]인데, 작가는 역사를 왜곡하고 있다, 이 책은 남녀 대결 구도를 만든다." 이 책에 단단히 화가 난 모양이었다. 불은 열불이 나서 반박하는 내가 극성스러워 보였다고 했다. 그때는 내가 제일 똑똑한 여성이라고 자부하기도 하고, 운동장이 기울어졌는데 어떻게 살아갈 수 있나 비관하기도 했다. 사회적 여성성 해방 운동인 '탈코르셋'에 동참하려고 머리를 짧게 잘라버렸다. 기말고사가 코앞으로 다가와서 모임을 열지 않았는데, 갑자기 인스타에 숏컷 사진을 올렸으니 불은 '이 언니 왜 이러나' 하는 생각을 했을지도 모르겠다.

"언니 그때 왜 나랑 친구했어?" 언론고시반 때 이야기를 하다가, 갑작스런 질문에 한참 웃었다. 불과 1년 전인데 불에게 무슨 일이 있었던 걸까? 사실 성차별이나 페미니즘을 편하게 얘기할 수 있게 되어 반가웠고 편안했다. '페미니즘'을 입에 올리면 곧바로 주위에서 면박을 주던 때다. 지금도 페미니즘에 대한 반발은 심하지만 그때는 유치하기까지 했다. 우리가 마치 금줄이라도 넘은 것 같았다. 선 너머에는 우리가 몰랐던 사회의 이면이 있었다. 여성운동사를 공부하고 소소하게 페미니즘 기념품들로 미닝아웃meaning out[2]하면서 똑똑해진 거 같다는 기

---

1 역사적 사실이나 실존 인물의 이야기에 작가의 상상력을 덧붙여 새롭게 창조하는 문화예술 장르를 가리킨다.

2 소비자 운동의 하나로 자신의 정치적·사회적 신념을 소비 행위를 통해 적극적으로 표현하는 것을 말한다. SNS에서 해시태그를 사용하여 관심사를 공유하며 사회적 관심을 끌어내거나, 옷이나 가방 등에 나름의 의미가 담긴 문구나 문양을 넣는 방식으로 나타나기도 한다.

분도 들었다.

금지된 선은 한두 개가 아니었다. 직장 성희롱, 경력 단절, 임금 차별, 독박 육아, 펜스룰·Pence Rule3. 당장 떠오르는 것만 세어봐도 다섯 손가락이 부족했다. 사회생활을 시작하기 전부터 눈앞에 높다란 허들이 놓인 느낌이었다. 학생 입장에서 취업에만 매달리기도 벅차던 시기에 강원랜드, 국민은행, 하나은행의 취업 성차별을 목격하니 좌절감이 밀려왔다.

---

3   2002년 마이크 펜스 미국 부통령이 인터뷰에서 "아내 외에 다른 여자와는 절대로 단둘이 식사하지 않는다"라고 말한 데서 유래했다.

우린 서로 달라

친구들이 나와 함께 있을 때 편안하길 바라지만, 그게 쉽지가 않다. 나는 상대방을 편하게 해주는 종류의 사람은 아니다. 유난하다 싶을 만큼 예민하게 굴 때가 있다. 누가 나와 같은 물병을 써야 할 때 입을 대지 않고 마시고, 양말을 신은 채 침대를 밟는 일들이 그렇다. 외출 후에 곧바로 내 침대에 누우려고 하지도 않는다. 예민하고 까탈스러워서 함께 지내기 피곤한 타입, 그게 나다. 나도 이런 내 모습이 싫지만 어쩔 수가 없다. 표정이라도 감출 수 있으면 좋으련만 기분이 언짢아지면 얼굴에 바로 표가 나서 심히 곤란하다. 나를 생각할 때 찌푸린 미간이나 튀어나온 입술, 한 옥타브 내려간 목소리를 떠올리는 사람도 있을 것이다.

이런 성격을 드러내지 않으려고 무던히도 애를 썼다. 불편해도 불편하지 않은 척, 괜찮은 척 웃어보려고 했다. 내가 이런 성격을 감추지 않고 고스란히 다 보여주는 사람이 바로 단이다. 처음부터 그러진 않았다. 내가 싫어하는 행동을 하는 단에게 쓴소리를 하고 싶었지만 꿀꺽 삼킨 적도 있었다. 하지만 '추적단 불꽃'으로 활동하며 내내 붙어 지내야 했기에 내 성격을 끝까지 숨기기는 어려웠다. 한참 고민하다가 결국 단에게 속마음을 털어놓았다. "나는 언니가 이런 행동을 하는 게 싫어. 조금 조심해줬으면 좋겠어." 말을 꺼내고 눈치를 슬쩍 살폈다. 황당한 표정을 지으리라 짐작했는데 단은 그러겠다며 고개를 끄덕였다. 전에 있었던 일에 대해서도 미안하다고 말해주었다. 그런 점이 나와는 많이 달랐다.

나는 누가 핀잔을 주거나 쓴소리를 하면 항변하기 바쁜 사람이다. 하지만 단은 그렇지 않았다. 자기 행동을 빠르게 인정하고 사과하는 사람은 생각보다 그리 많지 않다. 신기하고 대단했다. 단과 친해진 지 이제 1년이 조금 넘었다. 그동안 우리는 서로 '다른' 사람이라는 사실을 체감했다. 나는 강아지를 좋아하지만 단은 고양이를 좋아하고, 나에게는 언니가 있지만 단에게는 동생이 있다. 내 이상형이 체격이 건장한 사람인 반면에 단은 아담하고 귀여운 사람이 이상형이다. 나는 눈치가 빠른 축에 속하지만 단은 그렇지 않다. 눈치를 아예 안 보는 것은 아니고, 나에 비하면 덜 예민하다는 뜻이다. 당연히 각자 시간을 보내는 방식도 다를 수밖에 없다. 나는 혼자만의 시간이 꼭 필요하지만, 단은 다른 사람과 함께 있는 시간이 더 필요하다.

이 정도로 성격이 다른데 어떻게 1년 동안 같이 활동할 수 있었는지 궁금해하는 사람도 있을 것이다. 우리는 N번방을 취재하면서 사건을 파헤치고 피해자를 도우려는 의지가 확고했다. 어떻게 해야 피해자의 고통을 덜어줄 수 있을까, 어떻게 보도해야 피해자들이 2차 피해를 겪지 않을 수 있을까 고민했다. 생각에 생각을 거듭하며 우리가 할 수 있는 일, 해야 하는 일들을 하나씩 해나갔다. 그러는 동안 끈끈한 유대감이 생겨났다. 우리를 위로하고 받쳐줄 수 있는 사람은 단과 나, 두 사람뿐이었다. 단이 있었기에 지금의 내가 있다. 힘들어서 포기하고 싶은 순간에도 "우리는 지금 잘하고 있어"라고 말해주는 단 덕분에 버틸 수 있었다.

단은 가끔씩 "네가 있어 참 다행이야, 고마워" 같은 말을 하는데, 나는 그럴 때마다 너무 쑥스럽다. 그렇지만, 쑥스러움을 무릅쓰고 글로나마 내 마음을 전하고 싶다.

나도 네가 있어 든든하고 힘이 돼. 고맙고 사, 사…… 사랑해.

불, 너 나랑 친구하자

우리 과에서 기자나 PD를 꿈꾸는 사람은 그리 많지 않았다. 친한 친구들도 기자라는 직업에는 별 관심이 없었다. 나는 기자가 되고 싶어서 이 과를 지원했는데, 막상 학교에 와보니 같은 목표를 가진 사람이 많지 않아 외로웠다. 그러다 발견한 사람이 불이었다.

우리 둘 다 언론을 전공했지만, 같은 수업을 들은 적은 딱 한 번밖에 없었다. 그것도 졸업이 코앞에 다가왔을 시점이었다. 학교를 떠나기 직전에 친해지다니, 신기한 인연이다. 기자지망생이라는 사실 외에도 우리의 공통점은 하나 더 있었다. 대학생 신분으로 할 수 있는 대외 활동에 적극 참여했다는 점이다. 사실대로 말하자면, 나와 불이 이렇게까지 가까운 사이가 될 수 있으리란 생각은 하지 못했다. 상금으로 내 학자금 대출을 모두 갚을 수 있을 정도로 규모가 큰 공모전에 함께 참여하기로 했을 때도 몰랐다. 분명 그랬는데, 이제는 하루에도 5분 간격으로 연락하는 사이가 됐다. 우리는 남 앞에서 하기 어려운 민망한 이야기도 스스럼없이 할 수 있다. 너무 자주 붙어 있어서 생각도 말투도 닮아가고 있다. 우리를 '우리'라고 부를 수 있다는 사실은 정말이지 이상하고 신기하다.

물론 우리가 '불꽃'으로 뭉치기 전에도 학교 밖 활동을 하면서 스치 듯 만난 적은 있었다. 1년간 같은 기관에서 자원봉사를 했는데 외국인 과 의사소통하는 불을 보니 솔직히 너무너무 멋졌다. 나는 외국인을 만 나면 당황한 나머지 생각나는 단어를 죄다 뒤죽박죽 늘어놓는데 말이 다. 우아하고 당당하게 캐나다인, 미국인과 대화를 이어가던 당시 불의 이미지는 '영어 능력자'였다.

밖에서 만난 불은 학교 안에서 보던 때와는 사뭇 다른 모습을 보였 다. 불은 개인의 영역이라 치부할 수 있는 문제도 사회구조적 시각에서 바라보았고 문제를 해결하기 위해 노력하는 사람이었다. 타인과 자신 이 사회구조 안에서 연결돼 있으니 그에 대한 책임을 다하려는 것처럼 보였다. 인턴 기자는 적어도 하루에 기사를 다섯 개 이상은 써내야만 했다. 절대 말처럼 쉬운 일이 아닌데, 불은 곧잘 해냈다. 불이 쓴 기사들 을 모아보니 절반은 피해자의 목소리를 드러내는 글이었다. 불이 쓴 기 사는 섬세하고 세심했으며 정중했다. 불법촬영, 데이트 폭력, 학교 폭 력을 겪은 피해자들을 취재하고 보도하는 일이 괴롭진 않았을지 궁금 했다. 하지만 인턴 기자 생활이 끝나면서 자연스럽게 불과의 인연도 끊 어졌다. 그렇게 각자의 삶을 살아가다가 지난해 3월, 학교에서 다시 불 을 마주하게 됐다.

불도 '데이터 저널리즘' 강의를 수강하고 있었다. 반가웠다. 근처 카 페로 이동해 근황을 이야기하다 통계 프로그램을 다루는 강의가 어렵다는 푸념이 튀어나왔다. 우리 둘다 문과생이라 더 그런 걸지도 몰랐다. '데이터 저널리즘'이 중요하게 여겨지는 추세인 데다 원하는 회사에 입사하려면 엑셀은 기본이고 코딩도 할 줄 알아야 한다고 하니, 강의가 어렵더라도 감수해야 했다. 취업에 유리하다는 자격증을 다 따놓고 보자는 심정이었다.

알 수 없는 미래에 대한 고민을 털어놓은 자리였지만 이상하게 마음이 편안했다. 이런 이야기를 할 수 있는 친구는 룸메이트인 '포뇨' 하나뿐이었는데, 불이라는 친구가 더해진 기분이라고 할까. 오랜만에 만난 불은 내가 머리를 짧게 자른 이유를 묻지 않았고 연애는 어떻게 하고 있는지도 궁금해하지 않았다. 어떤 선입견도 없이 오롯이 지금의 내 모습만을 바라봐주어 고마웠다. 그날부터였다. 불과 친해지고 싶다는 마음이 생겨난 것은.

데이터 저널리즘 강의에서는 2주마다 통계 프로그램을 사용한 기사를 제출해야 했다. 기사는 도입부나 전체를 관통하는 문제의식이 중요한데, 불과 나는 인턴 기자 생활을 하며 익숙해진 일이었다. 덕분에 우리는 강의 내내 좋은 점수를 받았다. 학기가 끝나갈 무렵에는 실습에 들어갔다. 텍스트를 활용하여 워드 클라우드(말뭉치)를 만들고 연관어의 의미를 도출하는 과정인데, 모두 헤매는 와중에 나만 제대로 된 결과물을 내놓았다. 뿌듯한 마음으로 주변을 둘러보다가 열심히 프로그램을 만지고 있는 불을 보았다. 나는 불을 내 자리로 살짝 불러 코딩을 어떻게 하면 되는지 알려주며 내 결과물을 보여주었다. 불은 "오, 대박,

고마워", 연신 감탄하며 자리로 돌아갔다. 당시 과 수석을 한 남학생이 찾아와 도움을 청한 적이 있었다. 데이터 결과물을 만들어주는 일은 어렵지 않았으나 불과 나의 의리를 지키려 이 남학생에게는 "나보다 교수님에게 물어보는 게 나을 것"이라고 답하며 거절했다. 그러니까, 나는 오직 불에게만 코드를 알려준 것이다. 불.에.게.만. 이대로는 안 되겠다 싶어, 같이 기말고사 공부를 하자는 핑계를 대고 불을 카페로 불러내 커피를 사줬다. 같은 강의를 듣는 이상 시험을 앞두고 경쟁자가 될 수밖에 없는데도 시험공부를 같이 하는 친구가 되고 있었다. 불, 이 문제 외워봐, 저 문제도 시험에 꼭 나올 거야, 하며 나는 족집게 강사를 자처했다. 이 강의가 내가 관심 있는 분야와 맞아떨어진 데다 시험 준비도 완벽했기에 이 반에서 A+를 받을 사람은 나일 거라고 자신했다. 불에게 내가 가진 모든 지식을 알려주고 싶었다.

이런 노력이 도움이 되었는지 불과 제법 친해질 수 있었다. 나는 불에게 이번 여름방학에 국가에서 지원하는 취업 프로그램을 신청하자며 관련 포스터를 건넸다. 두 달간 학교에서 공부하며 코딩 교육을 몇백 시간 받아야 한다는 안내문을 보고 불은 30분 정도 고민하더니 이내 제안을 승낙했다. 함께 신청서를 제출하러 가는 길에 불이 앞장섰다. 역시 내가 사람 보는 눈이 있구나, 싶었다. '든든한 취업 파트너가 여기 있었네.' 나는 불과 같이 여름방학 때 신문을 읽고 논술 공부를 하면서 언론사 입사 준비도 하기로 했다. 불과 두 달 뒤에 '내 손 안의 지옥'이 닥쳐올지는 상상도 하지 못한 채.

2장

뭔가 잘못된 것 같은데,
뭔가 불편한 것 같은데

꾸며진 내가 아닌, 있는 그대로의 나

나는 딸이 둘 있는 집의 막내로 태어났다. 아빠는 목욕탕에 함께 갈 아들이 없다며 종종 아쉬워했고 엄마는 그런 아빠를 보며 미안해했다. 엄마가 태어날 아이 성별을 지정할 수 있는 일도 아닌데 말이다. 나는 아빠가 아들이 없다는 이유로 허전해하지 않길 바랐고 엄마가 아빠를 볼 때마다 미안해하는 것도 싫었다.

아들 역할? 까짓 거 내가 해주지 뭐! 나는 아빠랑 레슬링을 하며 놀았고, 유치원 다닐 때는 친구 코피를 터트려 부모님을 불려오게 했으며, 초등학교에 올라가서는 친구와 삽을 들고 싸우며 피를 보기도 했다. 부모님과 밥을 먹을 때는 삼겹살 한 줄을 통째로 입안에 우겨넣는 씩씩함까지 선보였다. 이런 모습을 보며 부모님은 늘 "불은 아들로 태어났어야 했는데!"라고 말씀하셨다.

하지만 내내 '아들' 같은 모습만 보인 것은 아니다. 부모님 앞에서는 '아들' 같은 딸이었다면 예전 남자 친구 앞에서는 온실 속의 화초처럼 행동했다. 아빠 앞이었으면 우걱우걱 다섯 입만에 다 먹었을 햄버거도, 남자 친구 앞에서는 입을 크게 벌리는 게 부끄러워 야금야금 먹었다.

배가 차지도 않았는데 햄버거를 절반 이상 남기고는 태연히 자리를 지켰다. 한 입 먹을 때마다 입을 닦느라 테이블에 있던 휴지는 내가 거의 다 썼다. 화장실에 간다는 말조차 하기 부끄러웠다. 늘 "손 좀 씻고 올게" 혹은 "전화 좀 받고 올게"라고 말하고 다녀왔다. 시간이 오래 걸리면 큰 볼일 본다고 오해할까봐 다급하게 처리하고 돌아오기 바빴다.

아빠 앞에서 보인 내 모습은 '아들이라면 이랬을 거야'라는 생각에서 비롯된 과장된 행동이었다. 아빠는 아들을 원했으니까. 반대로 남자 친구 앞에서 햄버거 하나 제대로 먹지 못한 행동은 '여자는 이래야지'라는 생각에서 비롯된 것이었다. 둘 다 진짜 내가 아닌 '꾸며진 나'였다. 물론 지금도 나는 음식을 한입에 크게 먹기를 좋아한다. 그렇다고 부모님 앞에서 삼겹살 한 줄을 다 먹기는 힘들다. 그냥 부모님이 좋아하시니 효도하는 셈치고, '아들' 같은 모습을 보여드리고 싶어서 오버를 좀 했더랬다. 하지만 지금은 마음 가는 대로 자연스럽게 행동한다. 어쨌거나 '불꽃'으로 활동하는 요즘은 진정한 내 모습을 찾는 데 힘을 기울이고 있다. 씩씩한 '아들'로 꾸민 나, 조신한 '여자 친구'로 만들어진 나도 아닌, 진짜 내 모습 말이다. 과거와 달리 누구 앞에서든 오롯이 나 자신의 모습만 보여줄 수 있기에 지금은 안 맞는 옷을 입은 것 같은 불편함이 없다. 편안하고 행복하다.

또 그럴 겁니까?

고등학교 2학년 새 학기 첫 국어 시간, 옆 반의 담임이었던 국어 선생님이 여기 반장은 누구냐고 물었다. 나는 번쩍 손을 들고 자기소개를 했다. 선생님은 부탁할 게 있다며 수업이 끝나고 교무실로 따라오라고 했다. 내심 선생님들과 친해지고 싶기도 했기에 살짝 설렜다.

"뭐야 반장이라 성적이 좋은 줄 알았더니, 그냥 그렇네?"

설레다 말았다.

"그래도 국어 성적은 괜찮네, 아직 2년 남았으니까 잘해보자?" 하고 선생님은 내 팔뚝을 주물렀다.

'잘해보자'는 말에 일단 "네!" 하고 대꾸했는데, 왠지 찝찝했다. 2학년 내내 국어 선생님은 전교 5등 안에 들던 부반장을 대놓고 예뻐했다. 학생이 봐도 편애하는 게 한눈에 보일 정도였다. 나는 '공부 잘하기'가 반장의 소양이라는 사실을 그때 깨달았다. 국어 선생님은 나만 보면 말을 걸고 친한 척하면서 안부를 묻고는 했다. 나는 반장이라는 이유로 이미 국어 선생님 눈에 띈 터라 싫은 내색을 할 수가 없었다. 2학년 1학기가 끝날 무렵 친구들 사이에서 '팔뚝 안쪽 살이 가슴의 촉감과 비슷하다. 그래서 국어 선생님이 팔뚝 살을 만지는 거다'라는 소문이 돌았다. 불안했다. 교복이 짧아지는 계절마다 국어 선생님과 마주치지 않게 해달라고 빌었다. 교무실 앞 계단을 사용하면 급식실로 금방 이동할 수 있었지만, 구태여 빙 둘러 돌아가는 길을 택했다.

요즘 '스쿨 미투'를 보면서 내 학창시절이 떠올랐다. 그때는 선생님이 하는 행동이 성추행이라고 말해도 씨알도 먹히지 않았을 것이다. 당시 불쾌했지만 국어 선생님과 학교에 아무 말도 하지 못한 것이 아직도 마음속 깊이 응어리로 남아 있다. 고등학교 동창을 만나 "스쿨 미투감인데 말이야", 하며 18분간 당시 국어 선생님에게 욕설을 퍼부었다. 동시에 용기 있는 후배들이 고맙다. 누군가 해야 할 일이지만 아무도 그러지 않았던, 아니 그러지 못했던 일인데 후배들이 대신 해주었다. 우리 사회 전체가 부끄러워해야 할 것이다.

"어린 여자아이들은 영원히 어리지 않다. 강력한 여성으로 변해 당신의 세계를 박살 내러 돌아온다."

미국 체조 국가대표팀 주치의로 일하면서 30년 동안 332명이 넘는 여자 선수에게 성폭력을 저지른 래리 나사르에게 법정에서 피해자가 한 말이다. 지금이라도 국어 선생님에게, 이 말을 꼭 해주고 싶다.

과연 사랑이었을까?

중학교 2학년부터 5년 동안 만난 남자 친구가 있었다. 5년이라는 시간 동안 열 번도 넘게 만남과 헤어짐을 반복했다. 그가 헤어지자고 하면 헤어지고, 만나자고 하면 다시 만났다.

편의상 그를 '훈'이라고 하자. 훈은 내가 짧은 치마를 입는 걸 극도로 싫어했다. 평소에는 교복을 입었지만 학교 밖에서 훈을 만나는 주말이면 그의 취향에 맞추어 적당히 긴 원피스나 바지를 입었다. 사귄 지 1년, 1주년을 기념하며 주말 데이트 약속을 잡았다.

만나기로 약속한 시간보다 훨씬 빨리 준비를 시작했다. 세 시간이나 남았는데 공들여 치장하느라 바빴다. 미숙한 실력으로 머리를 말아 보지만 이리 뻗치고 저리 뻗치는 들쭉날쭉한 머리가 맘에 들지 않는다. 결국 두 번이나 머리를 감아야 했다. 언니가 산 지 얼마 안 된 원피스도 1주일 전부터 구걸해 빌려놓았다. 집을 나서며 언니의 구두까지 훔쳐 신었다. 또각또각 소리가 들릴까 싶어 구두를 집어 들고 현관을 빠져나왔다. 엘리베이터 거울에 내 모습을 여기저기 둘러보았다. 내가 봐도 완벽했다. 콧대를 한껏 높이며 약속 장소인 영화관으로 향했다. 걸어서

10분 정도 걸리는 곳이다. 영화관 앞에서 훈을 마주한 나는 활짝 웃으며 손을 흔들었다. 하지만 훈의 표정은 매서웠다. 눈썹이 치켜 올라간 모습이 화난 사람처럼 보였다. 훈은 성큼성큼 내 앞으로 걸어왔다.

"이게 뭐야? 당장 집에 가서 옷 갈아입어."

"왜…… 우리 오늘 1주년이잖아. 나 준비하느라 오래 걸렸는데……."

그의 반응을 예상하지 못한 것은 아니었다. 그래도 1주년이니 '봐줄 것'이라 생각했다. 나는 결국 훈의 성화를 이기지 못해 어쩔 수 없이 집으로 돌아갔다. 청바지로 갈아입고 나오니 영화 상영 시간은 이미 지난 후였다. 훈은 아까 그 옷을 입고 있던 10분 동안 지나가는 남자들이 몇 명이나 되느냐고 물었다. "뭐? 아니, 내가 그걸 어떻게 알아?" 훈은 나를 본 남자들 눈을 모조리 뽑아버리고 싶다며, "너를 사랑해서 이러는 것"이라고 강조했다. 화가 나고 답답했지만 또 한편, '날 사랑해서 그런 거라는데 어쩌겠어' 하는 마음도 들었다. 사랑이라는 이름의 폭력이었다. 당시 그는 열여섯, 나는 열다섯이었다.

몇 달이 더 지나 나는 중학교 3학년이 되었고 훈은 고등학교에 진학했다. 훈이 없으니 학교생활이 허전하지 않을까 싶었는데 그렇지 않았다. 친구들이랑 노는 게 너무 재밌었다. 중학교 2학년 때는 훈과 어울리느라 같은 반 친구들하고 제대로 놀지도 못했다. 훈이 있으면 눈치가 보여 남자애들이랑 말 한마디 섞기 어려웠는데 이제 그럴 필요가 없어진 것이다. 그렇다고 훈이 싫었던 것은 아니었다. 연애하며 중간 중간 헤어지기도 했지만 결국에는 다시 만났으니까 말이다. 이때 남자 친구들을 만들지 않았다면 내게 남자인 친구는 단 한 명도 없었을 것이다.

　나는 훈과 같은 고등학교에 진학했다. 훈은 언니들과 마냥 뛰어 놀기 바빴다. 내가 저랬으면 훈은 상대 남학생을 찾아가 온갖 행패를 부릴 게 뻔했다. "자기는 맘대로 하면서 나는 왜 안 돼?" 훈과 나는 매번 이 문제로 다퉜다. 훈의 말에 따르면, 자기는 그냥 여자인 친구랑 노는 거라 괜찮지만 나는 다르다나? 남자는 자기를 빼곤 다 늑대라는 투로 말했다. 결국 우리는 각자 이성 친구와 어울리지 않기로 타협을 보았다. 중학교 3학년 때가 그리워졌다.

　나는 중학교 3학년부터 고등학교 3학년까지 내내 학급 반장을 했다. 훈은 이 일조차 못마땅해했다. 내가 남학생들과 간부 수련회를 가는 게 싫다는 이유를 댔다. 지금 생각해보면 그는 여자 친구가 그저 조신하게 순종하길 원한 듯하다. 수차례 헤어지고 만나길 반복하다가, 어느 순간 이런저런 이유로 완전히 헤어지게 되었다. 그렇다고 내가 훈과 연애한 일을 후회하느냐, 하면 그건 아니다. 당시엔 대부분 그렇게 연애를 했다. 연인 사이에 존재하는 젠더 권력이 보이기 시작한 건 얼마 되지 않았다.

어른들의 제안

집 앞에 있는 레스토랑에서 주 5일, 하루에 여섯 시간씩 아르바이트를 했다. 한 달 정도 일했을 때 매니저가 뜬금없는 제안을 했다. 지금 생각해보면 '불륜' 제안을 받은 것 같다.

레스토랑에서 나는 주문을 받고 음식을 나르는 일을 했다. 직원은 나를 포함해 총 열두 명이었는데, 나와 같은 일을 한 동갑내기 여직원을 제외하면 모두 남성이었다. 당시 근무하던 직원들은 레스토랑을 개업할 때부터 함께한 사람들이라 서로를 잘 챙겨줬기에 마치 친오빠가 생긴 느낌이었다. 개업한 지 얼마 되지 않았을 무렵에는 영업시간 내내 손님들이 들이닥쳤다. 매일 무거운 음식을 나르고 무례한 손님을 상대하면서 몸과 마음이 점차 닳아갔다. 같이 일하던 친구와 오빠들의 유대감에 힘입어 간신히 버틸 수 있었다. 훈훈한 직장 분위기를 망치는 것은 언제나 삼십대 아저씨들이었다. 바로 김 매니저와 황 매니저.

"단아, 네가 황 매니저님 스타일이래."

김 매니저가 장난스러운 어투로 말을 건넸다. 내가 황 매니저님 스타일이라고? 황 매니저는 자식이 둘이나 있었다. 나는 김 매니저가 또

짓궂은 장난을 치는구나, 싶어 웃어넘기려 했다. 한창 바쁜 점심시간이 지나고 겨우 숨을 고를 수 있게 되어 장난삼아 아무 말이나 하는 거겠지.

"너, 황 매니저 오피스 와이프 해볼래?"

오피스 와이프라니, 생전처음 듣는 말이었다. 어리둥절한 표정으로 "그게 뭔데요?" 하고 되물었다. 김 매니저는 아무런 답도 해주지 않고 나를 빤히 보다 주방 쪽으로 사라졌다. 이게 뭘까? 의아한 마음에 황 매니저를 돌아보니 상기된 얼굴로 의뭉스럽게 웃고 있었다. 씰룩거리며 올라가는 입꼬리와 발그레한 뺨을 보고, 황급히 주변을 살폈다. 분위기가 어수선했다. 남직원들이 갑자기 분주하게 이리저리 움직였다. 나의 당황스러운 시선을 받아주는 사람은 동갑내기 여자친구 한 명뿐이었다. 우리만 모르는 뭔가가 있는 모양이었다. "왜 저러는 거야?" 친구를 향해 입을 뻥긋거렸다. 분위기가 이상해졌고 알 수 없는 불안감이 엄습했다. 그날 집에 가자마자 인터넷에 '오피스 와이프'를 검색해봤다. 연관 검색어로 불륜, 19금, 바람 따위의 단어가 떴다.

오피스 와이프office wife

'직장에서 서로 의지하고 친밀한 관계를 유지하는 여자 동료를 이르는 말.'

2006년 미국의 한 직업 컨설팅 회사의 조사에 따르면, 32퍼센트 이상의 직장인들이 오피스 와이프를 갖고 있다고 답했다. <주간동아> 2008년 9월호

회사에서 친하게 지내는 친구를 일컫는 말이라고? 단순히 친한 직

장 동료를 뜻하는 말이라면 내게도 '오피스 허즈번드'라 부를 만한 사람이 있긴 했다. 곧바로 '오피스 허즈번드'도 검색해보았다. 하지만 사전에 그런 단어는 등록되어 있지 않았다.

오피스 와이프, 10명 중 3명 존재…… 불륜 위험성도
기혼 직장인이 '오피스 와이프' 선호 "협력이야? 바람이야?"
"배우자보다 친한 동료 있다"…… '오피스 스파우즈' 위험한 관계? 긍정적 관계?

기사 제목과 연관 검색어로 농담의 의미를 파악할 수 있었다. 요컨대 '오피스 와이프'는 '불륜 상대'였던 것이다. '황 매니저, 혼자 무슨 생각을 한 거야?' 소름이 쫙 끼쳤다. '정신적 외도'를 설명하는 기사를 읽고 나니 기분이 배로 더 나빠졌다. 내가 황 매니저에게 그럴 여지를 줬던가? 지난 행동을 곱씹어봤지만 그런 적은 한 번도 없었다. 그는 유부남이었고, 나에게는 애인이 있었다. 아르바이트가 끝날 시간이면 애인이 종종 가게 앞으로 데리러 오기도 했다. 엄청나게 불쾌했지만 그래도 이해는 할 수 있었다. 애가 둘 딸린 유부남도 뭐, 이상형 정도는 있을 수 있으니까. 그런 내용을 다루는 드라마도 많지 않은가.

황 매니저가 전화를 했다. 어쨌든 그는 직장 상사였기에 아예 외면할 수는 없었다. 조심스럽게 네, 단입니다, 하고 답하자 황매니저가 밝은 목소리로 말을 건넸다.

"월급 때문에 전화했어~ 단이 맞지? 전화로 목소리 들으니까 정말

(목소리가) 아기 같다~"

아기 같다니? 휴대전화 잠금 화면 이미지를 본인 아기로 설정해놓고 저런 말이 나올까? 부끄러운 줄 알아야지……. 황 매니저가 월급을 핑계로 전화를 걸어 수작을 부리고 있다는 것 정도는 눈치챌 수 있었다. 불쾌하다고 딱 잘라 말해야 했는데, 반사적으로 웃으며 대답해주었다. 나 자신이 이해가 되지 않았다. 웃기지 않은데, 웃고 싶지 않은데 나는 웃고 있었다. 분했다. 내가 일개 직원이 아니라 사장이었다면 어땠을까. 매니저들이 나를 얕잡아 보고 '오피스 와이프' 같은 말을 지껄일 수나 있을까. 그날 밤 커다란 도끼로 레스토랑을 때려 부수는 꿈을 꿨고 한 달 뒤에 아르바이트를 그만뒀다.

주짓수를 배우다

뭐? 여자가 남자를 제압할 수 있는 무술이 있다고?

토요일 낮, 느지막이 일어나 거실로 나갔다. 텔레비전을 켜고 소파에 누웠다. 리모컨으로 채널을 돌려보다 볼 만한 게 없어 휴대전화를 만지작거렸다. "주짓수는 힘에 상관없이 상대를 제압할 수 있죠. 상대가 누구든 기술로 상대를 이길 수 있어요." 텔레비전에서 흘러나오는 소리에 휴대전화를 내려놓고 고개를 돌렸다.

나는 초등학생일 때 5년 정도 합기도를 배웠다. 검은 띠 유단자인 내게 동급생 남자아이가 휘두르는 주먹은 우습게 여겨졌다. 남자애들은 나를 '조폭 마누라'라고 불렀다. 교내에서 나를 힘으로 괴롭힐 수 있는 남자아이는 없는 거나 마찬가지였다. 나는 늘 기세등등했다. 그런데 중학생이 되니 상황이 달라졌다. 초등학생 때까지만 해도 덩치가 비슷했던 한 남자애가 중학생이 되더니 키가 쑥쑥 크기 시작한 것이다. 항상 날 보면 "야, 조폭 마누라~ 맞장 뜨자~" 하며 달려드는 애였다. 내가 매번 이기는데도 참 끈질겼다.

그애는 중학생이 돼서도 맞장 뜨자며 내 주위를 얼쩡거리곤 했다.

늘 하던 대로 도전에 응해주려고 남자애에게 다가갔는데 뭔가 달랐다. 남자애의 키가 나보다 몇 뼘은 더 커져버린 것이다. 이제 더 이상 초등학생이 아니라는 사실이 실감났다. 상대의 덩치 때문에 살짝 움츠러들기는 했지만 그래도 난 '조폭 마누라'가 아닌가. 덩치가 좀 커졌어도 네가 별 수 있겠어, 싶었는데 남자애가 날 걷어차는 순간 생각이 달라졌다. 너무 아파서 눈물이 고일 정도였다. 때마침 다행스럽게도 수업 시작을 알리는 종이 울렸다. 선생님이 교실로 들어오면서 싸움은 자연스럽게 끝났다. 나는 내 자리에 앉아 분을 삭이며 방금 전 겪은 일을 돌이켜보았다. 내가 밀리다니…… 늘 내가 이겼는데, 걔보다 내가 더 힘이 셌는데…… 분했다. 남자로 태어나지 못했다는 사실이 억울하기까지 했다. 그런 식으로 남자와 여자의 신체적 차이를 생각해보기는 처음이었다.

그후 나는 신체적 차이를 받아들이고 순응하며 살 수밖에 없었다. 그런데 주짓수라니? 기술로 신체적 차이를 극복하고 상대를 제압할 수 있다니! 눈이 번쩍 뜨이는 이야기였다. 월요일이 되자마자 주짓수 학원을 찾아가 수강료를 내고, 도복을 사고, 수업을 들었다. 합기도 도장에 처음 갔던 날이 떠올랐다. 주짓수 수업은 재미있었다. 한참 땀을 흘리다가 밖으로 나와 숨을 크게 들이쉬며 생각했다. 이제 나도 남자한테 힘으로 대응할 수 있는 건가. 내 몸을 내가 보호할 수 있는 기술을 익힌다는 사실만으로도 마음이 안정되었다. 집에 갈 때 누가 뒤따라오더라도 대처할 수 있겠다는 자신감이 생겼다. 하지만 마냥 기뻐할 수만은 없었다. 내가 왜 주짓수라는 운동에 나의 안전을 의지해야 하나. 누군가 내 뒤를 따라오는 상황을 걱정해야 하나, 현실을 생각하지 않을 수 없었던 것이다. 입맛이 썼다.

2020년 5월, "서울역 묻지 마 폭행"이 발생했다. 한 남성이 얼굴 한 번 본 적 없는 여성을 폭행한 사건이었다. 피해자 여성은 눈가가 찢어지고 광대뼈가 골절되었다. 기사에는 남성이 여성을 폭행한 이유로 "어깨를 부딪혀서 그랬다"라는 말이 쓰여 있었다. 어깨를 부딪혀서? 어깨를 부딪힌 사람이 건장한 남성이었더라도 이렇게 무차별 폭행을 했을까? 아니, 그냥 평범한 성인 남성이었다 해도 그런 식으로 주먹을 휘두르지는 못했을 것이다.

2016년 5월, 삼십대 남자인 김성민은 강남역에 있는 건물의 공용 화장실에 숨어 있다가 여성을 살해했다. 남자 여섯 명도 같은 화장실을 사용했는데, 가해자는 남자들은 '그냥' 돌려보내고 여성이 들어오자마자 살해했다. 명백한 여성 혐오 범죄였다. 그런데도 경찰과 검찰, 법원은 "여성 혐오에 기인한 것이 아닌 조현병에 의한 우발적 범죄"라고 결론 내렸다. 남성은 그냥 돌려보내고, 여성만 골라 살해한 것을 우발적인 범죄라 할 수 없다.

여성을 대상으로 한 강력범죄는 점점 많아지는데 사법부는 여전히 가해자의 정신 질환을 들먹이고 그들의 미래를 염려한다. 서울역 '묻지 마 폭행'을 저지른 삼십대 남성의 구속영장은 기각됐다. 강남역 살인 사건의 가해자 김씨 역시 심신미약 상태가 인정되어 감형됐다.

여성에게는 당장 목숨이 걸린 문제인데, 검찰은 가해자의 영장을 기각하고 재판부는 형량을 낮추고 있다. 사회에서 여성들의 안전을 보장해주지 않으니 여성들은 가방에 제 몸을 지키기 위한 도구를 챙기고 여가 시간에 호신술을 배우느라 바쁘다. 내가 아무리 주짓수를 배운다 한들 내 안전을 100퍼센트 보장할 수는 없다. 범죄자가 흉기를 들고 위협하거나, 주짓수 기술이 통하지 않을 정도로 힘이 차이가 나면 어쩔 것인가. 또 갑작스러운 상황에 놓이면 아무 생각도 안 난다. 범죄를 예방하는 일은 여성들 각자의 일이 될 수 없다. 여성 혐오범죄의 해결은 국가의 일이다.

우리는 같은 경험을 했는데, 왜 나만 기분이 나쁜 걸까

거울에 내 모습을 비춰봤다. 몸에 달라붙는 줄무늬 원피스와 최근에 구입한 흰색 재킷이 제법 잘 어울렸다. 쫙쫙 늘어나는 면 재질이어서 편한 데다 꾸민 듯 안 꾸민 듯한 자연스러운 분위기가 우러나서 자주 입는 옷이다. 3월, 아직 날이 쌀쌀해서 재킷을 걸쳤는데, 길이가 짧아 원피스에 걸치기 딱 좋았다. 편한 운동화까지 신으니 만족스러운 스포티룩이 완성됐다. 이렇게 신경 써서 옷을 입은 이유는 오랜만에 고등학교 친구들을 만나기 때문이었다. 학창시절 추억을 공유한 친구들이어서 그런지 기념일이 있을 때는 바쁘더라도 시간을 내서 만났다. 한 달에 한 번 정도, 친구들 생일이 있을 때마다 모였다. 나를 포함해 모두 아홉 명이었으니 1년에 아홉 번은 만나는 셈이었다.

아홉 명이 전부 뭉치는 날에는 기분이 한층 더 들뜬다. 나와 친구 둘이 먼저 약속 장소에 도착했는데 나머지 친구들을 기다리고 있으려니 배가 고팠다. 인내에 한계가 와서 우리 셋은 먼저 가게로 들어가 안주를 주문하기로 했다. 그때 친구에게서 전화가 왔다. "야, 반짝이 풍선 샀어?" 요즘 유행하는 헬륨 풍선 중에 커다란 은색 금색 알파벳 모양의 풍선이 있는데, 이번 모임의 주인공인 친구가 그걸 꼭 준비해달라고 했단다. 어쩐지 오늘 화장이 빨리 끝나더라니, 남은 시간을 이렇게 쓰라는 계시인 모양이다. 우리는 문구점에 들러 풍선을 샀고 '배고파' 노래를 부르며 술집으로 뛰어갔다.

친구들과 약속 장소로 가면서 이야기를 나누는데 불현듯 낯선 목소리가 들려왔다.

"우리나라 여자들은 옷을 못 입는 것 같아."

"왜?"

"앞에."

앞이면, 나랑 내 친구들인가? 나는 평소에 귀가 밝은 편이라서 누가 내 욕을 하면 귀신같이 알아챈다. 이건 나와 내 친구들을 향한 험담이 분명했다. 전방 2미터 이내에 여자라고는 우리뿐이었고, 그들은 우리 뒤에 바짝 붙어 있었다. '우리한테 하는 말은 아니겠지, 오해일 거야.' '내가 옷을 이상하게 입었나?' '원피스에 운동화는 좀 안 어울리나.' '내가 요즘 살이 쪘나.' 술집에 자리를 잡고도 한동안 머릿속이 뒤숭숭해 친구들 말에 집중할 수가 없었다.

친구들은 술을 마시고 사진을 찍느라 내가 들은 대화에는 관심이 없었다. "아까 한국 여자들 싸잡아서 욕하는 애들 너무 어이없지 않아?" 내 목소리는 친구들의 카메라 셔터 소리에 묻혔다. "내가 뭘 입든 지가 무슨 상관이야?", 목소리를 높여봤지만 "단아, 너는 그래도 가슴이 커서 달라붙는 옷도 잘 어울린다. 좋겠다" 하는 엉뚱한 대답이 돌아왔다.

아직 8시밖에 안 됐는데, 내 휴대전화 사진첩에는 오늘 찍은 사진이 100장은 넘게 쌓인 것 같았다. HAPPY BIRTHDAY의 약자 'H B D' 중에서 'D' 풍선이 자꾸 떨어졌지만 생일잔치의 주인공은 본인이 원한 풍선 이벤트에 만족한 눈치였다. 친구가 좋아하니 뿌듯한 기분이 들기는 했다. 그런데 대화가 끊길 때면, 자꾸 그들의 목소리가 떠올랐다. 나는 분명 생일잔치에 와 있는데, 오랜만에 친구들을 만나 즐거워야 하는데, 속상했다. 계속 안 좋은 생각을 하다보니 지난해 겨울에 있었던 일까지 떠올랐다.

그날도 친구의 생일이었다. 저녁 8시쯤 만나서 한참 놀다가 막차를 타고 집에 가던 도중 일이 터졌다. 우리는 매달 생일잔치가 끝나면 다 같이 모여 단체 사진을 찍었다. 스무 살 때부터 술만 마셨다 하면 단체 사진을 찍는 게 규칙이 됐다. 그날도 어김없이 역 앞에서 단체 사진을 찍고 있었는데, 삼십대 중반 남성이 우리에게 갑자기 휴대전화를 들이댔다. 자기 또래 남자 대여섯 명이 무리지어 서 있었다. 나는 셔터 소리를 듣자마자 주변을 확인했고 사진을 찍는 남자와 바로 눈이 마주쳤다.

"지금 저희 사진 찍으셨죠?"

"아니에요."

"소리 났으니까 빨리 사진첩 보여주세요."

"안 찍었어요."

앞에서 말했듯이 나는 길거리에서 누가 내 욕을 하면 바로 알아챌 정도로 귀가 매우 밝다. 몇 분 정도 실랑이하다가 그 남자의 친구들이 귀찮으니 빨리 보여주라고 해서 사진첩을 확인할 수 있었다. 나와 친구들의 다리가 확대되어 찍힌 사진이 있었다. 다급하게 찍었는지 화면이 살짝 흔들려 초점이 흐리긴 했지만 의도적으로 찍은 사진임이 분명했다. 화가 머리 끝까지 났다.

"지우세요."

삭제하는 것까지 확인한 후에 자리를 떴다.

내가 정체 모를 남자에게 허락 없이 우리 사진을 찍은 거냐고 따져 묻고 있었을 때, 다른 친구들은 지하상가로 내려가고 있었다. 그러니까 남성 다섯 명이 나와 내 친구 한 명을 둘러싸고 있는데 친구들은 우리를 내버려두고 자리를 떠난 것이다. 서러움이 몰려왔다. 먼저 지하철을 타러 내려간 친구들이 미웠다. 한참 뒤에 나의 굳은 표정을 본 다른 친구들이 무슨 일이었냐고 물었고, 나는 우리에게 있었던 일을 말했다.

"그 남자가 우리 사진을 찍었어, 왜 먼저 내려갔어?"

친구들은 대수롭지 않게 몰랐노라 답했다. 그냥 '세상에 미친놈들 많다'며 넘어가려고 했다. 머리가 멍해졌다. 나 혼자만이 아니고 우리 모두 카메라에 찍혔는데, 별 일 아니라는 말을 듣자마자 미치도록 집에 가고 싶어졌다. 집으로 돌아가던 중이라 다행이었다. 지하철에 타고서도 친구들의 대화에 끼지 않고 나 혼자 침묵을 지켰다. 친구들이 무슨 이야기를 했는지도 기억나지 않는다.

일상적인 폭력

중학생 때 친구와 전단지 아르바이트를 한 적이 있다. 마지막 한 묶음만 돌리면 일을 끝내고 집에 돌아갈 수 있었다. 그러면 안 되는데 얼른 집에 가고 싶은 마음에 아파트를 돌면서 한 집당 두 장 내지 세 장의 전단지를 붙였다. 그런데 웬걸, 딱 걸렸다. 우리에게 일을 맡긴 관리인은 전단지를 다 돌리고 봉고차에 앉아 있는 내 허벅지를 쓰다듬으며 그러면 안 된다고, 아르바이트비에서 2000원을 깎겠다고 말했다. 당시엔 깎인 2000원에 정신이 팔려 허벅지를 쓰다듬는 남성에게 항의할 생각조차 못했다.

중학교 1학년 때도 비슷한 일을 겪었다. 수련회가 끝나고 사진을 인화하러 갔는데, 약 30분 동안 사진관 주인이 (인화된) 내 사진을 자기에게 달라고, 연예인 누굴 닮은 것 같다며 내 볼과 머리를 계속 쓰다듬었다. 너무 무서웠지만 상가 이층 깊숙한 데 있던 사진관이어서 소리를 지르거나 도망을 칠 수가 없었다. 소리를 질렀다가는 더 큰 일을 겪을지도 모른다는 생각도 들었다. 가만히 앉아서 견뎌야만 했다. 끔찍했다. 사진이 인화되자마자 사진관을 빠져나와 학원으로 달려갔다. 수업을 들으려고 앉아 있는데, 눈물이 하염없이 쏟아졌다. 놀란 선생님이 나를 원장실로 데려갔다. 자초지종을 설명하니 선생님은 곧장 부모님에게 전화를 걸었다. 부모님은 사진관 주인을 경찰에 신고했다. 아동·청소년을 성추행한 그에게 내려진 처벌은 고작 영업정지 2주였다. 며칠 후 부모님께 아저씨가 왜 그런 거냐 물어보니 "딸 같아서 그랬다"고 했단다. 어쩜 이 레퍼토리는 그때나 지금이나 변하질 않는다.

중학교 2학년 때도 그런 일이 있었다. 남자애 A가 장난을 치다가 내 가슴을 툭 쳤다. A는 실수라며, 진짜 미안하다고 거듭 말했다. 실수로 그럴 수 있다는 생각이 들어서 욕을 몇 마디 하긴 했지만 크게 문제 삼지 않았다. 그런데 점심시간에 일이 터졌다. 다른 반 남자애 B가 나에게 와서 "A가 네 가슴 만졌다며?"라고 말한 것이다. 너무 불쾌해서 아무 대꾸도 하지 못한 채 화장실로 도망갔다. 맨 끝 칸에 들어가서 '엉엉' 울어버렸다. A에게 찾아가 주먹을 날리고 싶었지만 그를 마주 봐야 한다는 사실조차 수치스럽게 느껴졌다. 수치심은 내가 아니라 그의 몫이어야 했다.

지금 생각해보면 큰일이지만 옛날에는 뭔지 모르고 당했던, 그래서 쉬쉬하고 넘어갔던 성희롱과 성추행은 그후에도 계속 이어졌다. 고등학교 1학년 때 나는 학급 반장이었다. 수련회 장기자랑 시간에 짧은 원피스를 입고 같은 반 친구 네 명이서 노래를 불렀다. 수련회를 마치고 같은 반 친구들 몇 명과 학교 앞 편의점에 둘러 앉아 음료수를 마시며 수련회 때 있었던 일들에 대해 이야기꽃을 피웠다. 그런데 같이 음료수를 마시던 남자애가 갑자기 "아 반장이 수련회에서 노래 부를 때 입었던 옷 입고 술 따라주면 ×× 맛있겠다"라고 말했다. 난 아직도 그가 한 말을 토씨 하나 빠뜨리지 않고 모두 기억한다. 그 애는 전학 온 지 얼마 안 되었고, 외국 유학을 다녀와 우리보다 한 살 더 많았다. 열여덟 남자애가 열일곱 여자애한테 그런 말을 한 것이다. 나는 순간 당황했고, 버벅거리며 욕을 퍼부었지만 별다른 대응은 하지 못했다. 다른 친구들 역시 문제의식을 느끼긴 했으나 그뿐이었다.

막 성인이 되었을 무렵, 술자리가 끝나고 취한 친구들을 챙기며 길에 서 있는데, 누가 뒤에서 허리를 꽉 껴안았다. 취한 친구가 그런 줄 알고 뒤를 돌아봤더니, 모르는 남자가 서 있었다. 놀라 소리를 지르자 그는 낄낄대며 비틀거렸다. 내 친구들은 전부 술에 취해서 내게 무슨 일이 일어났는지 모르는 것 같았다. 그는 "제가 좀 취해서요, 죄송" 같은 말만 늘어놓았다. 난 하나도 안 웃긴데, 그는 계속 웃었다. 뒤늦게 나를 발견한 친구들은 "취한 사람이랑 엮이지 마"라며 남자를 서둘러 보냈다. 나는 한 달 동안 밤잠을 설쳤다. 스무 살의 1월이 분통함과 억울함으로 점철되었다.

살면서 이런 일을 수차례나 겪었는데도 이게 한국 사회에 뿌리를 튼 강간 문화라는 생각은 하지 못했다. 그저 내가 '일부' 나쁜 놈들에게 피해를 입은, 우연히 발생한 사건이라고, 내가 운이 나빴던 거라고 여겼다. 그러다 2016년, 강남역 살인 사건이 발생했다. 분노했지만 일상을 사느라 분노의 불씨를 계속 살리진 못했다. 여기저기서 '여성'과 '사회적 약자'라는 열쇳말을 중심으로 한 담론이 형성되고 있었다.

단과 함께 참여했던 언론고시반에서도 뜨거운 논쟁이 오갔다. 어이없게도, 남자와 여자 딱 두 편으로 나뉘어 논쟁이 벌어졌다. 한쪽은 생존이 걸린 문제라 불안해하고 있는데, 다른 한쪽은 '일부'만 그럴 뿐인데 왜 '전체'의 문제로 삼느냐, 왜 우리를 잠재적 가해자로 해석하느냐, 억울한 쪽은 너희가 아니라 우리다, 가해자는 따로 있는데 내가 왜 책임감을 느껴야 하냐. 뭐 이런 내용들이었다. 나는 어느 편에도 속하지 않은 채, 그저 가만히 있었다. 간신히 꺼낸 말은 "저는 굳이 이렇게 편갈라서 싸우고 싶지 않고, 제가 커오면서 차별을 당한 적도 별로 없는 것 같아요"였다. 내 인생 전체에 걸쳐 다섯 손가락 안에 드는 망언이다. 차별을 당한 적이 없다니. 당장 생각나는 것만 해도 중학생 때, 고등학생 때, 사진관에서, 스무살 초반에……. 사소하다고 할 수 없는 일이 줄지어 일어났는데도 말이다.

나는 '별 일 아닌 것'으로 치부하려고 애썼다. 그래야 내가 살아갈 수 있을 것 같았다. 어렸을 때부터 사회가 계속 해온 말이 귓가에 맴돌았다. 네가 예민한 것이다, 남자애들이 그러는 것은 애정의 표시일 뿐이다, 그냥 좋게 좋게 넘어가자, 계속 왈가왈부해봐야 네 인생만 더 험난해진다, 가해자도 너도 각자의 삶이 있으니 그냥 잊고 지나가자, 다들 한번씩 겪는 일이다…… 같은 말들. 유년기부터 성인이 되기까지 내내 이런 말을 들어왔다면 당연히 자신의 경험과 모멸감을 오롯이 마주볼 수 없을 것이다. 나 자신에게 자꾸 묻게 된다. 내 탓인가? 이런 물음은 내 안에 남아 있던 명백한 증거들까지 자근자근 짓밟고, 종국에는 나를 그냥 좀 예민한 여자애 정도로 자리매김해버린다. 이런 식으로 내가 갖고 있던 불안, 공포, 두려움, 수치심, 모멸감, 불쾌함이 희석되다가 서서히 수면 아래로 가라앉았다.

그러다 사건이 또 일어났다. 금요일이었다. 주말이라 버스를 타고 고향으로 향했다. 버스에서 내린 시간은 밤 11시경, 집을 향해 걸어가는데 갈림길이 나왔다. 직진하면 되는 길이어서, 횡단보도 앞에 서 있었다. 밤이라 그런지 신호가 너무 길게 느껴졌다. 바로 근처에 있는 샛길로 빠져나왔다. 그런데 분명 내 옆에서 신호를 기다리던 남성이 뒤따라오고 있는 것 같았다. '저 남자도 나처럼 가는 길을 바꾼 건가?' 획 뒤를 돌아보는 순간, 남자는 옆에 있는 풀숲 뒤로 몸을 숨겼다. 아주 짧은 순간이었는데 곧장 몸을 감추는 걸 보니 오싹한 기분이 들었다. 등줄기에서 식은땀이 흘렀다. 나를 따라오고 있다는 신호를 그토록 명확히 보냈는데 아까처럼 걸어가는 것은 미친 짓이었다. 무작정 앞만 보고 달렸다. 달리는 와중에 주머니에 들어 있던 물건이 하나둘 떨어졌지만 신경 쓸 겨를이 없었다. 한참을 달려 불빛이 번쩍이는 편의점으로 들어갔다. 편의점 맨 안쪽에 주저앉았다. 그 순간, 나와는 상관없는 일이라고 생각했던 일이 지척에서 일어나고 있음을 깨달았다.

이 사건 이후로 페이스북, 인스타그램 할 것 없이 SNS에 내 경험을 말하기 시작했다. 온라인에 있는 수많은 남성들은 "네가 밤에 다니니까 그런 거지"라며 무시해버렸다. 남자들은 살면서 '누가 나를 쫓아오는 것 같아' 혹은 '저기서 누가 나를 보고 있는 것 같은데', 싶어서 솟아나는 두려움을 몇 번이나 경험할까? 어쩌면 단 한 번도 경험하지 못한 사람이 더 많을지도 모른다. 여자라면? 질문할 필요도 없다.

언니가 옳았네

내가 초등학생일 때 언니가 나보다 더 큰 곰 인형을 들고 집에 온 적이 있었다. 남자 친구에게 받은 거라고 했다. 저렇게 큰 곰 인형을 받다니…… 부러웠다. 2주 정도 지났을까, 언니는 갑자기 "야, 건뚱!(건방진 뚱보의 줄임말로 언니는 나를 이렇게 부른다) 내 방으로 와봐"라며 나를 불렀다. 또 무슨 심부름을 시키려고? 퉁명스럽게 언니 방문을 발로 밀며 물었다.

"왜?"

"야 너 이 인형 갖고 싶댔지? 가져가~"

"진짜? 나 준다고? 언니가 나한테? 왜?"

"헤어졌으니까."

"헐, 왜? 곰 인형 준 오빠랑 왜 헤어져?"

"지가 내 옷을 단속하잖아. 짧은 옷 입지 말라면서. 자기가 뭔데 내 옷을 단속해."

난 내심 남자 친구가 그럴 수도 있는 거 아닌가, 왜 그런 일로 헤어지나 싶었다. 그래도 갖고 싶던 곰 인형을 손에 넣어 기뻤으니 언니가 참 드세다는 생각은 속으로 삼켰다. 내 방에서 분홍색 곰 인형을 끌어안고 기쁨을 만끽했다. "곰곰아, 나한테 잘 왔어. 우리 언니도 참 유별나, 그치?" 그날 하루는 언니 말을 고분고분 잘 들었다.

얼마 전 겨울옷을 정리하고 여름옷을 꺼내면서 옷장을 싹 정리했다. 옷장 깊은 데서 핑크색 털을 보니 곰곰이를 갖게 되었을 때의 일이 어렴풋이 떠올랐다. 그때 왜 언니가 드세다고 생각했을까? 지금은 멀리 떨어져 살고 있는 언니가 생각나 한 달 만에 전화를 했다. "언니, 그때 일 기억나? 언니가 곰 인형 줬잖아. 그때 남자 친구한테 정이 떨어진 이유가 뭐야?" 10년도 더 지난 일이라 언니는 기억조차 안 나는 눈치였다. 여러 번 설명한 끝에 언니의 전두엽 깊이 숨어 있던 기억을 끄집어낼 수 있었다.

"난 남자 친구 소유물이 아니잖아. 내가 왜 걔 뜻대로 해야 해."

굳이 듣지 않아도 충분히 짐작할 수 있었지만, 언니 입을 통해 들으니 개운했다. 나는 중학생 때 훈이 말을 듣고 집으로 돌아가 옷까지 갈아입었는데, 언니는 나랑 비슷한 나이였음에도 전혀 다르게 행동했다. 본인이 입고 싶어서 입은 옷에 제약을 두자 언니는 이별을 택했다. 나는 부모님 말씀이라면 모두 옳은 줄로 알고 따르던 딸이었다. 반면에 언니는 부모님이 옷차림을 두고 무어라 핀잔을 해도 자기 의지를 꺾지 않고 예쁘다 생각한 옷을 입었다.

언니가 옳았다. "여자가 치마를 입으면 남자들의 표적이 될 수 있으니 옷은 조신하게 입어야 한다"는 부모님 말은 결국 범죄의 책임을 여자에게 돌리는 말이었다. 언니는 어려서부터 "내가 이렇게 입는다고 해서 내 잘못이 되는 건 아니지! 나를 표적으로 삼는 놈들이 잘못된 거지!"라며 소신을 굽히지 않았다.

"부모님이 핀잔을 줘도 내가 입고 싶은 옷을 입은 덕에 지금은 엄마 아빠가 생각을 많이 바꾼 거야. 나에게 감사하렴."

끝까지 잘난 척하는 언니가 약간 재수 없긴 했지만, 남의 말에 휘둘리지 않고 주체적으로 살아온 모습이 조금은 멋있다는 생각이 든다.

엄마와 김밥

엄마가 술에 취해 귀가했다. 거나하게 취한 엄마는 식탁으로 다가서더니 "왜 김밥이 그대로야?" 하며 화를 냈다. 식탁에는 엄마가 아침에 말아놓은 김밥이 놓여 있었다. "이러다가 상하면 또 버리려고?" 엄마가 목소리를 높였다. 접시를 들고 김밥을 버리겠다며 음식물 쓰레기통을 여는 엄마를 보고, 내가 알아서 하겠다며 말렸다. 엄마의 손에 들린 접시를 무사히 빼앗는 데 성공했다. 그때, 무언가 차갑고 단단한 것이 내 목을 강타했다. 퍽, 하고 둔탁한 소리가 울렸다. 내 목을 때리고 바닥에 떨어진 물건은 냉장고에 누워 있던 '김밥용 햄'이었다. 나는 내 목 둘레만큼 두꺼운 이 물체를 던진 사람이 엄마라는 사실에 놀랐다.

엄마가 귀가하기 전에 나는 식탁에 앉아 김밥을 먹고 있었다. 먹다 보니 배가 불러서 그릇에 담아 냉장고에 넣어둬야지, 생각하고 잠시 소파에 누워 휴대전화를 보는 사이에 엄마가 들어온 것이다. '김밥을 방치한 게 아냐, 엄마가 오해한 거라고!' 맞은 부위가 뜨끈해지는 걸 느끼며 방으로 들어가 문을 걸어 잠갔다. 엄마를 보고 싶지 않았다. 나한테 물건을 던지다니, 어떻게 그럴 수가 있어? 잠깐 가출이라도 해야 하나 싶었다. 서러웠다. 내가 김밥을 얼마나 맛있게 먹었는지 알지도 못하면서.

엄마는 내가 고등학생이 됐을 무렵부터 직장 그만두고 여행을 다니고 싶다고 말해왔다. 우리가 다 커서 취업을 하고 결혼도 하면 일을 아예 그만두고 쉬겠다는 선언을 하기도 했다. 나는 나 때문에 엄마가 힘들게 일하는구나, 하는 죄책감이 들었다. "얼른 취업해서 세계일주 시켜줄게" 하고 약속했다. 엄마는 입으로만 하는 효도 말고 지금 당장 할 수 있는 일, 빨래 개고 설거지나 열심히 하라고 콧방귀를 뀌었다.

김밥 사건은 내가 태어난 뒤로 한 번도 제대로 쉬지 못한 엄마가 직장을 그만두고 아르바이트를 다니기 시작한 지 2개월째 되는 주에 터졌다. 엄마도 나도 취업준비생이었는데, 엄마는 주부 역할까지 해내고 있었다. 내가 김밥이 먹고 싶다 하자 엄마는 아침 일찍부터 김밥 재료를 사서 썰고 볶고 양념하고 돌돌 말고 또 썰기를 반복했다. 아침 7시에 시작해서 11시가 되어서야 겨우 마쳤으니, 정말 손이 많이 간 김밥이다. 식구들 먹으라고 넉넉히 준비한 뒤에 곧장 출근했다가 퇴근하고 집에 돌아왔는데, 식탁에 방치된 김밥을 본 셈이었다. 아 맞다, 요 며칠간 음식물 쓰레기통은 엄마가 만들었던 반찬들로 넘쳤었지. 여기까지 생각이 미치자 더 이상 엄마가 밉지 않았다.

"엄마 오늘 제육볶음 너무 잘 먹었어. 내가 설거지도 했어요~"

그날 이후, 반찬이 방치되는 일은 일어나지 않았다. 하루가 다 지나고 남은 반찬은 내가 다 먹거나 냉장고로 들어갔다. 엄마는 반찬이 남아돌아도 더 이상 오해하지 않는다.

엄마의 일은 '바깥일' 더하기 '집안일'

아빠는 회사원, 엄마는 학교 선생님이었다. 엄마가 학교 선생님이면 공부도 가르쳐주고 좋았겠네 싶겠지만 나는 그렇지 않았다. 학부모 참관 수업이 열리면 친구 어머니들이 교실 뒷자리에서 제 자식을 지켜보곤 했는데 우리 엄마는 언제나 그 자리에 없었다. 어찌나 서운하던지…… 학부모 참관 수업 통지를 받은 날이면 엄마에게 학교 선생님 그만하면 안 되냐고 투정을 부렸던 기억이 어렴풋이 떠오른다.

학교 선생님이라는 직업 특성상 엄마는 거의 5년에 한 번 학교를 옮겨야 했다. 집에서 아빠 직장까지는 차로 10분도 안 걸렸지만 엄마는 20년 내내 평균 한 시간 거리를 오가야만 했다. 그러니 우리 집에서 가장 바쁜 사람은 엄마였다. 피곤할 법도 한데, 엄마는 매일 이른 새벽에 일어나 우리들의 식사까지 챙겨줬다. 이 생활은 내가 대학교에 진학하기 전까지 단 하루도 거르지 않고 지속됐다. 할머니랑 같이 살고 있었던 터라 간단한 시리얼 등으로 아침을 때울 수도 없었다. 엄마는 매일 아침 무조건 밥을 지어야 했다. 밥을 차리고 출근을 준비하며 아침마다 허둥지둥 다급하게 문을 나서던 엄마 모습이 아직도 눈에 선하다.

엄마는 퇴근을 하고 나면, 옷도 채 갈아입지 못하고 저녁을 준비하느라 바빴다. 야간 자율학습 감독을 해야 하거나 학교 일정 때문에 저녁밥을 챙겨주지 못할 때면 우리에게 전화를 걸었다. 밥 잘 챙겨 먹으라고 말하는 목소리에는 미안함이 어려 있었다. 엄마가 그러는 게 당연한 일인 줄 알았다.

아빠의 일은 '바깥일'이었지만, 엄마의 일은 '바깥일' 더하기 '집안일'이었다. 사회가 규정한 성 역할에 따르면 엄마의 본업은 가사이고, 부업이 교사였다. 하지만 엄마에게 '교사'는 결코 부업이 아닌, 사명감과 자부심을 가지고 헌신하는 본업이었다. 때로 "엄마가 학교에 다니느라 우리 불을 잘 못 챙겨주는 것 같아 걱정이야"라고 말하며 속상해했지만, 나는 그렇게 생각하지 않았다. 엄마는 당신 몸보다 우리 몸을 더 많이 챙겼다.

"직장도 다니고 시어머니까지 모시려면 너무 힘들지 않아요?"

엄마가 많이 들었던 말이다. 엄마는 늘 "뭘요"라며 개의치 않는 양했지만, 얼마나 힘들었을까. 어릴 때는 그냥 엄마가 그렇다니까 그런 줄 알았다. 하지만 지금 돌이켜보면 당신의 삶을 잃지 않으려 얼마나 치열하게 살아야 했을까 싶어 마음이 아프다.

3장

나의 목소리를
내기 시작하다

나만 심각해?

나는 '공모전 킬러'라는 별명이 붙을 만큼, 온갖 공모전에 다 참여하는 편이다. 교내는 물론이고 교외 공모전에도 종종 응모했다. 2019년 여름은 공모전 준비로 정신이 하나도 없었다. 뉴스통신진흥회에서 주최한 탐사보도 공모전을 준비하는 동시에, 학생들의 '도전 정신'을 확인하는 다른 공모전에도 참여했다. 한 달간 취재해야 했던 탐사보도 공모전과 달리 이 공모전은 자기소개서만 제출하면 됐다. 제출 시기가 맞물려 어느 쪽을 택해야 하나 고민했지만 후자의 경우 다행히 자기소개서만 쓰면 돼서 크게 부담스럽지 않았다. 무엇보다 두 공모전 모두 상금이 상당히 많아 포기할 수 없었다.

학생회, 해외 봉사, 국토대장정, 해외 연수, 동계올림픽 봉사 등 '도전 정신'에 맞춰 자기소개서를 쓸 만한 이야깃거리는 차고 넘쳤다. 두 달 만에 서류 심사에 통과했다는 연락을 받았다. 면접 경쟁률은 2대 1, 해볼 만한 싸움이었다. 면접 날, 단정하게 차려입고 당당한 걸음으로 면접장에 들어갔다. 문을 열자마자 두 명의 면접관은 "아니, 어떻게 이렇게 많은 활동을 다 했어요? 궁금한 게 많으니 얼른 자리에 앉아봐요!"라고 말하면서 반갑게 맞이해주었다. 순간, '오, 이거 되겠는데?' 하는 직감이 왔다.

면접 분위기는 화기애애했다. 마지막 질문이 나오기 전까진 말이다. 그들은 가장 관심 있는 사회문제가 무엇이냐고 질문했다. 나는 당연히 텔레그램 성착취와 불법촬영물 문제에 대해 이야기했다. 계속 취재하고 있고, 오래 지속된 문제임에도 불구하고 전혀 해결되지 않았으니 심각한 '사회문제'임이 분명했다. 정부와 검찰, 언론이 어떤 문제의식을 갖고 향후 어떤 방향으로 나아가야 하는지 진지하게 이야기했다. 한참을 이야기하는데, 문득 면접관을 보니 공감이 안 간다는 눈빛으로 나를 바라보고 있었다.

그들은 그 문제말고 사회가 관심을 기울여야 하는 문제가 무엇인지 재차 물었다. 방금 전까지 내내 설명했는데 전혀 이해하지 못한 것 같았다. "네? 이게 당장 해결해야 할 정말 중요한 사회문제인데요?" 나는 재차 사건의 심각성에 대해 설명했다. 규모가 큰 공모전의 면접관이라면 어느 정도 인정받는 사람일 테니, 이 사건의 실태를 알리면 문제 해결에도 조금은 도움이 되지 않을까 싶었다. 하지만 이는 내 바람에 지나지 않았다. 그들은 이 사건을 사회의 문제라기보다는 개인의 문제로 보았던 것이다.

면접이 끝난 후 밖으로 나오면서 허탈감을 느꼈다. 대한민국 사회 전반에 깔려 있는, 그래서 우리 사회가 반드시 척결해야 할 강간 문화에 우리 사회는 얼마나 안일하게 대처하고 있는가. 그들은 이걸 고질적인 '문제'라 여기지 않고 '사소한 해프닝' 정도로 간주하는 것 같았다.

왜 나만, 왜 여성들만 문제의식을 느끼는 걸까

　한 달 후, 면접 결과가 나왔다는 문자를 받았다. 재빨리 노트북을 켜고 해당 사이트에 접속했다. 기대하진 않았지만 그래도 혹시 — 하는 마음으로. 역시나 내 이름은 없었다. 예상했던 일이니, 크게 실망하지는 않았다. 예상대로 면접에서는 떨어졌지만, 앞으로 불법촬영이 심각한 사회문제임을 어떻게 증명해 보일까, 더 깊이 생각하게 되었다.

특별한 어느 날은 너무 자주 찾아온다.

"내가 여자라서 이런 일이 생기나" 하는 느낌을 대학에 와서 실감했다. 성차별을 머리로, 그리고 몸으로 실감했다. 분노, 억울함, 좌절, 강박, 사랑이 내 경험 안에 투박하게 섞여 있다.

신입생 때 전공 엠티에 갔다. 언니들과 숙소에서 카드 게임을 하고 있었는데, 지금은 연락도 안 하는 언니가 나더러 "남상"이라고 했다. 각진 턱과 쌍커풀 없는 눈 때문에 "남상"으로 보인다며 화장으로 이미지를 바꿔보라고 권했다. 나는 그 언니가 아니라 내 얼굴이 미워졌다. 속눈썹 연장 시술을 했다. 가짜 속눈썹이 눈두덩을 바짝 올려줘서 눈이 두 배로 커 보였다. 2학년 때까지 허물없이 지내던 남자 동기는 "이제야 여자 같다"고 말했다. 칭찬이랍시고 하는 소린가. 대체 '여자 같음'은 무엇이며, '여자 같지 않음'은 무엇인가 싶었다. 남자 동기들은 나와 친하게 지냈던 여자 동기 다섯 명에게 "너네가 우리 과 애들 중에서 피부는 제일 좋다. 그건 인정", 이런 말을 술자리에서 매번 해댔다. 그럴 수밖에. 우리는 남자 동기들과 어울리기 전에 친구 기숙사에 모여 팩을 하고 갔으니까. 친한 여자 동기 한 명이 화장을 하지 않고 강의실에 들어갔는데 남자 동기 하나는 "왜 얼굴은 집에 두고 왔냐" 같은 소리를 한 적도 있다. 한심하고 어처구니없는 말이다.

통신사 인턴 기자로 출근한 첫날, 성별이 내가 가진 전부로 여겨졌다. "이번에도 여자만 두 명이 왔네?" 부장 기자가 심드렁하게 말했다. 업무 강도가 높기로 유명한 인천공항 식당가 아르바이트도 일주일 만에 적응한 나인데 인턴 생활은 마지막 날까지 가시방석에 앉은 것처럼 괴로웠다. 경찰청에 출입하던 어느 날, 한 경사가 내게 눈짓을 했다. "여성분들, 옆에 기자 총각 소개해줄까? 열 살 정도밖에 차이 안 나~" 인턴을 마친 날, 사수가 밥과 술을 샀다. 2차로 간 맥주 집에서 모 남자 기자가 후배 기자에게 한 말이 아직도 잊히지 않는다. "여자 친구랑 오래 사귀었네? 임신 공격해서 결혼해~" 환청을 들은 줄 알았다. 귀가하는 택시 안에서, 혹시 너도 '임신 공격'이라는 단어를 들었냐고 친구에게 물었다. 친구는 말없이 고개를 끄덕였다.

휴학하기 전에 대외활동팀장을 맡은 적이 있었다. 한 학기 동안 준비한 결과물을 발표하고 다 같이 노래방에 갔다. 남학생 열 명과 여학생 여섯 명, 남자 지도 교수 한 명이었다. 내 차례가 와서 노래를 한 곡 불렀다. 지도 교수가 내 옆에 오더니 이렇게 지껄였다. "단이 존나 귀엽지 않냐?" 남학생들이 모두 그 말을 듣고 놀라서 나를 자리에 앉혔다. 노래방이 어두워서 너무 무서웠다. 노래방이 환했으면 좋겠다는 생각이 머릿속을 떠나지 않았다. 오빠들이 교수를 잘 막아줬으면 좋겠다는 마음만 간절했다.

학교 앞 주점에서 아르바이트를 했을 때도 비슷한 일이 있었다. 개강·종강 총회, 운동회, 학술제가 열리는 날에도 손님이 거의 없는 가게였다. 그렇다보니 남자 사장과 단 둘이서 담소를 나누거나 이따금씩 그가 개발한 신메뉴를 맛보았다. 한 학기 내내 아르바이트를 이어갈 만큼 사장님을 신뢰했더랬다. 내가 사장님을 존중하듯이, 사장님 역시 나를 존중해주고 있다고 생각했다. 여느 날처럼 가게는 한산했다. 손님이 없어서 사장님은 주방에 앉아 있었고, 나는 주방 앞쪽 계산대를 지키고 있었다. 갑자기 주방 쪽에서 카메라 셔터 소리가 들려왔다. 반사적으로 뒤를 돌아봤는데, 사장님의 휴대전화가 나를 향해 있었다. 당황스러웠다. 당혹스러운 표정을 짓자 그가 자신의 휴대전화를 보여주었다. 휴대전화 사진첩 안에는 긴 청바지와 모자 달린 셔츠를 입은 내 모습이 찍혀 있었다. 그날 내가 신체를 다 가리는 옷이 아닌, 애인과 데이트할 때 입는 치마나 배꼽과 허리가 드러나는 윗옷을 입고 있었다면 어땠을까. 사진에 내 맨살이 담겨 있었다면?

애인과 서로의 휴대전화를 합의하여 살펴본 적이 있었다. 한창 대학교 단체 대화방에서 성희롱이 자행되고 불법촬영물이 공유되고 있다는 사실이 사회문제로 드러나던 시기였다. 애인을 믿었지만, 솔직히 불안했고 내 눈으로 확인해야만 불안감이 해소될 것 같았다. 그러다 대화방에서 남자애들이 몇 학번 어린 여자 후배를 희롱하는 글을 보게 됐다. 그들은 여자 후배의 사진을 돌려 보면서 욕을 했다. "얘 때문에 내 학점 망가졌다"는 식의 열등감에 가득 찬 뒷담화였다. 어떤 이는 뒤에서 몰래 촬영한 다리 사진을 올리며 그 친구의 몸매를 비하했다. 그렇게 자기들끼리 한참 동안 낄낄거리는데 다른 남학생이 이렇게 말했다. "왜 프로필 사진을 캡처해서 대화방에 올리고 욕을 하냐." 지극히 당연한 비판이었지만 그런 식으로 묻는 이는 그애 하나뿐이었다. 이어 "앞에서 하지 못할 말은 뒤에서도 하지 말라"며 질타한 덕에 더 이상 희롱이 이어지지 않았다.

제3차 '불법촬영 편파수사' 규탄 시위에 참여했다. 우리는 '국산 야동'이란 제목이 붙은 불법촬영 영상이 판치게 한 웹하드 카르텔을 해체하라고 소리쳤다. 목청껏 소리는 질렀는데 '시위가 끝나면 집에 어떻게 가야 하나' 하는 걱정이 들었다. 시위 규정 상 참가자는 모두 빨간색 옷을 입었는데, 그것 때문에 해코지를 당할 것 같았다. 한 시간이 넘는 귀갓길에 어떤 일을 당할까 걱정이 돼 심장이 점차 쪼그라들었다. 그날, 어떤 유튜버가 시위에 참여한 여성을 허락 없이 촬영하고 조롱했다. 치킨집에서는 어떤 남성이 시위대를 향해 욕설을 퍼부었다. 과격 시위라는 말도 들었다. 누가 보면 시위대가 돌을 던지고 불이라도 피운 줄 알겠다. 진짜로 과격하게 구는 쪽이 시위대일까, 아니면 불쾌한 눈으로 우리를 지켜보는 이들일까.

머리를 짧게 잘랐는데, 며칠 후 조별 과제를 같이 하던 오빠가 나를 보자마자 얼굴을 찌푸렸다. "남자 같아. 머리 진짜 왜 잘랐어?" 내가 내 머리카락을 잘랐을 뿐인데 왜 그의 기분이 상했는지 모르겠다. 그는 계속 머리를 왜 잘랐냐며 꼬치꼬치 캐물었다. "그냥 잘랐어." 오빠는 나더러 머리카락을 다시 기르라고 권했다. 아니, 권했다기보다 강요했다. 발표 준비만으로도 바쁜데 이런 사소한 일에 시간을 허비하기 싫었지만, 기분이 나빴다. 대학에 다니는 동안 이런 일이 계속 일상을 흔들었다. 나는 그럴 때마다 내가 느낀 바를 정리하고 되새김질하며 분노했다. 책과 미디어에서 내 감정을 표현해줄 언어를 찾았다. 입이 근질거려 가만히 있을 수가 없었다. 짧으면 한 문장, 길면 스무 문장 정도로 생각을 정리해 SNS에 올렸다. 어느새 나는 '꼴페미'가 되어 있었다.

일상의 혐오

총학생회가 학생들을 위해 가장 열심히 기획하는 행사는 축제다. 축제라는 잔칫상에 동아리 경연, 주점, 노래자랑 같은 메뉴를 차렸지만 사실 진짜로 학생들의 관심을 끄는 행사는 초대 가수 공연이었다. 초대 가수의 면면은 일주일에 거쳐 총학생회 SNS에서 공개됐다. 인기가 많은 가수를 섭외하면 등록금이 안 아깝다는 댓글이 달리곤 했다. 자취방을 함께 쓰는 친구 '포뇨'가 초대 가수 명단이 올라올 때마다 중계해주었다. 화요일에는 A랑 B, 수요일에는 C. 모두 내가 모르거나 관심 없는 가수였다.

축제는 둘째날(수요일)에 가장 흥이 오르기 때문에 셋째날(목요일) 초대 가수는 전날의 가수에 비해 상대적으로 인지도가 낮은 이가 초대되고는 했다. 이번에도 그럴 것 같았다. 사실 누가 오든 말든 나랑은 아무런 관계가 없었다. 금요일에 수업이 없었던 터라 목요일의 마지막 강의가 끝나면 서둘러 집으로 돌아가서 쉴 생각이었다. 공강 하루 전날의 저녁 시간을 학교에서 보내기엔 너무 아깝지 않은가. 그때 포뇨가 초대 가수 중계를 시작했다. "뭐야, 이번에는 진짜 아무도 모르겠어." 목요일

에 오는 가수는 '김 아무개와 기 아무개', 내가 모르는 힙합 가수들이었
다. 뭔가 이름이 익숙하긴 한데…… 〈쇼미 더 머니〉에 나왔나보네. 어쨌
든 내게 중요하지 않은 이들이었으므로 미련 없이 집에 돌아갈 수 있겠
다 싶었다.

친구와 나는 이 학교는 대체 왜 축제에 아이돌을 부르는 법이 없냐
며 불평을 늘어놓았다. 아이돌이었으면 내가 보러 갔지. 나는 요즘 오
마이걸이 좋던데…… 아, 나는 레드벨벳. 아니야, 아이유를 초대하면
얼마나 좋아. 사심 가득한 대화를 나누는데 여성주의 소모임 단체 대화
방의 알림이 울렸다.

"여러분 학교 축제에 김 아무개가 온다고 합니다. 제가 '에브리타
임'(전국 대학교 커뮤니티 및 시간표 서비스)에 반대한다는 글도 올리고 댓
글도 열심히 달고 있는데 김 아무개 변호하는 사람들이 많아서 답답합
니다."

김 아무개? 이상하다. 아까부터 이 이름이 왜 이렇게 익숙하게 들리
지? 인터넷에 그의 이름 석 자를 검색해봤다.

"혐오가 스웩?" 이번에는 힙합 가수 김 아무개 여혐 가사 도마 위
"메갈X들 다 강간" 이런 가사도 힙합이니까 괜찮다고?
혐오 노래하는 래퍼, 당신들은 '힙합'을 모른다

불과 한 달 전 '혐오' 가사로 사회에 물의를 일으킨 힙합 가수였다.

그가 3월 말 발매한 음원 가사는 공포 그 자체였다. '메갈✕들 다 강간'이라는 가사를 보고 기함하지 않을 수 없었다. 여성들의 온라인 공간 '메갈리아'(이미 없어진 지 3년이 된)를 대상으로 성폭행 운운한 것이다. 같은 날, '모 대학 단체 대화방 불법촬영-성희롱 사건' 기사를 본 터라 나는 이미 심적으로 지쳐 있었다.

노래 가사에 본인이 혐오하는 대상을 성폭행하겠다고 썼는데, 대중들은 어떻게 판단할까. "산부인과처럼 다 벌려" "안 되면 때려서라도 내 걸로 만들래. Baby 오늘 넌 내 여자 아님 반✕신" 같은 폭력적이고 여성 비하적인 가사로 인해 힙합계에서 문제가 제기되었던 일들이 저절로 떠올랐다. 그리고 곧바로 '강간 문화'라는 단어도 떠올랐다. 어쩌면 김 씨는 비난의 화살이 자신에게만 쏟아져서 억울할지도 모른다. 문제의 가사를 쓴 이는 김 씨가 아니라 정 씨였기 때문이다.

김 씨는 선배 정 씨가 준 가사로 랩을 했다. 선후배, 동료 래퍼들이 곡을 홍보하고 음원 사이트들은 유통했다. 노래는 무사히 세상에 태어나 대중들과 만났다. 노래가 누리꾼들 사이에서 문제가 되자 언론에서 다루기 시작했다. 이 노래는 결국 며칠 만에 음원 사이트에서 내려갔다. 관련자들은 가사의 과격함을 두고 사과했다. '여성 혐오'에 대해서는 사과하지 않았다. 그저 과격한 내용의 가사를 썼다는 사실이 미안하다고만 했다. 그로부터 3주 후, 우리 학교 총학생회는 김 씨를 학교 축제에 초대했다.

김 씨가 학교 무대에 서기로 한 날까지 일주일이 남았다. 본인이 저지른 '여성 혐오'를 반성하지 않은 사람에게 무대를 주고 싶지 않았다. 그가 공연에 초대되는 일 자체를 막고 싶었다. 차별과 혐오를 노래하는 래퍼라니, 문제의 곡을 몇 백만 원씩이나 주고 들어야 한다니……. 그의 공연을 보러 갈 학우들도 벌써 미웠다. 해당 가수가 초대된 것에 항의하는 글에 '노래는 그냥 노래로 들으라'는 댓글이 달렸다. 무대를 보러 가는 이들은 다들 그렇게 생각하는 듯했다. 하지만 나는 동의할 수 없었다. '힙합에서 강간이라는 단어를 언급할 수도 있는 것'이라니. 실제로 피해자가 있는데, 성폭력이란 말을 단순히 유희 삼아 남발하는 것은 옳지 않다.

학교 커뮤니티에 김 씨 가사 논란을 다룬 기사를 첨부해서 올렸다. 반응은 뜨거웠다. 다른 글에 비해 조회 수가 높았다. 커뮤니티 내 반대 의견을 PDF 파일로 만들어 총학생회에 이메일로 전송했다. 하지만 돌아온 답변은 "축제가 얼마 남지 않아 공연을 취소할 수 없다", 이게 전부였다.

학교 온라인 커뮤니티를 통해 139명의 반대 서명을 받았다. 총학생회에서 학우의 의견을 진정성 있게 받아들이도록 실명으로 서명해주길 부탁했다. 총학생회에 만나서 의논하고 싶다는 이메일을 수차례 보냈는데 읽었다는 표시가 뜨질 않았다. 답변 역시 없었다. 별수 없이 자료를 들고 직접 총학생회실을 찾아갔다.

축제가 채 일주일밖에 남지 않은 상황에서 총학생회장, 부학생회장, 축제 기획위원장을 만났다. 그들에게 139명의 (개인정보를 가리고 소속 단과대학만 보이게 정리한) 반대 서명 파일을 보여줬다. 우리 의견이 관철돼 계약이 파기되는 일을 기대하지는 않았다. 급한 마음에 시작한 주먹구구식 설문이었으니까. 반대하는 학우들이 이 정도로 많으니, 총학생회에서 어떻게든 대처해주길 바랐다.

"지금 시기가 어느 때인데 이런 가수를……"

"소통하는 학생회가 슬로건이라면 논란이 되는 초대 가수를 부르기 전에 학생들 의견 청취 정도는 했어야……"

"반대합니다."

학우들의 의견은 잘 통했다. 총학생회장은 바로 김 씨 소속사에 전화를 걸어 초청 계약을 취소할 수 있는지 알아본다며 자리를 비웠다. 10분 뒤에 돌아온 그는 자리에 앉아 어쩔 줄 몰라 했다. 상황이 곤란해진 눈치였다.

"해당 곡이라도 부르지 말라고 해주실 수 있나요?"

왠지 미안해져 절충안을 제시했다. 학우들의 소중한 의견을 관철시키고 싶었지만, 내 앞에 앉은 사람들의 표정을 보니 마음이 약해졌다.

"계약 취소는 행사가 코앞이라 어려울 것 같아요. 문제의 곡은 절대 부르지 말라고 요청하겠습니다. 래퍼가 이전에 어떤 노래를 불렀는지 확인하지 못해 정말 죄송합니다. 이런 노래를 했는지 알았다면 초청하지 않았을 겁니다."

"네 가사도 이번에 문제가 되고 나서 알았어요. 이런 사회문제에 둔감해서요. 저희가 처음 하는 일이라 부족해서…… 죄송합니다."

학생회장과 부학생회장의 눈 주위가 불그스름했다. 1초에 한 번씩 침을 삼키며 호흡을 가다듬고 재차 사과하는 모습을 보니 어쩐지 서글 펐다. 악역을 맡은 것 같아 기분이 떨떠름해졌다. 문제의 초대 가수는 결국 무대에서 노래를 불렀다. 20분 정도 있다 갔다는데, 온라인 커뮤 니티에 올라온 글을 보니 문제가 된 곡은 부르지 않았다고 한다.

머리카락이 대수냐

다섯 살 이후로 짧은 머리는 해본 적이 없었다. 머리카락 길이는 무조건 어깨 밑으로 유지해야 하는 줄 알았다. 2018년부터 여성 의제에 관심을 기울이긴 했으나 '탈코르셋'은 내 시야 밖에 있었다. 살면서 딱히 '꾸밈' 때문에 스트레스를 받은 적이 없었으니 '꾸밈 노동'이란 말 자체가 어색했다. 대학에 진학해서도 기껏해야 기초 화장과 입술 화장 정도만 했을 뿐이다. 마스카라, 블러셔에 쓰이는 화장품은 사치였다. 집밖으로 나가기 위해 준비하는 시간은, 씻는 시간까지 합해 30분이면 충분했다. 전날 머리를 감아놨다면 10분 안에 준비를 끝낼 수도 있었다. 정 급하면 모자를 눌러쓰고 외출해도 상관없었다.

그래도 왠지, 머리카락 길이만큼은 포기할 수 없었다. '여잔데 머리가 짧으면 안 되지'란 생각이 어려서부터 마음속 깊이 자리 잡았던 것 같다. 2018년, 한국 여성들 사이에서 '탈코르셋' 열풍이 불었다. 단은 이에 동참해 머리를 짧게 잘랐다. 그렇다 한들, '나도 탈코르셋 해야지'란 생각은 들지 않았다. 솔직히 말하자면 나와는 상관없는 이야기라고 생각했다. 여성 문제에 관심이 없지는 않았다. 이 사회에는 유리천장이 있고, 여성이라는 이유만으로 혐오 범죄의 표적이 된다는 사실을 분명히 인지하고 있었다.

단이 내게 강요한 적은 없었다. 그저 탈코르셋을 해서 얻은 이점을 하루가 멀다 하고 계속 말했을 뿐이다. 머리가 짧아서 얼마나 편한지, 화장을 하지 않아도 되는 게 얼마나 좋은지, 꾸밈에 쓸 돈을 저축해 얼마나 모았는지. 가끔은 지겹게 느껴지기도 했다. '나도 그렇게 하라고? 그런데 나는 지금도 별로 꾸미지 않잖아. 이 정도는 괜찮은 거 아니야?' 물론 궁금하긴 했다. 왜 단은 탈코르셋을 했을까, 왜 수많은 여성이 탈코르셋 운동에 참여하게 된 걸까.

어느 날, 친구를 만나러 외출했다가 시간이 남아 학교 도서관에 들렀다. 신간 코너를 한 바퀴 둘러보는데, 『탈코르셋: 도래한 상상』이라는 책이 눈에 들어왔다. 탈코르셋에 대해 궁금했던 터라 가벼운 마음으로 책을 빌렸다. 분명 가볍게 빌린 책이었다. 그날 새벽, 푸르스름한 빛이 떠오를 무렵에야 책의 마지막 장을 덮었다.

남성들이 출근하기 위해 갖추던 기본값, 즉 '사람 꼴'이 자신이 여태까지 갖추던 그것과는 무척 달랐다는 것을 이제야 알게 된 것이다. 여성은 '사람 꼴'을 갖추기까지 매일같이 일정한 시간과 비용을 들여 그 기본값에 직접 다가가야 하는 반면, 남성에게는 '사람 꼴'이 이미 찾아와 있었다.

이민경, 『탈코르셋: 도래한 상상』 중(42쪽)

그동안 쌓인 궁금증이 한 번에 해소되는 기분이 들었다. 책을 구성하는 모든 문장이 다 옳았으나, 내 머리를 꽝 때리고 간 문장은 바로 저 구절이었다. 나는 '여자 사람 꼴'을 유지하려 그동안 긴 머리를 포기할 수 없었던 거구나. 내가 머리를 자르면 남자처럼 보일까봐, 더 이상 여성으로 보이지 않을까봐 걱정했는데 이건 세상이 만들어낸 '규정'에 불과했다는 사실을 깨닫게 된 것이다.

책을 다 읽고 맨 먼저 든 생각은 '머리를 짧게 잘라버리자!'였다. 마음이 바뀌기 전에 잘라버리고 싶어서 아침이 되자마자 미용실을 찾았다. 숏컷을 해달라는 말에 미용사는 "아니, 긴 머리를 왜 잘라요! 자르면 안 돼요!"라며 말렸다. 나는 머리카락이 귀 바로 위까지 오는 숏컷을 원했으나 미용사의 원성에 결국 단발머리로 합의했다. 이 정도도 엄청난 도전이긴 했다. 20년 동안 긴 머리로 살아왔으니 말이다.

머리를 짧게 자른 뒤에도 사회가 만든 '여성성'을 탈피하고 싶다는 열망은 끊이지 않았다. 결국, 일주일 만에 다른 미용실을 찾아갔다. 미용사는 나보다 몇 살 많아 보이는 남성이었다. 숏컷으로 해달라 했지만, 그는 진짜 찔끔찔끔 잘랐다.

"저기, 저 그냥 미용사님처럼 싹둑 잘라 달라니까요?"

미용사는 여기서 더 자르면 스타일 망친다고, 적어도 한 달 동안은 모자만 쓰고 다녀야 한다며 30분 동안 나를 설득했다. 고작 머리카락 자르는 것뿐인데 뭐가 그리도 힘든지! 그날 자른 머리카락은 2센티미터도 안 됐다. 2주일이 채 지나지 않아 다른 미용실을 찾아갔다. 한 번에 잘랐으면 1만 5000원 정도로 끝날 일을, 세 번이나 가는 바람에 돈도 시간도 세 배로 썼다. 미용사 말에 절대 흔들리지 않으리라 굳게 다짐하고 미용실 문을 열자마자 "숏컷 해주세요!" 소리쳤다.

머리카락을 짧게 자르고 미용실 문을 나서니, 목이 엄청 시원했다. 약간 어색하긴 했지만 머리가 한결 가벼워져 기분이 좋았다. 다음 날 학교 갈 준비를 하며 여러 옷을 입어보는데, 거울에 비친 모습이 꽤 색달랐다. 이전에도 내 모습이 봐줄 만하다 생각했지만, 이제는 멋져보이기까지 했다. '이렇게 달라진 내 멋진 모습을 봐라' 하며 당당하게 강의실로 들어갔다. 순간, 동기 남학생들이 흠칫 놀랐지만 나는 아무렇지도 않았다. 주말에 집에 가니, 부모님이 '신체발부수지부모身體髮膚受之父母'라는 말도 모르냐고 농담 섞인 잔소리를 했다.

나는 조금 긴 숏컷이라 이 정도 반응에 그쳤지만, 친구 '술자'는 허리까지 오는 머리를 투 블록으로 단번에 자르고는 온갖 일을 다 겪었단다. 공중 화장실에 들어가면 나가서 여자 화장실이 맞는지 확인하고 들어오는 사람도 있었고, 여기가 남자 화장실이냐며 소리친 사람도 있었다고 한다. 아니 그까짓 머리카락이 뭐라고!

이렇게 짧게 자르면 기분이 좋거든요

단의 이야기 ─────────────────────────

우리 학교 앞에는 몇 십 년 전통의 닭발집이 있다. 지난해 여름, 나와 불은 일주일에 한 번은 닭발집에 갔고, 급기야 사장님 손맛을 거역할 수 없는 지경에 이르고야 말았다. 닭발집인데 곁들이는 음식인 칼국수, 열무비빔밥, 돼지껍데기, 닭갈비까지 모든 게 다 훌륭했다. 음식에 특별한 재료가 들어가는 것도 아니었다. 열무비빔밥이면 열무와 비빔 양념, 쌀밥 세 가지만 들어간다. 칼국수면 사장님이 만든 육수와 면, 청양고추, 이 세 가지만 들어가고.

조별 과제가 끝나고 지친 심신을 달래러 대학원생 언니와 함께 닭발집에 갔다. 닭발 맛에 심취해 맥주를 더 시키고, 열무비빔밥 맛에 감동해서 소주까지 주문했다. "아~ 조별 과제 힘드네요." "언니 통계 프로그램 너무 잘 돌려~ 천재~" 기분 좋게 이런저런 이야기를 나누는 참인데 사장님이 마지막 메뉴인 칼국수를 가져다주며 물었다.

"남자야 여자야?"

정적이 흘렀다. 이런 질문을 하는 이유가 뭐지? 머리카락 길이가 짧아서? 옆 테이블에 앉아 있는 남자보다 언니의 머리카락이 더 짧긴 했지만, 머리 길이로 상대의 성별을 판단하는 것은 아무리 생각해도 무례했다. 언니가 답하기 전에 내가 먼저 발끈했다.

"아니! 사장님, 무슨 말이에요! 나도 내일 머리 자를래!"

언니는 이런 질문에 익숙한 모양이었다. 오히려 내가 발끈해서 숏컷을 선언해버렸다. '뭐지 이 돌발 선언은?', 다들 놀랐다가 이내 '푸하하~' 웃음을 터트렸다.

"나 오늘 머리 자를 거야."

"살짝 다듬으려고?"

"아니 숏컷 할 거야!"

"헐 갑자기, 왜? 미쳤어?"

친구에게 전화를 걸어 머리를 자른다고 말했다. 처음에는 시큰둥하던 친구가 숏컷이라는 말에 화들짝 놀랐다. 왜 자르냐는 질문에 '아니 그냥~' 하고 얼버무렸다. 전에는 용기가 안 났는데, 요즘 여자들이 너도 나도 자르니까 덩달아 숏컷 바람이 들었다. 오전 수업이 끝나면 같은 대학에 다니는 애인을 불러 함께 미용실에 가야겠다. 심장이 콩콩 뛰었다. 아, 10년 동안 단발로 자른 적도 없는데!

"숏컷 해주세요, 곧 졸업인데 그전에 잘라보고 싶었어요."

미용실에 들어가서 숏컷으로 해달라 청했는데, 미용사가 난감한 표정을 지었다.

"단발은 어때요? 또 기르고 싶어질 수도 있어요~"

원래 하고 싶은 일은 꼭 하는 성격이라 숏컷을 하겠다는 생각을 철회하지 않았다. 한 달 전에 볼륨매직을 16만 원이나 주고 했지만 숏컷을 꼭 하고 싶었다. 내 머리가 반곱슬이라 긴 머리로는 관리하기 번거롭고 비용이 많이 든다고 나름대로 설득력 있는 근거까지 제시했다. 미용사는 눈썹과 입꼬리를 위로 올린 표정으로 한숨을 내쉬었다. 싹둑 잘린 내 머리를 거울에 비춰보니, 우와 어색했다. 내 머리가 이렇게 짧을 수도 있구나. 감탄하고 있는데, 미용사가 한 번 더 물었다.

"여기서 멈출까요? 단발은 관리도 편하고……"

"아뇨 숏컷이요!"

실례인 줄 알지만 미용사 말을 끊고 다시 주문했다. 단발머리는 안중에도 없었다. 드디어 숏컷 완성. 거울에 비친 내 모습이 참 낯설었다. 불현듯 누군가 떠올랐다. '엄마……?' 엄마와 닮았다는 말을 원래 자주 들었는데, 이제 둘이 나란히 서면 누가 누군지 구별하기 힘들겠네, 싶었다. 미용실에서 나와서 애인과 같이 기념사진을 찍어 엄마에게 보냈다. 목덜미에 시원한 바람이 감겨 헤실헤실, 자꾸만 웃음이 났다.

'거짓말.'

수업을 듣는데, 엄마한테서 답장이 왔다. 아니 속고만 사셨나. 무슨 거짓말이야. 답장을 보내고 있는데 수업을 같이 듣던 친구가 어깨를 톡톡 치더니 쪽지를 넘겼다.

'야, 너 애인이 아무 말도 안 해?'

'뭐, 머리 자른 것 때문에?'

'나는 헤어진 줄 알았어.'

'내가 홀가분해하니까 걔도 기분 좋아 보이던데?', 이렇게 적다가 쪽지를 접어 필통에 넣었다. 사실 하고픈 말을 한 학기 동안 꾹꾹 눌러 온 터라 이제와 설명하기도 뭐하고, 오늘 대화는 이만 끝내련다. 강의실을 나가며 교수님께 인사를 하는데, "머리 상큼하게 잘랐네요?" 하신다. 오늘 들은 가장 반가운 인사에 기분이 다시 상쾌해졌다.

4장

어디로 가야
나를 다시 만날까

지금 뭐하시는 거예요?

카페에서 글을 쓰다 마감 시간이 다 되어 내쫓기듯 나왔다. 길 건너 버스를 타려고 횡단보도 앞에 섰다. 신호가 바뀌길 기다리는데, 이어폰 너머로 누군가 다투는 소리가 들렸다. 슬쩍 옆을 쳐다보니 남녀 한 쌍이 싸우고 있었다. 여자가 남자에게 헤어지자고 하는데 남자는 계속 여자의 팔을 붙잡고 얘기 좀 하자며 화를 냈다.

남들 싸우는 모습을 보는 것은 예의가 아니지 싶어 신경을 쓰지 않으려 했다. 순간, 남자가 여자의 어깨를 세게 팍 밀쳤다. 팍, 팍, 팍.

남자가 여자보다 키도 덩치도 월등하게 컸다. 20센티미터 정도 더 큰 남자가 미는 대로 여자는 밀리고 있었다. 무슨 생각을 하기도 전에 말이 먼저 튀어나갔다.

"저기요, 그쪽 여자 친구 아니에요? 여자 분한테 지금 뭐하시는 거예요?"

가까이 다가갔더니 생각보다 남자의 덩치가 커서 위협적으로 느껴졌지만, 위축되지 말자고 생각했다. 떨리는 목소리를 억누르며 남자를 노려보았다. 남자는 갑작스레 끼어든 사람에게 놀랐는지, 잠시 흠칫했다. 하지만 그뿐이었다. 남자는 다시 여자 친구를 향해 버럭 소리를 질 렀다.

"아씨, 그럼 헤어지든가!"

"제발 그러자……"

여자의 얼굴은 눈물로 얼룩져 있었다. 눈가가 새빨갰다. 남자는 욕 을 하며 자리를 떴고, 건널목에는 나와 여자 둘만 남았다. 위로의 말이 라도 건네야 하나, 눈치를 봤다. 나보다 네다섯 살은 어린 듯한 그녀의 어깨를 조심스레 토닥이며 초록불이 켜지길 기다렸다.

신호가 바뀌어 나란히 길을 건너는데 휴대전화 벨소리가 들려왔다. 화면에 "내 사랑"이라고 적힌 걸 보니, 방금 헤어진 남자인 듯했다. 주 위를 둘러봤다. 건널목에서 조금 떨어져 남자가 우리를 쳐다보고 있었 다. 다시 와서 해코지를 하면 어쩌지, 걱정이 되어 결국 먼저 말을 꺼내 고 말았다.

"혹시…… 제 번호라도 드릴까요……?"

그녀는 고민이 되는지 시선을 내리깔고 입술을 달싹이다가 작은 목 소리로 말했다.

"괜찮아요…… 감사합니다……"

우리는 서로 반대 방향으로 헤어졌다. 마음이 안 좋았다. 중학생 때 남자 친구가 "사랑해서 그랬다"고 말하며 나의 행동을 구속했던 것처 럼, 저 남자도 "널 사랑해서, 놓치고 싶지 않아서 그만 욱하는 마음에 그랬다"며 자기 행동을 합리화하지 않을까? 하지만 그의 행동은 명백한 데이트 폭력이었다.

경찰도 아닌 내가 할 수 있는 일은 없었다. 더는 피해를 입지 않길 바랄 뿐이다. 매년 데이트 폭력 신고 건수가 많아지고 있다 한다. 실제로 접수된 신고를 제외하고도 공공연히 벌어지는 데이트 폭력은 얼마나 많을지 상상이 가질 않는다. 신고가 매년 늘어나고 있다는 것은 어떤 뜻일까. 데이트 폭력을 엄연한 '폭력'으로 인지하기 시작한 사람이 늘어났는지, 데이트 폭력 자체가 급증했는지, 어떻게 해석해야 할지 모르겠다. 데이트 폭력을 당하더라도 피해자가 '폭력'임을 바로 인지하기란 쉽지 않다. 남자는 여자에게 종종 "나 빼고 남자는 아무도 믿으면 안 된다"고 말하지만, 그러는 당신은 과연 믿을 만한 사람인가, 묻고 싶다. 남자인 당신조차 남자들을 믿어서는 안 된다고 하니 이상하지 않은가.

데이트 폭력 신고 건수를 확인해보면 2014년 6675건, 2018년 1만 245건이다. 2019년 3월 한국여성의전화에서 내놓은 통계에 따르면, 지난해를 기준으로 배우자·연인과 같이 친밀한 관계의 남성에게 살해된 여성은 최소 여든여덟 명으로 집계됐다. 살인미수에 그쳐 가까스로 살아남은 여성은 최소 196명이었다.

혼자 집으로 돌아가다 헛헛한 마음에 친구에게 전화를 걸었다. 방금 이런 일이 있었다 설명하니 친구는 나를 먼저 걱정했다.

"그러다 너도 맞으면 어쩌려고 그래?"

"음, 글쎄? 깽값 두둑히 받지 뭐!"

가시방석

애인과 같이 피자와 맥주를 먹기로 했다. 우리는 30분 정도 기다린 끝에 레스토랑에 들어갈 수 있었다. 자리에 앉고 보니 옆자리에도 나만큼 짧은 머리를 한 여자가 둘 앉아 있었다. 편의상 한 명은 A, 다른 한 명은 B라 하겠다. 그들은 식사를 마치고 나가는 순간까지 우리 두 사람을 안주 삼아 이야기를 나눴다. 내가 너무 예민하거나 오해한 게 아닌가 생각할 수도 있지만, 유감스럽게도 그렇지는 않은 듯하다. 나는 귀가 밝은 편이다. 양쪽 탁자 사이의 거리는 1미터도 채 되지 않았다. 애인이 잠시 화장실에 간 터라 언뜻 나 혼자 온 것처럼 보였을지도 모르겠다. A와 나는 눈이 마주쳤다. 그녀는 나를 보더니 입꼬리를 올리며 눈인사를 했다. 처음 보는 사람이었지만 나도 눈인사로 답했다. 5분 뒤 화장실에 다녀온 애인이 자리에 와 앉았다. 그때부터 옆 탁자에 앉아 있던 A와 B의 표정이 굳어졌다.

"저 여자도 곧 연애 탈출하겠지."

B가 한 말이었다. A는 피식 웃음을 흘렸다. 우리는 저 사람에 비하면 잘 살고 있는 거야, 곧 저 여자도 알게 되겠지. 이런 대화들이 이어졌

다. 그런 이야기를 듣고 싶지 않았지만 한번 열린 귀는 계속 그쪽으로 향했다. 피자를 먹는 내내 옆자리에 앉은 두 사람이 신경 쓰였다.

내 표정이 좋지 않으니 애인이 무슨 일 있냐며 걱정스럽게 물어왔다. 나는 아무 말도 하지 못했다. 1년 전으로 돌아가고 싶었다. 머리를 자를 때, 남들이 말릴 때 수긍하고 단발머리 정도로만 자를걸, 하는 생각이 들었다. 그랬더라면 내가 누구를 만나든 눈치 볼 일은 없었을 텐데. 머리 길이 하나만으로 나를 자신과 '같은 부류'로 여기고 친근하게 눈인사를 했다가, 애인이 나타나자마자 내가 배신이라도 한 것처럼 구는 모습이 당황스러웠다. 나는 앞에 놓인 피자만 뚫어져라 바라봤다. 그들은 나와 내 애인 이야기를 안주 삼아 계속 떠들어댔다. 탈코르셋과 페미니즘, 비연애라는 단어가 거듭 반복되었다. 비연애가 얼마나 좋은지를, 각성하여 비연애주의자가 되는 것이 인생에 얼마나 도움이 되는지를 역설했다.

그들이 나를 쳐다보는 시선에는 거리낌도 망설임도 없었다. 당당했다. 지금 이 자리에서 빨리 헤어지라는 아우성이 들리는 기분이었다. 가시방석에 앉아 있는 것만 같았다. 창가 자리에 다른 커플도 있는데, A와 B는 오직 나와 내 애인에게만 관심을 보였다.

숏컷을 했을 때 친구가 이런 말을 했다. "숏컷을 하고도 남자 친구가 있다고? 그러다 너 때문에 나까지 성적 대상화[4] 당하면 어떡해." 나보다 먼저 머리를 짧게 자른 친구였다. 자기처럼 머리를 짧게 잘랐으면서도 남자 친구가 있으면 숏컷 스타일을 한 다른 여자가 피해를 입는다고 주장했다.

아무 말도 나오지 않았다. 친구 말대로 내가 남자 친구가 있다는 이유만으로 성적 대상화를 당한다면, 이는 성적 대상화를 한 사람이 문제다. 대상화를 당한 사람에게 책임을 묻는 모습이 기이하게 여겨졌다. '가부장제 타파를 위해 당신은 이것도, 저것도 하면 안 됩니다'라고 주장하며 여성을 타자화하여 지탄하는 모습을 볼 때마다 서글프다.

---

4 한 개인이 자신의 성적 욕구를 충족하기 위해 자신보다 사회적·정치적·신체적으로 약한 사람을 인격이나 감정이 부재한 물건처럼 취급하는 현상. 여성의 성적 대상화가 만연한 사회에서는 여성이 자신을 신체적 특징으로 정의하거나 외형으로 평가해 자기 자신을 대상화하기도 한다.

불편하고 싶어서 불편하냐?

페미니스트가 되는 과정에서 가장 많이 느낀 감정은 '불편함'이었다. 전에는 그저 기분 좋게 들리던 '예쁘다'는 말도 이제는 거북해졌다. 분명 예전에는 재미있던 미국 드라마조차 거슬렸다. 남자가 여자에게 건네는 말은 반말로 번역되고, 여자가 남자에게 건네는 말은 존댓말로 번역되는 게 자꾸 눈에 들어왔다. 드라마에서 로맨스라는 탈을 쓰고 공공연히 자행하는 데이트 폭력을 볼 때마다 저절로 얼굴이 찌푸려졌다.

중학생 때 우리 학교에서 제법 잘 나가던 일진 언니가 다가와 "너 예쁘게 생겼다?"라고 말한 적이 있었다. 나는 '예쁘게' 생긴 덕분에 잘 나가는 언니와 아는 사이가 됐다. 이따금 길거리에서 낯선 남자가 "저기요, '예쁘게' 생기셔서 그런데 번호 좀 주실래요?" 하며 다가오기도 했다. 모두 처음 보는 사람들이었다. 이런 일이 되풀이되니 자연스럽게 내가 '예쁜' 사람인 덕에 이득을 보고 있다는 생각마저 들었다. 예쁘다는 말을 들으면 들을수록 예쁜 사람이 되고 싶어졌다. 그 말에는 이상한 중독성이 있었다.

'여자'라면 예뻐야 했다. 세상에는 '여자가 예쁘면 고시 3관왕'이라고 떠드는 사람들이 널렸다. 여성의 가치를 판단할 때 외모는 맨 먼저 적용하는 기준이었다. 비비크림이나 틴트를 사용한 화장 정도는 '기본 예의'로 통했고, 화장 안 하고 외출하면 "어디 아프냐"는 말이 들려왔다. 정말로 내가 아픈가 싶어 걱정하는 사람도 있었지만 화장을 하지 않은 네 얼굴이 꼭 아픈 사람 같다며 조롱하는 사람도 있었다.

여느 때처럼 하루를 마무리하며 미국 드라마를 보다가 갑자기 의아한 기분이 들었다. 영어에는 존댓말이 별로 없는데 왜 여자가 남자에게 건네는 대사는 죄다 존댓말로 번역했을까? 직장 상사인 남자에게 하는 말을 존댓말로 번역하는 거야 그럴 수 있다. 그런데 부부간의 대화는 도통 이해할 수가 없었다. 남녀가 비슷한 연배임에도 불구하고 아내가 하는 말만 존댓말로 번역하니 이상했다. 하루 동안 쌓인 스트레스를 날리려고 미국 드라마를 보는데, 여기서도 불편함을 느껴야 한다니…….결국 중간에 꺼버렸다.

그래, 미국 드라마 번역 문제는 넘어갈 수도 있다. 그런데 한국 드라마에서 데이트 폭력임이 분명한 장면을 로맨스로 미화하는 것은 또 무슨 경우인가. 한때 재미있게 봤던 드라마 〈또 오해영〉이 문득 생각났다. 박도경과 오해영이 격렬하게 몸싸움을 벌이다가 박도영이 오해영을 벽으로 밀쳐 키스하는 장면이 있었다. 당시 이 장면을 두고 '데이트 폭력을 로맨스로 미화한다'고 비판하는 사람이 있었지만, 드라마 업계에서는 반성하는 기미를 보이지 않았다. 벽에 밀치고 키스하는 장면, 애인의 팔목을 거칠게 잡는 장면 등은 한국 드라마에서 자주 볼 수 있다.

심지어 명장면이라며 추켜세우는 사람도 있다. 한국 사회에서 데이트 폭력은 그저 설레는 로맨스 한 장면으로 소비되는 것이다.

　누군가는 왜 그리 힘들게 인생을 사냐고 묻기도 한다. 왜 별것도 아 닌 일을 예민하게 받아 들이냐고. 웃기는 말이다. 내가 불편하고 싶어 서 불편한가. 여러 사회문제를 인지하고 불편해서 문제를 제기하는 것을 '예민하게 구는 것'으로 여겨선 안 된다. 누군가 아무렇지도 않게 살 아가는 일상이 다른 사람에게는 쟁취해야만 하는 것일 수 있다. 나의 예민함이 사회를 좀더 나은 방향으로 이끈다고 믿는다.

내가 걷고 있는 길

2년도 더 된 일이다. 나는 애인이 없는 척하며 다녔다. 완벽한 페미니즘은 '남성'이 없어야 이뤄낼 수 있다는 분위기에 자아가 침몰되던 시기였다. 동네 친구들과 만나면 오로지 남자 친구 이야기만 하는 분위기가 못마땅하기도 했다. 왜 남자 친구의 말 한마디에 휘둘리며 사는 걸까? 남자가 여자의 통금 시간을 정하거나, 데이트 통장은 같이 만들면서 카드는 꼭 남자가 쓰는 행동 등이 이해가 가지 않았다.

언제 어디서나 '여자답게' 독립적인 사람으로 보여야 한다는 강박이 생기기 시작했다. SNS에 올렸던 애인 사진을 모두 내렸다. 데이트를 할 때도 항상 다섯 걸음 정도 떨어져서 걸었다. 대부분 의식적으로 한 행동이지만, 특별히 더 노력한 것이 몇 가지 있다.

1. 애인과 카페에 같이 가더라도 각자 다른 테이블에 앉았다.

2. 길을 걸을 때 손을 잡지 않았다.

3. 데이트를 할 때 머리가 짧고 화장을 하지 않은 여성이 근처에 있는지 눈치를 봤다.

애인은 내게 각별한 사람이었다. 이보다 더 가까울 수 없을 정도로 늘 붙어 다니던 사람이었는데, 초면이라도 되는 양 떨어져서 걷다니. 극단적이었다. 나는 내가 꿈꾸는 페미니스트상을 지어내 행동하면서 이것이 옳다고 굳게 믿었다. 취했다는 표현이 적절하겠다. 취한 사람 눈에 글이 제대로 읽힐 리가 없으니 더 이상 페미니즘 책을 읽지 않았다. 한때 인상 깊게 읽었던 『모두를 위한 페미니즘』도 머릿속에서 지워버렸다. 그동안 접했던 페미니즘을 '여자를 돕는 사람은 여자뿐이다'라는 간단한 문장 하나로 뭉뚱그려버렸다. 남성들과 함께 여성주의를 실천하고 가부장제를 비판하는 것은 굴욕적인 일이라고 생각했다.

한국 여성들은 '강남역 살인 사건'과 '미투 가해자들' '웹하드 카르텔'에 분노했다. '묻지 마 폭행이 아닌 여성 혐오 폭행이다' '나는 남성들에게 성적 대상화 되지 않고 싶다' '여성들이 남성과의 성관계에서 얻는 것은 성병과 임신 가능성, 불법촬영 걱정뿐인가?'라는 생각들이 내가 어디를 가든 공기 중에 둥둥 떠다니던 때였다. 일련의 사건을 보고 겪으며 '나를 구할 사람은 나와 같은 여성밖에 없다'는 문장에 크게 공감했다.

인턴을 하던 시절이었는데 '애인이 있으면 뺀질거리기만 하고 일은 안 한다'는 사수의 말이 계속 귓가에 맴돌았다. 또다른 사람들은 '애인이 있는 여성은 가부장제를 공고히 만드는 순진한 여성'이라고 말했다. 나는 애인이 있다는 사실로 인해서 '뭘 모르는' '각성되지 않은' '연애하느라 일은 뒷전인' 여성이라 불리고 싶지 않았다. 그래서 애인이 없는 척했다. 애인과 물리적 거리를 두었다. 애인은 그런 나를 비난하지 않왔다. 나에게 새로운 페르소나 혹은 목표가 생겼음을 인정하고 "네가 그렇다면 그런 것"이라고 지지해주었다.

애인과 거리를 둔 생활을 수개월 반복하던 어느 날, 데이트를 하던 도중에 매서운 파도가 나를 향해 돌진하는 기분을 느꼈다. '너는 페미니즘 운동을 할 자격이 없다'며 누군가 나를 뭍으로 밀쳐낼 것만 같았다. 두려웠다. '독립적이고 당당하고 혼자서도 잘하는 여성'이라는 새로운 페르소나에 '눈치 보는'이라는 수식어가 더해졌다.

뚜렷한 주관 없이 누군가에게 떠밀리듯 세운 '독립적인 나'라는 목표 때문에 '진짜 나'를 잃어버리게 될 줄은 꿈에도 몰랐다. 나는 전통적인 '여성상'에서 도망치고 싶어서 그저 청개구리처럼 반대로만 행동한 것이다. 그것이 내가 스스로 선택한 자유라고 믿었다. 지난날이 후회되어 이불을 뻥뻥 차는 날도 있는데, 애인은 "진짜 자기 모습을 찾아가는 과정이었을 뿐"이라며 내 등을 도닥여준다.

단의 고백

불의 이야기

2019년 여름방학, 잠자는 시간 빼고 단과 하루 종일 붙어 있었다. 얼마나 붙어서 지냈는지 서로에 대해 모르는 것이 거의 없는 수준에 이르렀다. 가족이나 다름없을 만큼 가까워졌다고 생각했을 무렵, 단의 행동에서 이상한 기운을 감지했다. 단은 이따금씩 무슨 말을 하려다 말고 다른 말을 하거나 시선을 피했는데 그게 영 수상했다. '도대체 뭘 숨기는 거야?' 서운한 감정이 들긴 했지만, 굳이 캐묻진 않았다.

우리는 코딩 수업을 듣느라 하루에 여덟 시간은 컴퓨터 앞에 앉아 있어야만 했다. 단의 모니터 한켠에는 언제나 메신저가 켜져 있었는데, 언제나 대화 목록 상위에 자리 잡은 이름이 있었다. 두더지. 단은 내가 옆에 있을 때면 다른 사람에게는 다 답장을 하면서도 두더지에게는 하지 않았다. "왜 두더지한테는 답장 안 해? 두더지가 누구야?"라고 물어봤더니 당황하며 친구라고 둘러댔다. 뭐가 저리 어색한 거지? 내가 미심쩍은 표정을 짓자 단은 급히 휴대전화 앨범을 열어 "얘가 두더지야! 두더지 닮아서 두더지라고 부르는 거야!"라고 말했다. 두더지랑 하나도 안 닮았는데도.

161

며칠 후, 코딩 시험이 며칠 남지 않아 도서관에서 공부를 하고 있었다. 졸음이 쏟아져서 꾸벅 꾸벅 졸고 있는데, 단이 비장한 얼굴로 나를 불렀다. 고백할 게 있단다. 뭔가 엄청난 걸 말해줄 것 같은 그의 태도에 잠이 달아났다. 흥미로운 얼굴로 단을 쳐다보는데, 눈에 눈물이 그렁그렁 맺혀 있었다. 이내 단은 눈물을 뚝뚝 흘리더니 숨이 넘어갈 것처럼 엉엉 울었다. 고백은 듣지도 못한 채, 급히 화장실로 가서 휴지를 한 움큼 뜯어와 단을 달래기 바빴다. 단은 한참 뒤에야 힘겹게 운을 뗐다. "사실 두더지가 진이야……" 그렇게 말하고는 또 엉엉 울었다. 진은 단과 꽤 오래 교제한 남자 친구였는데, 나는 SNS에서 애인의 사진이 다 사라져서 헤어졌나 보다 짐작했더랬다.

내게 두더지가 사실은 애인이라는 사실을 밝힌 단은, 한결 편안해진 얼굴로 말을 이어나갔다. "탈코르셋을 한 내게 남자 친구가 있다는 사실이 불안했어, 내가 진정한 페미니스트가 아닌 것만 같았고…… 주위 시선도 너무 신경 쓰였어……" 아무한테도 말하지 못했는데 너한테만 말하는 거라며 단은 또 눈물을 글썽였다. 탈코르셋을 한 페미니스트는 남자 친구가 있으면 안 되나. 의아했다.

사실 나도 이전에는 왠지 단의 눈치가 보여서 남자 친구 이야기는 거의 하지 않았다. 오히려 단이 먼저 내 남자 친구에 대해 물어봤는데, 그럴 때마다 내 남자 친구는 다른 남자들과 다르다는 사실을 증명이라도 하려는 것처럼 온갖 긍정적인 일화를 늘어놓기 바빴다. '근데 단도 남자 친구가 있었구나……' 약간 배신감이 들었지만 이제 내 연애 이야기를 숨기지 않아도 된다고 생각하니 마음이 편해졌다. 단은 그동안 못 했던 이야기를 다 하려는지 한동안은 하루에도 몇 시간이고 두더지 이야기를 들려줬다. 요즘도 가끔 이때 얘기를 꺼내서 단을 놀리는 데, 그것만큼 재미있는 일도 없다.

불 앞에서 처음 운 날

애인 없는 '척'에 적응이 되던 무렵이었다. 불에게 너무 미안해서 결국 "애인 있어요" 하고 고백하며 눈물을 흘리고 말았다. 이 '고백 사건'은 지난해 초여름, 학교 도서관 스터디룸에서 일어났다. 사실 끝까지 숨길 수 있다면 숨기고 싶었다. 남자를 사귀고 있다는 사실을 사람들이 모르길 바랐다. 그래서 자주 쓰는 메신저에서 애인의 이름을 "두더지"로 바꿔놓았다. 이러면 모르겠지, 싶었는데 불은 눈치가 빨랐다. 두더지가 누구냐는 물음에 기지를 발휘해 "어~ 친한 동네 친구~"라고 했다. 그런데 불의 표정이 영 이상했다. 내 답변이 만족스럽지 않은 눈치였다. 제 발 저린 나는 다른 친구의 사진을 보여주면서 "얘가 두더지를 닮아서 두더지라고 부르는 거야~"라고 둘러댔다. 망한 것 같았다. 나는 감정이 얼굴에 다 드러나는 편인데, 당황스러울 때면 안면 근육이 바로 얼어붙었다. 황급히 웃어넘기려 했지만, 목소리가 떨려서 소용없었다.

숨겨야 할 사연이 있는 것은 아니었다. 그냥 숨기고 싶었다. 애인이 있는 나약한 사람으로 보일까봐 두려웠다. '애인이 있다'는 말은 곧 '애인에게 의지하고 있다'는 말처럼 느껴졌다. '애인이 없으면 독립적이다'라는 주장의 전제가 이미 틀렸다는 사실을 누가 모르겠나. 괜히 누군가 나에게 '(혼자여도) 당당하다, 멋지다' 같은 말을 해주면 눈꼬리는 처지고 입꼬리는 올라갔다.

나대로 고민이 많았지만 불이 "왜 애인이 없다고 했느냐"고 물었을 때는 "그냥 너무 미안해서"라는 말밖에 하지 못했다. 친구들에게 '남자는 다 늑대'라는 식으로 참견한 게 미안하고 부끄러웠다. 네다섯 친구들의 연애에 참견을 했는데, 아직도 세 친구에게만 사과를 한 상태다.(최근에 다섯 명 모두에게 사과했다. 친구들은 자신도 그런 적 있다면 미안하다 했다.) "왜 애인이 없는 척'까지' 해야만 했냐?"는 질문에는 "그러게……"라고 답했다. 눈가가 달아올랐고 콧물이 흘렀다. 여름에 무슨 콧물이 그렇게 나는지. 불은 휴지를 건네면서 '사람을 사랑하는 감정은 숨길 수 없다'고 나를 위로했다. 눈물이 났다. 그때 느낀 감정은 생생하지만 자세한 상황은 기억이 안 난다.

5장

취재를 시작하며

나의 첫 기사 헤드라인은 "대통령의 눈부신 미모"

신문사에서 인턴을 시작한 지 둘째 주에 접어들고 있었다. 올림픽이 한창일 때라 축구 관련 기사를 하루에 두 편 이상은 썼다. 20년을 살아오는 동안 축구를 즐긴 적이 없었고, 올림픽도 '한일전'만 챙겨봤던 터라 경기 규칙도 잘 몰랐다. 그러니 경기에 대한 커뮤니티 반응이나 실시간 검색어 순위에 올라오는 선수의 신상과 일화를 조사하는 정도에 그쳤다. 이를테면 "러시아 선수 이름에 '스키'가 들어가는 이유는?" "크로아티아 대통령, 그는 누구인가?" 같은 기사였다.

그래도 다른 언론사에서는 다루지 않은 방식으로 기사를 쓰려고 나름대로 애썼다. 검색어에 관련된 단순한 기사라 해도 나만의 시각으로 쓰려면 두 시간은 필요했다. 오전 시간 동안 꼬박 매달려야 겨우 기사한 편을 완성할 수 있었다. 오후에는 내가 정말 쓰고 싶은 기사를 써야지, 이런 마음으로 나 자신을 다잡아야 했다.

"크로아티아 대통령, 그는 누구인가?" 이 기사는 정말 진지하게 썼다. "크로아티아 대통령 예사롭지 않은 미모" 같은 기사들이 불쾌했기 때문이다. 이런 기사의 댓글에서는 성희롱 잔치가 벌어지기 마련이었다. '이 사람은 어떻게 대통령이 되었을까? 나처럼 그의 인생이 궁금한 사람들이 분명 있을 거야. 업적을 중심으로 기사를 써야겠다', 생각하고 외신까지 찾아 번역해서 그의 행로를 정리했다.

"크로아티아 대통령 기사 쓴 사람이 단 씨였어? 우리 사이트 메인으로 걸렸던데~ 잘했어." 월요일에 사수가 내 옆으로 와서 지난 금요일에 쓴 나의 기사를 칭찬했다. 인턴 시작 2주 만에 처음 받는 칭찬이었다. 메인에 내 기사가 걸린 것도 처음이었다. 그래 반응이 좋다니 어디한 번 보자. 어디에 걸려 있으려나. 일국의 대통령 기사니까 국제면? 올림픽을 보기 위해서 방문했으니 스포츠면? 스크롤하다가 멈칫했고 순간 내 눈을 의심했다. 크로아티아 대통령은 여자 연예인들 사진 사이에 있었다.

신문사 홈페이지 구석에 여자 연예인이 SNS에 업로드한 사진을 모아둔 영역이 있었는데, 조회 수가 꽤 높다고 한다. 아니 그런데, 왜 크로아티아 대통령이 여기에? 정말 당황했다. 헤드라인도 내가 쓴 것과 다르게 편집되어 있었다. 나는 분명 대통령에 대한 존경을 담아 파란만장한 정치 인생을 다뤘는데, 어째서 "크로아티아 대통령의 눈부신 미모"가 헤드라인이 됐나? 클릭해보니 분명 내가 쓴 글이었다. 기사 내용과 아예 딴판인 헤드라인을 보고 있자니 짜증이 났다.

사수가 점심 때 내 옆에 앉았다. 구내식당에서 줄을 서다보니 앉는 순서가 그렇게 되었다.

"크로아티아 여자 대통령 대단하더라."

"그렇죠, 크로아티아의 첫 여성 대통령이라네요, NATO 외교관 출신이고요. 그리고 3개 국어를 하나봐요."

"아 그래?"

지리멸렬한 대화가 이어졌고 밥이 코로 넘어가는지 입으로 넘어가는지도 모르고 식사를 마쳤다. 답답했다.

기사라고 하기엔 애매하다는 말

불의 이야기 ─────────────────────────────

불법촬영 범죄는 하루 이틀 사이에 생긴 일이 아니었다. 2018년에 이미 우리 사회에 만연했다. 공공기관 직원이 오피스텔에 사는 여성을 '몰래' 찍은 사건, 여자 고등학교에서 남학생이 여자 화장실에 들어가 여학생을 찍은 사건, 심지어 현직 판사도 불법촬영을 저질렀다.

인턴 기자로서 이는 당연히 기삿감이라 생각했고, 취재 욕심이 났다. 불법촬영을 심층 취재하려고 여러 사이트에서 불법촬영, 몰카 따위의 열쇳말을 검색했다. 화장실, 자취방, 길거리 등등 온갖 시공간에서 불법촬영이 자행되고 있었다. 사용하는 기기도 다양했다. 네이버에 조금만 검색해도 불법촬영 기기를 파는 사이트가 여럿 나왔다. 첩보원도 아닌데 안경이나 볼펜으로 촬영을 할 일이 대체 뭐가 있냔 말이다.

심지어 모자나 물통으로 위장한 카메라도 있었다. 죄다 불법촬영용으로 만들어진 카메라일 터였다. 그렇지 않고서야 이렇게 카메라를 다른 물건으로 위장할 이유가 없다.(2020년 5월 여전히 이런 기기를 팔고 있다. 기술은 더 좋아졌다. 이제는 담배까지 카메라로 둔갑시켰다.)

국내 최대 포털사이트인 네이버에서 저런 카메라를 버젓이 팔도록 내버려두다니…… 사는 자도 파는 자도 사이트 운영자도 모두 다 문제였다. 나는 불법촬영 범죄자에게 내려진 솜방망이 처벌을 비판하며 강력 처벌을 촉구하는 기사를 썼다. 여성들이 불법촬영을 막으려고 어떻게 애를 쓰고 있는지 설명하는 글을 덧붙이며 '불법촬영 방지 응급 키트'를 소개했다. 응급 키트는 카메라가 설치되어 있을 것으로 의심되는 구멍을 송곳으로 찔러 카메라 렌즈를 부수고 실리콘을 바른 뒤 '쳐다보지 마' 같은 글귀가 적힌 스티커를 붙일 수 있게 구성되었다. 이는 불법촬영 범죄로 인해 여성의 일상이 위협받고 있다는 사실을 알려주는 증거였다. 공들여 기사를 작성했지만 큰 반응은 없었다. 그렇다고 해서 불법촬영물을 파헤치는 기사를 그만 쓸 수는 없었다. 나는 계속해서 다른 기삿거리를 찾았다.

한 포털의 '게임' 카페에서 불법촬영물을 올리고 공유하는 것을 발견했다. 회원이 50만 명이 넘는 대형 카페에 '엄빠주의(엄마 아빠가 보지 않게 주의)'라는 게시판이 떡하니 개설되고, 불법촬영물이나 연예인 노출 사진 같은 게시물이 계속 올라왔다. 걸그룹 사진에 "속바지가 다 보인다"는 제목을 단 게시물은 시도 때도 없이 업로드되었다. 마트에서 찍은 여성 사진을 공유하며 몸매 품평회를 여는 사람도 있었다. 교복 입은 여학생을 아래에서 찍은 사진, 한복 입은 어린 여자아이 사진도 올라왔다.

이런 게시물이 1만 5000개가 넘었고, 남성들은 성희롱 발언들을 대수롭지 않게 주고받았다. 바로 취재에 착수해 기사를 작성했다. 당시 사수였던 남자 선배에게 데스킹[5]을 부탁했다. 선배는 "이건 기사라고 하기엔 애매하지 않나?"라며 기사를 올리지 않았다.

인턴 기간이 며칠 남지 않은 상황이었다. 속이 탔다. 대형 언론사 기자로 활동할 수 있을 때 얼른 기사로 써서 보도하고 싶었다. 결국 사수가 아닌 여자 선배에게 데스킹을 부탁드렸고 다행히 기사가 나갔다.

파급력은 꽤나 컸다. 해당 카페의 한 회원이 내 기사를 카페에 퍼갔다. 게시 글을 본 수많은 회원들은 "인턴 따위가 뭘 안다고 저런 기사를 쓰냐"며 욕을 해댔다. 기사에는 5000개가량의 댓글이 달렸는데, 작성자의 80퍼센트가 여성이었다. 여성들은 "우리의 일상이 왜 너네의 포르노가 되어야 하냐"며 카페의 남성 회원들을 비판했다. 2020년 현재 '엄빠주의' 게시판은 삭제되었다.

---

5   기자들의 원고를 선임 기자들이 검토하는 것을 말한다.

우리의 현장은 텔레그램

불의 이야기

"상금 타면 뭐 사지? 우리 어디 갈까? 제주도?"

취재를 시작하기 전부터 고민한 것은 '상금 타면 뭐 할까?'였다. 대상 상금이 무려 1000만 원이었다. 단과 나는 대상이 떼어놓은 당상이라도 되는 양 신이 났다. 처음에는 그랬다. 농담을 주고받을 만큼 가벼운 마음이었다. 공모전 마감이 한 달가량 남았을 무렵, 열심히 취재 대상을 찾아다녔다. 동남아 원정 성착취를 취재하던 도중에 혹시 다른 기삿거리가 없을까, 여기저기 검색하다 와치맨의 블로그 'AV-SNOOP'을 발견했다. 그리하여 처음으로 텔레그램에서 성착취 사건이 벌어지고 있음을 알게 되었다.

우리는 심층 취재에 들어가기로 결심했다. '기자는 현장을 발로 뛰어야 한다', 교수님들께 귀에 못이 박히도록 들은 말이다. 우리에게 '현장'은 바로 텔레그램이었다.

와치맨이 운영하는 '고담방'에 자리 잡고 방이 생겨나는 흐름을 쫓았다. 들어간 방이 사라지면 또 다른 방으로 이동하는 식으로 취재를 이어나갔다. 단과 내가 같은 방에 들어가 있을 때는 가해자의 행동, 말투 등을 흉내 내며 서로에게 반응해주었고, 각자 다른 방에 들어갔을 때는 어떤 상황인지 알 수 있게 대화 내용을 캡처해 공유했다. 취재를 시작한 지 이틀째 되는 날, 가해자들이 피해자 '○○이 신상 공개' 찬반 익명 투표를 올렸다. 우리는 안절부절못하며 바로 경찰에 신고했지만, 막을 수가 없었다. 이미 80퍼센트가 넘는 가해자들이 '공개하자'에 표를 던진 상태였다. 단과 나는 지푸라기라도 잡는 심정으로 '엄폐'에 표를 던졌다.

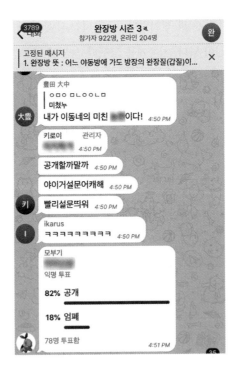

2부. 불과 단의 이야기

학교나 카페에서 함부로 볼 수 있는 내용이 아니었기에 우리는 자취방에서 불법 영상을 보고 증거를 수집했다. 아무리 봐도 익숙해질 수가 없었다. 그들에겐 이미 정착된 '놀이 문화'였지만 내겐 역겨운 범죄 행위일 뿐이었다. 시간이 갈수록 참가자는 기하급수적으로 늘어 '고담방'만 해도 약 두 달 만에 1000명에서 7000명으로 불어났다. 오랫동안 취재를 하다보니 아는 사람을 대화방에서 만난 적도 있었다. 내가 아는 사람임을 확인하는 순간 느낀 공포와 충격을 지금도 잊을 수 없다. 충격은 이내 두려움과 슬픔, 분노로 바뀌었다.

옷장 소동

단의 집에서 취재를 하고 있었다. 계속 모니터만 보고 있자니 눈은 뻑뻑하고, 머리가 슬슬 아파왔다. 단아, 오늘은 여기까지만 할까? 자정이 조금 넘은 시간, 오늘의 취재를 마치기로 했다. 가자마자 씻고 누워야지 생각하며 터덜터덜 집으로 향했다. 현관문 비밀번호를 누르고 들어가는데, 뭔가 오싹한 기분이 들었다. 내 방은 평소와 다름없어 보였지만 왠지 기분이 좋지 않았고 낯선 냄새가 코끝을 찔러왔다. 평소에 외출할 때도 다 열어놓는 옷장 문이 굳게 닫혀 있었다. 문득 옷장 안에 누가 있으면 어쩌지, 하는 생각이 들었다. 두려움이 순식간에 내 몸을 휘감았다.

곧바로 단에게 전화를 걸었다. 숨을 멈추고 발소리를 죽이며 최대한 조용히 집에서 빠져나왔다. 단의 집을 향해 무작정 달렸다. 내 전화를 받은 단 역시 호신용품인 쿠보탄[6]을 들고 우리 집으로 뛰어왔다. 심장이 쿵쿵 뛰었다. 밖에서 한참을 서성이다 서로 팔짱을 꽉 끼고 집으로 향했다. 비밀번호를 누르는 손은 땀에 젖어 있었다.

띡—띡—띡—띡—

마음을 다잡고 문을 열었다. 집은 조용했다. 옷장까지 세 걸음만 움직이면 됐지만 발길이 쉽사리 떨어지지 않았다. 단은 쿠보탄을, 나는 주방에서 칼을 꺼내 들고 같이 외쳤다.

하나, 둘, 셋!

다행히 옷장 안엔 아무도 없었다. 빈 옷장을 보고 나서야 비로소 안정을 되찾았다. 불쾌하고 끔찍한 영상을 계속 본 터라 극도로 예민해진 탓이리라. 불법촬영물은 이렇게 내 일상에까지 영향을 미치고 있었다.

---

6   범죄자를 만나면 쿠보탄의 날카로운 끝부분으로 가격하면 된다. 항공기 소재로 사용되는 두랄루민으로 제작됐으며 손에 잡히는 사이즈로 효율적인 공격을 가능하게 만든다. 비상 시 유리창을 깨고 탈출할 때도 사용할 수 있다. 쿠보탄은 다른 호신용품에 비해 가격이 저렴하다는 장점이 있다. (박지현, 〈호신용품 열전 …… "내 몸은 내가 지킨다"〉, 국민일보 2018년 7월 5일자)

한밤중 불의 전화

"내가 매일 옷장 문을 열고 나가거든, 환기시키려고······ 근데 닫혀 있어."

집에 누군가 침입한 것 같다는 얘기였다. 전화를 끊자마자 가방 뒷주머니에서 '쿠보탄'을 꺼내 들고 불의 집으로 냅다 뛰었다. 나는 중고등학교 내내 반 대표 이어달리기 선수였다. 묻지마 시비, 폭행이나 성폭력 등 위협적인 상황이 닥치면 삼십육계 줄행랑을 쳐서 안전을 지켜야지 다짐했다. 하지만 오늘은 돌진하고 있다.

'머리를 찔렀다가 피가 솟구치면 어쩌지.'

불의 집은 뛰어서 3분 정도의 거리에 있었다. 짧은 시간 동안 별별 걱정이 다 스쳤다. 지금 손에 쥔 쿠보탄은 내가 감당하기 벅찬 물건인 것 같았다. 그냥 후추 스프레이나 살 걸 그랬나. 생각해보니 사용법이 너무 잔인하다. 손에 쏙 들어오는 작은 크기라서 목표물과 거리가 가까워야 사용이 가능하다. 범인과의 거리를 좁히는 데만도 큰 용기가 따라줘야 한다. 그래서 가까워지고 나면? 쿠보탄을 쥔 내 손은 마음처럼 잘 움직여줄까? 에라 모르겠다. 정당방위니까 경찰에서 정상참작이 되겠지. 그나저나 쿠보탄으로 수박을 으깰 수도 있다는데 이러다 사람 죽이는 거 아냐? 도대체 호신용품은 어떻게 사용해야 하는 거지?

평소보다 더 빨리 뛰었다. 운동화 밑창이 뜨끈뜨끈했다. 이제 신호등만 건너면 불의 집이다. 불이 신호등 너머로 걸어오고 있었다.

"불아!"

경찰에 신고를 하면 될 걸, 우리는 직접 불의 방을 수색하러 갔다. 불은 만일의 경우를 대비해 휴대전화에 112를 입력하고 통화 버튼을 누를 준비를 했다.

불과 자취방 앞에 도착하니, 맙소사. 창문이 활짝 열려 있었다. 불에게 핀잔을 주고, 살금살금 방 안으로 들어가 소리를 질렀다.

"나와!!"

정적.

어떻게 하면 최대한 범인에게 가까이 가지 않고 쿠보탄을 찌를 수 있을까 고민하며 고쳐 쥐었다. 불은 갑자기 식칼을 꺼냈다. '아, 얘는 무섭게 왜 이래.' 이제 물러설 곳이 없다. 옷장으로 돌격이다.

하나, 둘, 셋!

정적.

다행히 옷장 안에는 데친 시금치 같은 옷가지뿐이었다. 아무도 없었다. 휴, 살았다. 다리에 힘이 풀려 후들거렸다. 쿠보탄을 쥐고 있던 손이 찌르르 했다. 몸은 언제 이렇게 젖었는지 셔츠 속에서 더운 땀 냄새가 올라왔다. 집에 가서 얼른 차가운 물을 몸에 끼얹고 싶었다.

걱정은 현실이 되고 말았다

11월에도 추적은 계속 이어졌다. 그날도 텔레그램 대화방에서 벌어지는 범죄행위를 지켜보며 증거를 수집하고 있었다.

새벽 2시 20분, 휴대폰에서 '띠링' 하는 알림이 울렸다.

"○○○님이 텔레그램에 가입했습니다."

내 휴대전화 연락처에 등록된 사람이 가입하면 텔레그램은 이렇게 '○○○님이 텔레그램에 가입했습니다'라는 메시지를 띄운다.

자원봉사를 할 때 알게 된 오빠였다. 사는 지역은 달랐지만 1년에 두 번 정도는 만나는 사람이었다. 에이, 설마? 일 때문에 가입했겠지…… 싶다가도 계속 안 좋은 생각이 들었다. 내게 텔레그램은 아동성착취 범죄가 벌어지는 현장일 뿐이었다. 아니겠지, 아니겠지 하면서도 혹시나 하는 마음으로 내가 들어가 있는 방들의 참가자 목록을 다시 살폈다. 왜 불길한 예감은 틀리지 않는 걸까? 불법촬영물과 온갖 성희롱 대화가 오가는 ○○○방 참가자 목록에서 익숙한 이름 석 자를 발견하고야 말았다.

두려움, 공포, 증오, 분노가 한꺼번에 몰려왔다. 며칠 전에도 그 사람을 만났다는 사실에 더욱 화가 났다. 마음 같아서는 당장 통화 버튼을 눌러 따지고 욕이라도 퍼붓고 싶었다. 그런데 보복으로 텔레그램 대화방에 내 사진이라도 올리면 어떡하나, 불안했다. 결국 아무 일도 못했다. 답답한 마음에 봉사활동을 함께 했던 현이에게 "○○○ 오빠 텔레그램 방에 들어왔다, 진짜 미친 거 아니냐?" 하고 분노를 토해냈을 뿐이다.

사실 그전에는 텔레그램 대화방을 사회성 없고 덜 떨어진 애들 집합소로 생각하기도 했다. 그런데 유머러스하고 사교성도 좋은 오빠가 텔레그램 방에 들어오다니, 충격이었다. 배신감마저 느꼈다. 가해자는 가상공간뿐만 아니라 현실 공간에도, 내 주변에도 도사리고 있었다. 두려움과 공포가 피부로 느껴졌다. 이런 세상에서 어떻게 온전히 살아갈 수 있을까? 나도 이미 사진 찍히지 않았을까? 공포는 갈수록 커져갔지만, 끝까지 파헤치고 말겠다는 결심 또한 이상하리만큼 커져갔다.

저, ○○이 친구인데요……

우리 엄마는 선생님이다. 나랑 가장 친한 언니 두 명도 선생님이다. 초등학생 때부터 대학생까지 내가 만난 선생님들은 다 좋았다. 모두 학생들을 진정으로 아끼는 선생님이었고, 내가 이렇게 무탈하게 자란 것도 선생님들 덕이 컸다. 선생님은 존경의 대상이었다. 물론 지금도 그렇다.

텔레그램 대화방을 추적한 지 4개월째, 지인능욕방이 우후죽순 생겨났고 그중에서 가장 인기가 많은 방이 '선생님방'이었다. 가해자들은 상대가 '여자'라면 누구나 성적 유희의 대상으로 만들어버렸다. 선생님을 몰래 촬영해서 합성하거나, 졸업 앨범에 실린 선생님 사진을 가져와 합성한 다음 대화방에 올렸다. 심지어는 선생님의 카카오톡 프로필 사진과 전화번호를 유포하거나, 선생님의 가족 사진까지 퍼뜨리는 자도 있었다. 그들이 한 개의 방에 올린 선생님 사진만 해도 1000장이 넘었다. '어떻게 선생님들한테까지……'

피해를 입은 선생님들께 사실을 알리려고, 인스타그램 해시태그 기능을 이용했다. 한 명, 한 명에게 연락할 때마다 죄송하고 서글펐다. 피해를 입은 선생님 모두에게 연락하기에는 무리가 있었다. 차마 혼자 할 수는 없을 것 같았다. 단이 한창 논술 공부를 하던 때라 미안하긴 했지만, 함께 해달라고 부탁했다. 둘이서 20여 명의 피해자에게 연락을 했다. 피해를 입은 선생님들은 모두 자신의 피해 사실을 알지 못하고 있었다.

그런데 아무리 SNS를 뒤져도 찾을 수 없는 선생님이 한 분 있었다. 피해 정도가 특히 심했고 어떻게든 사실을 알려 가해 행위를 중단시키고 싶었다. 아는 언니 말로는 같은 지역에서 근무하는 선생님끼리는 지역 메신저를 이용해 연락할 수 있단다. 하지만 안타깝게도 언니와 해당 선생님은 같은 지역이 아니어서 이 방법은 실패했다. 이제 가해자는 자신이 아무개 교사 동창이라며 보관하고 있던 사진들을 더 자극적으로 합성해 올렸고 회원들도 여기 합세해 성희롱에 열을 올렸다.

어떻게 할까. 경찰에도 연락했지만 이름과 사진으로 사람을 찾을 수는 없다고 했다. 내가 할 수 있는 일은 모든 SNS를 총동원해 피해자를 찾는 것뿐이었다. 사흘 내내 매달린 끝에 선생님이 근무하는 학교를 알아낼 수 있었다. 한참 고민하다가 연락처를 남겼다. 선생님은 다행히 우리에게 연락을 해왔다. 우리는 함께 범인을 지목해 경찰에 신고했다. 선생님께서는 "기자님 덕분에 범인도 잡고 2차 피해를 막을 수 있었어요"라며 감사하다고 했다. 나는 이번 일을 겪으며 기자의 역할에 대해 더 깊이 생각해볼 수 있었다.

"기자가 할 수 있는 일은 뭘까? 기자도 목격자로서 사건 해결에 도움을 줄 수 있지 않을까?"

취재와 보도 외에도 기자가 할 수 있는 일이 더 있다고 생각한다. 한 선배 기자는 내게 "기자가 사건에 너무 깊이 개입했다"고 말했다. 기자는 객관성을 유지해야 한다는 선배 기자의 말에 아무런 대꾸도 하지 않았다. 당시 내가 할 수 있는 작은 반항이었다. 눈앞에서 사건이 벌어질 때도 유지해야 하는 기자의 객관적인 태도가 무엇인지, 나는 모르겠다.

잔상

텔레그램을 추적하며 본 영상은 수천 개에 달한다. 성착취물, 불법 촬영물, 고어물 등의 끔찍한 영상들……

한창 추적을 이어갈 당시에는 잠을 청하기 직전에도 대화방을 확인했다. 들어가자마자 무언가 꿈틀거리며 움직이는 영상이 눈에 들어왔다. 1분 정도의 짧은 영상이었으나 내가 받은 충격은 말로 표현할 수 없을 정도로 지독했다. 사지가 떨려왔다. 소름 끼치도록 무서웠다.

N번방 피해 영상은 아니었다. 그냥 내가 본 영상이 합성이기만을 바랐다. 영상은 1분만에 끝났는데, 잔상은 일주일이 넘도록 지속되며 나를 괴롭혔다. 평소에도 가해자들을 추적하느라 새벽 늦게 자고는 했지만, 해당 영상을 접한 뒤에는 아예 잠을 잘 수가 없었다. 눈을 감으면 영상이 생생하게 떠올랐다. 영상이 나의 신체를 조금씩 갉아먹으며 기어들어오는 것만 같았다. 그런 기분은 멈추지 않고 지속됐다.

어느 날 N번방 성착취 영상을 자세히 살펴봐야 할 일이 생겼다. 한 기자가 성범죄 판결문에 나온 내용과 N번방 영상을 비교해달라고 청했다. 만일 갓갓과 관련된 피의자의 판결문이라면, 이걸 활용해서 갓갓을 잡을 수도 있겠다는 생각이 들었다. 기자가 나에게 N번방 영상을 달라고 했지만, 줄 수 없었다. N번방 사건으로 세상이 시끄러웠음에도 내가 들어가 있던 N번방 중 세 개는 여전히 남아 있었다.

원조 N번방에 들어간 사람들이 제2, 제3의 N번방을 만들었기 때문에 원조 N번방이 폭파됐다 하더라도 남아 있는 방을 통해 영상을 재확인할 수 있었다. 판결문 내용과 영상에 나온 내용을 대조하기 위해 같은 영상을 열 번도 넘게 보았다. 성착취 영상을 두 눈으로 고스란히 지켜보며, 혹시 나올지 모를 단서를 찾기 위해 재생을 멈추었다 확대하기를 반복했다.

몇 시간에 걸쳐서 영상을 판독한 끝에, 판결문에 담긴 내용과 영상이 일치한다는 명확한 증거를 찾아낼 수 있었다. 증거를 찾았다는 기쁨은 잠시뿐, 영상에서 파악하지 못했던 피해 사실을 판결문에서 확인하니 더 큰 충격이 밀려왔다. 그 충격은 어떻게든 갓갓을 잡아 죽이고 싶다는 분노, 범죄에 노출된 아이들을 진작 돕지 못했다는 죄책감으로 바뀌어 나를 잠식해갔다.

무력했다. 머리가 지끈거리며 아파왔다. '대체 왜 이런 일이 벌어진 걸까. 어떻게 해야 바로잡을 수 있을까.' 지금까지도 답은 얻지 못했다. 내 머릿속에 남은 온갖 끔찍한 영상의 잔상은 죽을 때까지 지워지지 않을 것이다. 적어도 내가 품은 질문에 답할 수 있을 때까지는 지우지 못할 것 같다. 대한민국에 만연한 디지털 성범죄를 종식시키기 위해 내게 남은 상흔을 계속 곱씹으며 고민에 고민을 거듭할 것이다.

잔상은 잔상

"가장 충격적이었던 장면은 뭐였어요?"

가장 많이 받은 질문 중 하나다. 우리는 "모든 장면이 충격적이라서 답할 수 없다"고 답한다. 기자나 작가나 PD는 아직도 뇌리에 남아 있는 한 장면만 소개해달라고 한다. 나는 내 기억 저편에 도사린 잔상을 타인의 청에 의해 억지로 꺼낸다.

이 글을 쓰고 있는 오늘은 2020년 8월 7일이다. 텔레그램 대화방에 잠입 취재를 시작한지 약 400일째 되는 날이다. 오늘 하루에만 정확히 마흔한 번 텔레그램 대화방의 잔상이 스쳐지나갔다. 아침 9시에 일어나서 오후 6시까지 의식적으로 세어본 횟수다. 이제 마흔한 번이 더되는지도 모르겠다. 이 글을 쓰면서도 계속 생각났기 때문이다. 그동안 떠오른 잔상들은 뚜렷하게 기억나지 않지만 뇌 어딘가에 스며들어 있는 것들이다. 어쩌다 가해자들의 저급한 성희롱과 여성혐오 대화가 떠오르면 여전히 불쾌하다. 할 수만 있다면 머릿속 구석구석을 씻어내고 싶다.

이런 질문을 받고 싶다. 지금 피해자의 일상은 어떤지, 정부에서 피해자 보호는 제대로 하고 있는지, 필요한 입법은 무엇인지, 재판부의 솜방망이 판결을 어떻게 하면 바꿀 수 있을지. 앞으로는 생생한 이야기를 꺼내고 싶다.

잔상은, 지난날의 모습일 뿐이다.

끝까지 간다

나와 단이 처음 취재하기로 정했던 것은 텔레그램 N번방이 아니었다. 우리는 카카오톡 오픈 채팅방 가운데 원정 성착취 후기를 올리는 방을 취재할 계획이었다.

적게는 서른 명, 많게는 400명의 사람들이 카카오톡 오픈 채팅방에 모여 동남아 원정 성착취 정보를 공유했다. 동남아 여성의 사진을 불법 촬영해 올리는 사람도 있었다. 오픈 채팅방 중에는 남자 목소리를 인증해야만 들어갈 수 있는 방도 있었지만, 대부분은 아무런 조건 없이 쉽게 입장할 수 있었다. 내가 하루 동안 들어간 방만 다섯 개였다. 대화방 참가자들은 ○○지역 ○○○이 몸매가 좋다며 여성을 상품화하는 대화를 이어나갔다.

2020년 5월, N번방 사건 이후 이들도 숨이 죽지 않았을까 하는 기대를 가지고 오픈 채팅방에 들어가봤다. 11개월 만이었지만 여전히 들어가는 방법은 쉬웠다. 어떤 사람들은 우리에게 이들의 생태계를 어떻게 그토록 잘 아느냐 묻지만, 정말 쉽다. 하지만 혹시 모를 참가자가 유입되는 걸 방지하기 위해 어떻게 들어가는지는 자세히 말하지 않겠다.

여성을 착취하려는 자들의 생태계는 어디서나 비슷했다. 고담방의 와치맨처럼 정보를 알려주고 형님 대접을 받는 이들이 있었다. 일부 참가자들은 "코로나 때문에 푸잉도 못 먹고 김치도 못 먹네"라는 말들을 주고받으며 아쉬움을 표출했다. '푸잉'은 태국어로 '여자'를 뜻하는데, 대화방 참가자들은 동남아 여성을 성적 대상화하는 뜻으로써 푸잉이란 단어를 사용한다. '김치' 역시 한국 여성을 비하하는 발언이다.

취재를 시작했던 2019년 6월이나 지금(2020년 5월)까지 달라진 건 없었다. 여전히 그들은 여성 혐오 발언을 일삼았다. 텔레그램 N번방을 발견해 우리의 심층 취재 대상을 바꾸긴 했지만, 그렇다고 이 사건이 심각하지 않은 사안은 절. 대. 아니다. 한국 사회에서 여성의 성을 유희로 삼아 소비하는 일은 공공연하게 퍼진 문화였다. 내게 이런 일은 새롭지도, 놀랍지도 않았다. 한때 아르바이트 했던 곳에서 남자 사장이 친구들과 다녀온 동남아 여행에서 만난 열여덟 살 여자애에 대한 이야기를 자랑하듯 풀어내는 걸, 며칠 내내 들었으니 말이다.

랜덤 채팅

중학생 때였다. 휴대전화가 막 보급되던 무렵, 앱스토어에서 인기 있는 앱이라면 그게 뭔지도 모른 채 그냥 다 다운로드했다. 그 중 하나가 '랜덤 채팅' 어플이었다. 어플을 설치하자마자 연락이 쏟아져 들어왔다. 알림음이 연신 울려댔다. "셀카를 보내라" "발 사진을 찍어서 보내달라" "지금 만나자" 같은 내용이 대부분이었다. 그때는 뭐가 문제인지 잘 몰랐다. 셀카를 보내달라는 사람 말은 무시했지만, 발 사진을 찍어 보내달라는 부탁을 받았을 때 '발 정도는 괜찮지 않나?' 하는 생각이 들었다. 그는 내게 온갖 감언이설을 쏟아내며 발 사진을 원했다. 발이 왜 궁금할까? 하면서도 발 사진을 찍어보기도 했다. 하지만 뭔가 꺼림칙한 느낌이 들어 어플을 통째로 삭제했다.

N번방 사건을 취재하는 동안 이따금씩 중학생 때의 일이 생각났다. 만약 내가 그때 어플을 삭제하지 않았다면? 발 사진을 보냈다면? 내게 연락한 사람이 조금 더 능숙했다면 내게서 발 사진을 받고, 손 사진을 달라 하다가, 끝내는 얼굴 사진까지 요구했겠지?

2020년 7월, N번방 사건이 이만큼 공론화되었는데 조금은 변하지 않았을까? 하는 기대로 랜덤 채팅 어플을 다시 설치해봤다. 어플 가입과 동시에 "지금 방 잡고 만나자" "몇 살이냐" "ㅈㄱ(조건)해요?" 같은 연락이 쏟아져 들어왔다. 나이를 묻는 그들에게 중학교 3학년이라고 답했다. 죄송하다고 하는 사람은 한 명인데, 괜찮으니 만나자고 하는 사람은 네 명이나 있었다. 다섯 명 중에서 그나마 한 명이라도 양심은 있네 생각하는 순간, 웬걸? 죄송하다던 사람에게서 5분 만에 다시 연락이 왔다. "그래도 괜찮으면 만날래요?"

앱스토어에 있는 200개가 넘는 랜덤 채팅 앱 중 단 하나만을 설치했을 뿐이었다. 어플을 설치하고 1분도 채 되지 않아 예비 성범죄자 다섯 명을 만났다. 청소년을 대상으로 하는 성범죄 사건의 상당수가 휴대전화 랜덤 채팅 어플을 통해 발생한다는 사실은 최근 몇 년간 꾸준히 지적되었지만, 해결되지 않았다. 2015년, 랜덤 채팅 어플에서 만난 포주에게 성착취를 당하던 열네살 피해자는 성 매수자에 의해 모텔에서 살해당했다. 그로부터 5년이 지난 뒤 '박사' 조주빈은 랜덤 채팅을 이용해 '목표물'을 물색했다. '박사' 역시 온라인에서 피해자를 협박해 오프라인으로 꾀어냈다. 어쩌면 중학생 때의 나는 그저 운이 좋아 피해를 입지 않았을 뿐인지도 몰랐다.

디지털 성범죄 기사에 달리는 댓글을 살피다 보면 "애초에 왜 랜덤 채팅을 했냐" "왜 일탈계를 만들었냐"며 2차 가해를 하는 사람을 여럿 볼 수 있다. 랜덤 채팅과 일탈 계정을 여자만 이용했을까? 남자 이용자도 많았다. 그런데 왜 여자들만 피해를 입었을까? 피해자 중 어린 여자

청소년이 많은 이유는 뭘까? 범죄자들이 그들을 '목표물'로 삼았기 때문이다. 랜덤 채팅이든, 일탈 계정이든 간에 상관없다. 피해자 '네게도 책임이 있지 않느냐'며 따져 묻는 것은 범죄자에게 일말의 정당성을 부여하는 것이다. 피해자에게 '왜 그랬느냐'는 질문은 가해다. 우리는 가해자에게 '어떻게 그럴 수 있느냐'고 물어야 한다.

청소년이 랜덤 채팅을 이용하도록 유도해서 이윤을 얻으려는 기업을 단속하고 이용자들을 처벌하는 데 관심을 기울임으로써 우리는 대한민국의 미래를 지킬 수 있다.

당신은 지금 어느 편에 서 있습니까?

인턴 기자로 활동할 당시에 가장 관심이 많았던 문제는 '불법촬영'이었다. 그 무렵 '불법촬영 편파 수사 규탄시위'가 일어났는데, 아시아 최대 규모의 여성 시위였던 터라 국무회의 관계자들이 개인 SNS를 통해 격려의 말을 올리고는 했다. 나는 격려의 말을 놓치지 않고 전부 기사화하고 싶었다. 하지만 사수는 별로 달가워하지 않았다. 포털사이트의 '실시간 검색어'에 노출된 열쇳말을 기사로 쓰기에도 시간이 부족하다는 거였다.

이따금 여성 우월주의자들이 폭력 시위를 여는 것 아니냐는 음모론적인 기사들이 나오기도 했다. 이러다가 불법촬영의 심각성을 알리기는커녕, "피해 의식"을 가진 일부 여성들이 남성 혐오를 조장하기 위해 여는 시위로 치부될지도 모르겠다는 생각에 초조했다.

나의 조급함은 기어이 사고를 냈다. 한 교수님이 개인 SNS에 올린 내용을 허락도 없이 기사화한 것이다. 기사에는 도 넘은 악성 댓글이 수없이 달렸다. '불법촬영은 심각한 범죄'라는 사실에 대한 사회적 합의가 부족하던 때였다. 그날 저녁, 사수에게서 연락이 왔다. '교수님이 난감함과 실망을 전했다'는 내용이었다.

인터뷰 없이 쓰는 기사라면 최소한 글쓴이에게 당신이 올린 글을 기사화하고 싶다는 공식적인 동의 절차를 밟아야 하는데, 나는 그러지 않았다. 인턴 생활, 첫번째 실수였다. 자괴감이 밀려왔다. 평소에 내가 존경하던 분이었기에, 사수가 전해준 그 분의 말이 비수가 되어 꽂혔다. 어떻게 해야 할지 이틀 밤낮으로 고민하다 사과 메시지를 보냈다.

교수님께 답장이 왔다. 동의 절차를 밟는다면, 나의 취재에 흔쾌히 응해주겠다는 내용이었다. 응원과 격려의 말도 함께. 이날 받은 메시지는 내 메시지함에 보관 중이다. 취재원에게 다가갈 때마다 꺼내 보는 소중한 보물이다.

1년 뒤, 나와 불은 텔레그램 N번방 사건을 취재하게 되었다. 사건 기사화 전, 디지털 성범죄 피해자의 2차 피해에 대한 자문을 구하기 위해 1년 전 내가 무례를 저질렀던 교수님께 연락했다. 우리는 'N번방 사건 피해자들의 안전이 확보되지 않은 상황에서 이 사건을 공론화해도 되는가'에 대한 답을 찾는 중이었다. 현직 기자와 경찰들에게도 자문했지만, 학계에 계신 분의 의견도 듣고 싶었다. 몇 가지 질문을 적어 이메일을 보낸 뒤 답신을 기다렸다.

당신은 지금 어느 편에 서 있습니까? 가해자 연대를 부수어 나가는 첫걸음은 더는 피해 영상물 유포를 묵인하거나 방관하지 않는 것입니다. 성범죄 피해자에게 부끄러움의 몫을 전가하는 이가 아닌 가해자 연대에 수치의 책임을 부여하고 가해자 연대를 폭로해나가고 고발하는 것입니다."

가해 행위를 멈추려면, N번방 사건을 공론화해야 한다는 것을 너무
나 잘 알고 있었지만, 두려웠다. 우리가 이 사건에 계속해서 관심을 기
울일 수 있을까, 괜히 피해자만 어려움을 겪는 건 아닐까, 쏟아지는 걱
정 앞에서 망설이고 있었기 때문이다.

마음을 다시 굳게 먹었다. 답변 내용을 필사해 필통에 붙였다. 마음
이 약해질 때마다 필통을 열어 필사한 내용을 읽고 또 읽었다. "가해자
연대를 더는 방관하지 않겠다"는 마음을 되새기며 N번방 취재를 이어
나갔다.

6장

N번방 보도, 그 후

일흔 번의 인터뷰

3월 9일, 국민일보에서 N번방 추적기가 연재된 후 미디어오늘을 시작으로 온갖 언론에서 인터뷰 요청이 쏟아져 들어왔다. 이전에는 우리가 직접 MBC 〈실화탐사대〉나 SBS 〈그것이 알고 싶다〉 같은 프로그램에 연락해서 사건을 제보했지만, 불이 지펴지자 언론에서 먼저 손을 내민 것이다.

3월 넷째 주에는 일주일 내내 인터뷰만 했다고 해도 과언이 아니다. 밥 먹을 시간은커녕, 잠 잘 시간도 없었다. 대한민국에 있는 크고 작은 언론사를 돌아다니며 인터뷰를 했다. 또 다른 인터뷰 장소로 이동할 때도 쉴 틈이 없었다. 기자들이 추가 질문을 쏟아내고, 자료 사진을 보내달라고 연락했다.

처음엔 열정만 가득 차 있었다. 행여나 기자들의 관심이 꺼질 새라 우리가 나서서 물어보지도 않은 이야기까지 하느라 바빴다. 새벽부터 밤까지 인터뷰를 하는 생활이 계속되니, 서서히 지치기 시작했다. 먹을거리를 그토록 좋아하는데도 점차 입맛이 사라졌다. 인터뷰를 마치고 나면 진이 빠져 누구와도 대화하고 싶지 않았다. 몸도 힘들었지만 마음이 너무 힘들었다. 그렇게 며칠이 지난 뒤, 단이 인터뷰 도중 눈물을 흘렸다. 텔레비전에 우는 장면만 나와도 눈물을 흘리는 나인데, 다른 사람도 아닌 단이 울고 있으니…… 하지만 사람들 앞에서 약한 모습을 보이고 싶지 않았다. 우리를 의지하고 있는 누군가에게 단단한 버팀목으로 자리하고 싶었다. 어떻게든 참으려고 입술을 꽉 깨물었다. 하지만 이 다짐은 얼마 가지 못했다.

한 인터뷰에서 피디가 우리에게 N번방을 취재하는 과정이 얼마나 힘들었는지 질문했다. 질문을 듣자마자 그간의 일이 한꺼번에 떠오르면서, 힘겹게 붙들고 있던 이성의 끈을 놓쳐버리고 말았다. 눈에서 하염없이 눈물이 흘러나왔다. 어떻게든 참겠다고 천장만 바라보는데, 눈앞이 계속 흐려졌다. 단도 마찬가지였다. 우리는 끅끅 흐느끼며 인터뷰를 마쳤다.

피해 사실을 증언해야 한다는 압박과, N번방 관련 증거를 수집하며 생긴 트라우마는 생각보다 강렬했다. 인터뷰를 진행할수록 머리가 지끈거렸다. 비슷한 질문에 비슷한 답변을 하는데도, 하면 할수록 괴로웠다. 마음 같아선 남은 일정을 취소하고 싶었지만, 인터뷰를 통해 보다 많은 사람에게 사실을 알리고자 하는 마음으로 고통스런 시간을 견뎌냈다.

누구보다 언론 보도를 갈망했지만 거절해야만 했던 인터뷰도 있었다. 한 시사 교양 프로그램이었다. 제작진은 네 시간에 걸친 인터뷰를 요청하며 우리를 주인공으로 삼고 싶다고 했다. "우리가 할 수 있는 일은 사태를 알리는 것뿐인데요. 주인공은 아닌 것 같습니다." 조심스레 거부했다. 그들은 대안으로 "디지털장의사를 섭외해놨으니 같이 범인들을 추적해나가는 영상을 찍어달라"고 말했다. 우리는 그런 사람과 함께 범인을 추적한 적이 없었다. 사실과 다른 내용이었다. 제안을 거절하자 돌아온 작가의 답변에 순간, 내 귀를 의심했다.

"해주셔야 하는데요."

목요일 밤 생방송 인터뷰가 끝나고 집으로 돌아가는 도중에 받은 전화였다. 언론사의 인터뷰 요청을 다 받아들이고, 그들이 원하는 사진 자료(피해 사진 제외)를 제공해왔다. 당장 프로그램을 내보내야 하는 사람들 심정을 이해하지 못할 바 아니지만, 이 사건이 방송 시간을 채우는 용도로 쓰이는 일은 원치 않았다. 결국 단과 상의 후 그쪽 촬영은 거절하겠다는 의사를 확실하게 밝혔다.

인터뷰를 거절했다는 사실에 마음이 불편했지만, 잠시나마 쉴 수 있어서 다행스럽기도 했다. 일주일 내내 밥 먹을 시간조차 없었기에 휴식이 무엇보다 귀중했다. 우리는 바로 병원을 찾았다. 여기저기서 심리 상담을 받아야 하는 게 아니냐고 물었을 때 늘 "괜찮아요"라며 답변했지만 사실 괜찮지 못했던 것이다.

끊임없이 밀려드는 인터뷰 요청, 반복되는 질문, 머릿속에 맴도는 잔상, 성인지 감수성이 떨어지는 몇몇 기자들의 태도 때문에 힘겨웠다. 인터뷰를 하면 할수록 커지는 '공론화'에 대한 책임감도 무거웠다. 지금은 많이 괜찮아졌지만, 활동하며 뭐가 제일 힘들었냐는 질문을 받으면 여전히 3월 넷째 주가 먼저 떠오른다. 일주일 내내 언론사를 응대하는 시간이 가장 괴로웠을 정도로 힘겨운 시간이었다. 하지만 우리가 목표했던 대로 사건을 공론화해냈으니 후회는 없다.

일주일이 1년 같던 날들

2020년 3월 넷째 주는 체감하는 바로는 1년 치 고생에 버금갈 정도로 힘들었다. 3월 셋째 주에 조주빈이 검거됐다. 나는 언론고시 6개월 차에 접어드는 취업준비생에서 텔레그램 성착취 실체를 9개월 전 신고하고 보도한 대학생 기자 '추적단 불꽃'이 되었다. 논술, 작문 공부 모임을 잠정 탈퇴하고 '추적단 불꽃' 유튜브를 개설한 뒤 다양한 매체에 인터뷰를 하러 다녔다. '집▸카페▸알바▸집'이었던 일상이 하루아침에 달라진 것이다. 3월 23일부터 27일까지 KBS, MBC, SBS를 비롯한 열일곱 개 언론사에서 서른 명이 넘는 기자와 PD를 만났다.

아이돌도 아닌 내가 지옥의 스케줄을 체험하게 된 것이다. 스트레스가 쌓이면 좋아하는 음식이나 디저트를 먹으면서 해소하는 편인데, 이번에는 그럴 여유도 입맛도 없었다. 할머니에게는 '친구랑 만나서 바로 먹을게요~'라고 말했지만 집에 들어오기 전에 한 끼라도 챙겨먹으면 다행이었다.

일주일 중에서 스케줄이 특히 많이 잡혀 있던 화, 수, 목은 살기 위해 먹었다. 화요일에는 YTN '뉴스가 있는 저녁' 전화 인터뷰 순서를 기다리며 그날 첫 끼로 마라탕을 먹었고, 수요일에 잡혀 있던 다섯 개의 인터뷰를 마칠 때까지 아무것도 먹지 못하다 한겨레21 기자가 인터뷰 장소를 중식당으로 잡아줘서 겨우 송이버섯 덮밥을 먹었으며(같은 날 JTBC 기자가 사준 샐러드는 먹을 시간이 없어서 야식으로 맛있게 먹었다), 목요일에는 허핑턴포스트코리아와 점심 전 인터뷰를 마치고 국수를, 국민일보와 저녁 인터뷰를 마친 뒤에는 순두부찌개를 먹었다. 정리해보니 잘 먹은 것 같지만, 평소보다 매우 덜 먹은 것이다.

목요일에는 약국에서 만 원짜리 피로회복제와 청심환을 사서 복용했다. TV조선 '뉴스7' 스튜디오에 출연하기 전에 비상수단을 동원한 것이다. 집에 가서 쉬고 싶은 마음이 굴뚝같았지만 '스튜디오 인터뷰는 생방송이므로 하고 싶은 말을 가감 없이 할 수 있다'는 기자의 제안에 지친 몸을 일으켰다. 그런데 내 머리가 아니라 내 몸이, 이제 그만 말하겠다고 반항했다. 기자들과 같이 차를 타고 스튜디오로 이동하는 길에 말할 내용을 미리 생각해보는데 눈물이 앞을 가렸다. 울음이 터질 새라 얼른 눈을 감았는데 눈물이 쏟아져서 당황했다. 다행히 차 안이 어두웠던 덕에 아무도 눈치채지 못한 듯했다.

사건을 취재하던 몇 달간 가장 기다려온 순간이었는데도 기쁘기는 커녕 서럽고 억울했다. 이제 와서 관심을 가지는 권력자들에게 화가 났다. 동시에 내가 그동안 제대로 나서지 못해서 피해를 키운 것 같다는 죄책감이 들었다. 가족들이 안위를 걱정할까 봐 씩씩한 척 했지만, 실은 나도 가해자들에게 해코지를 당하면 어쩌나, 무서웠다.

3월 넷째 주에 겪은 일들은 불과 나의 우정이 단단해지는 아주 중요한 경험이었다. 이 한 주 동안 우리는 인터뷰 장소로 이동하는 지하철에서, 길 위에서 서로 격려했고 걱정했다. 그만두고 싶으면 언제든 그만두자며 혹시나 있을지도 모르는 부담을 덜어주고자 애썼다. 힘들다고 우울하기만 한 것은 아니었다. 우리에게는 유머 코드가 있었다. 다름 아닌 '눈물'이었는데, 인터뷰 도중 먼저 눈물을 보인 사람을 놀리며 스트레스를 풀었다. 온종일 붙어 있다 집에 돌아가 혼자 침대에 덩그러니 누워 있으면, 불은 잘 있나, 궁금했다. 불에게 고맙다, 사랑한다는 위로를 건네고 싶다. 그때는 서로 '사랑해' '고마워' 란 말을 잠들기 전에 꼭 했더랬다. 추적단 불꽃이 나 혼자가 아니라 다행이다.

'추적단 불꽃'으로 행동하지 않았다면

단의 이야기

그날 다른 선택을 했다면 어땠을까. 올해 3월 말, '추적단 불꽃'으로 인터뷰를 한 뒤로 지난 선택을 되짚는 날이 많아졌다. 텔레그램 대화방을 보며 실시간으로 성착취 피해 신고를 하는 일은 생각보다 훨씬 괴로웠다. 나는 분명 내 방에 있는데, 내 방에 가만히 앉아 안전하게 있는데, 그렇지 않은 것만 같았다. 무서웠다. 누군가가 나를 위협하기라도 한 것처럼 두려웠다. 분노와 우울이 반복적으로 찾아왔다. 이런 감정이 나를 옥죄어왔다. 수도 없이 '내가 다른 선택을 했더라면' 하며 후회하기도 했다.

'그날 ○○역이 아니라 ○○○역에서 불을 만났다면 어땠을까.' 당시 내가 여러 번 되풀이한 생각 중 하나였다. '내가 다른 역에서 불을 만나 같이 환승했더라면…… 그랬다면 불에게 그런 일이 일어나진 않았을 텐데.'

불 경찰에 신고했어. 나 좀 데리러 와줘, 무서워.
단 알았어, 어디야? 어느 역이야?

불 지금 ○○역

단 전화할까?

불 아니 경찰에서 전화할 거야.

단 그 아줌마 계속 있어?

불 몰라 못 쳐다보겠어, 역으로 좀 와줘.

단 가고 있어, 걱정 마!

○○역에 도착해 에스컬레이터 계단을 뛰어 내려갔다. 정신없이 뛰어가는 와중에 불이 전화라도 할까 싶어 휴대전화를 꼭 쥐었다. 부디 불에게 아무 일도 일어나지 않기를 바랐다.

불 이제 한 정거장 앞이야, 근데 그 아줌마는 안 보여.

단 나 지금 ○○역 플랫폼 바로 앞이야 내리면 바로 나 있어!!

불 알겠어, 고마워.

'불이 타고 있는 열차가 몇 번째 칸인지 알 수 있었다면.'

'약속 시간을 더 빨리 잡았다면.'

'다른 날에 만났다면.'

불이 지하철에서 내리는 게 보였다. 울고 있었다. 불을 향해 뛰어갔다. 미리 챙겨둔 휴지를 꺼내 내밀었다. 불이 진정될 때까지 기다리고 싶었지만, 그럴 수가 없었다. 경찰을 만나러 가야 했다. 불과 같이 에스

컬레이터를 타고 지상으로 향했다. 정신이 하나도 없었다. 불을 안고 토닥였다. 불이 내 앞에서 고개를 숙이고 엉엉 소리내 우는 모습은 처음 보았다.

생각해보면 불과 나는 '처음'을 참 많이도 겪었다. N번방에 잠입 취재를 한 것도, 대학생 기자로 주목받으면서 언론사 인터뷰를 다닌 것도, 익명으로 사회운동을 한 것도 다 처음이었다. 처음이었지만 그래도 지금까지 잘해왔다. 그렇다고 믿었다. 우리는 종종 추적단 불꽃이 두명이라서 다행이라고 말했다. 그런데, 불이 혼자서 울고 있었다. 내가 할 수 있는 일은 고작해야 위로가 전부였다. 목이 탔다. 침을 삼키는데 눈물 맛이 났다.

그날, 불을 혼자 자취방으로 돌려보낼 수가 없어서 숙소를 잡았다. 숙소에서도 내내 그 생각만 했다. 불을 따라온 아줌마를 잡았다면, 경찰이 나보다 빨리 도착했더라면, 우리가 언론에 인터뷰하러 다니지 않았다면.

우리는 취재하며 생긴 트라우마를 서로에게 터놓고 얘기하지는 않았다. 각자의 경험을 이야기하면 상대에게 부담이 될까 걱정스러웠다. 병원에서도 개별 상담을 받았기 때문에 서로 어떤 트라우마에 시달리는지 알지 못했다. 그저 '내가 아픈 만큼 친구도 아프겠지?' 하고 짐작할 뿐이었다. 불에게 나의 경험을 말하면서 너는 그때 어떤 심정이었냐고 물으면, 불은 제 얼굴에서 표정을 싹 지웠다. 시종일관 무표정을 유지했다. 간혹 입술을 삐죽일 때도 있었다. 답하기 곤란한 모양이라고 생각했다. 기자들도 나와 같은 질문을 종종 해왔다. 그때 불이 어떤 표정을 지었는지 떠올려봤다. 고개를 치켜들고 입술을 잘근잘근 씹고 있었다. 그때 불은 그랬다.

불은 다른 사람에게 ○○역에서 자신이 겪은 일을 증언할 때면 표정이 굳어버렸다. 눈꼬리와 입꼬리가 잘 움직이지 않았다. 하지만 목소리만은 단단했다. 불은 자신의 의견과 생각을 정확하게 전달하려 노력하는 편이었고, 그런 불을 볼 때마다 '든든한 기운'이 온몸을 감싸는 느낌이 들었다.

버텨주는 불이 고마웠다. 6월 말에 임상 치료 선생님에게 집단 상담의 효과를 들은 뒤에야 우리가 겪은 일을 자세히 이야기해볼 수 있었다. 우리는 같은 종류의 명상을 하고 감회를 나누면서 돌아보기 싫었던 일들을 그저 기억의 일부로 수용하게 되었다. 각자 느낀 고통을 말하고 듣는 행위를 반복함으로써 마음의 상처가 치유되기 시작했다. 우리는 각자의 명상 취향도 공유했는데, 불은 '산 명상'을, 나는 '종소리 명상'을 좋아했다.

7월 무렵에 심리 상담이 끝났다. 요즘도 불의 상태가 어떤지 궁금하지만, 본인이 먼저 말을 꺼내기 전까지는 보채지 않을 생각이다. 사람마다 고통을 받아들이는 속도가 다르고, 지금 당장 괜찮아도 내일은 아닐 수도 있으니까. 나도 그렇다.

아빠, 내 마음 알지?

불의 이야기 ────────────────────

 N번방 사건이 공론화되면서 가족이 걱정됐다. 부모님은 내가 탐사
보도 공모전에서 수상했다는 사실은 알았으나 무엇을 취재했는지는
모르고 계셨다. 알리지 않았다. 부모님만은 내가 느낀 고통을 모르길
바랐다. 하지만 가족들도 기사를 통해 사태를 파악하게 되었다. 가족
대화방에 엄마가 메시지를 띄웠다. "국민일보 기사 봤어, 불아…… 어
떻게 그런 걸 취재했어? 엄마는 내 딸이 너무 걱정된다." 외국에서 일하
고 있는 무뚝뚝한 언니도 난생처음으로 내 걱정을 했다. "건뚱. 진짜 조
심해라." 아빠는 왜 아무 말씀도 안 하시지 싶었는데 한참 뒤에 이런 메
시지를 보냈다.

 "정의사회 구현을 위해 고군분투하는 불에게 박수를 보낸다. 시작
은 작은 나비의 날개짓인 줄 알았는데 이렇듯 놀라운 결과를 얻었구나.
디지털 성범죄의 온상이 전 방위로 퍼져 있고 폐해가 너무도 크다는 것
을 알았다. 참 장하고 대단한 불이다."

 살면서 아빠에게 받은 가장 긴 문자였다. 내 걱정이 아닌 칭찬이었
다. 뭉클했고, 고마웠다. 3월 넷째 주는 우리가 알려진 후 가장 많은 인

터뷰를 진행한 주였다. 마지막 인터뷰를 끝낸 금요일 밤, 버스터미널로 향했다. 일주일 내내 잠을 자지 못해 피곤했지만 기어코 집으로 돌아가는 버스에 올랐다. 가족이 보고 싶었다. 마중 나온 아빠의 얼굴을 보니 반가운 마음이 목 끝까지 차올랐다.

차에 타자마자 아빠가 질문을 쏟아냈다. 어떻게 N번방에 들어가게 됐는지, 가해자들은 어떤 놈들인지 등. 인터뷰에서 수십 번도 더 답변한 내용이었던 터라 더 이상 말하고 싶지 않았다. 피곤한 기색을 감추지 못하고 "아빠, 뉴스 봐 뉴스. 거기 다 나와~" 말하며 눈을 질끈 감았다.

집에서도 불편한 마음은 계속 이어졌다. 끊임없이 보도되는 N번방 뉴스를 보던 아빠가 나를 불렀다. 작게 한숨을 쉬고 느릿느릿 거실로 나갔다. 아빠는 사뭇 진지한 얼굴로 뉴스를 보고 있었다. 아빠는 내게 물었다.

"물론 가해자가 엄청 잘못한 거지만 피해를 입은 애들도 조금은 잘못이 있는 거 아니냐?"

"그게 무슨 말이야? 아빠가 어떻게 그런 말을 할 수 있어? 이건 전적으로 가해자들이 잘못한 거야. 왜 피해자에게 책임을 물어?" 나도 모르게 아빠에게 소리를 질렀다. "그게 아니고, 봐아⋯⋯"

더 이상 아무 말도 듣고 싶지 않았다. 나는 지칠 대로 지쳐 있었다. 우리 증언을 듣는 이들 모두 무엇이 문제인지 알아차리고 공감해주길 바랐다. 당연히 그럴 수 있으리라 생각했다. 하지만 아빠조차 납득시키지 못한 내가 어떻게 세상 사람들을 설득할 수 있을까. 좌절감이 밀려

들었다. 방에 들어가 이불을 뒤집어쓰고 엉엉 울었다.

내가 지금 뭘 하는 거지? 내가 이런다 한들, 뭐가 달라지긴 할까? 머리가 지끈거렸다. 날이 밝자마자 짐을 챙겨 집에서 나왔다. 아빠한테는 제대로 된 인사도 하지 못했다. 아빠를 마주 볼 자신이 없었다.

그다음 주도 바빴다. 아직 남은 언론 인터뷰, 여성가족부 간담회, KBS와 협업, 심리 상담, 경찰청에 해야 할 신변 보호 요청까지. 할 일이 많았다. 한 주를 바쁘게 보내고 다시 주말이 왔다. 집으로 갈지 말지 고민하고 있는데, 아빠에게서 연락이 왔다. 고기를 사주겠다는 말에 못 이기는 척 집으로 향했다. 여느 때처럼 아빠가 마중 나와 있었다. 아빠가 청포도 에이드를 건넸다. 긴 시간 버스 타고 오느라 목이 탔을 것 같아서 카페에 들러 사왔단다. 카페 아르바이트생에게 "내 딸이 20대인데, 20대한테 인기 많은 음료가 뭐예요?"라고 물어보고 고른 음료라고 했다. 아빠의 서툰 사과가 낯설었다. 쭈뼛거리며 물어봤을 아빠를 생각하니 눈에 눈물이 고였다. 하품한 척, 눈에 고인 눈물을 재빠르게 닦았다.

불꽃으로 활동하다 보면 선택의 기로에 놓일 때가 있다. 아빠에게 의견을 구하면, 돌아오는 대답은 늘 같았다. "불, 네가 하고 싶은 대로 하는 게 정답이야." 아빠는 나보다 더 많이 나를 믿어주는 사람이었다. 딸에 대한 걱정으로 밤잠을 못 이루면서도 내가 하는 일을 의심하지 않는 사람이 바로 아빠였다. 지난 주말, 노트북 충전기를 안 챙긴 바람에 일찍 서울로 올라가는데 엄마에게서 문자가 왔다. 아빠가 나 보겠다고 일찍 퇴근했단다. 아빠에게 전화를 할까 하다가 어쩐지 민망해서 내 사진을 보냈다. 입술은 삐죽, 콧구멍은 벌렁벌렁, 눈은 동그랗게. 우스운 표정을 짓고 있는 내 사진을 말이다.

다음 주에는 밥 같이 먹자, 아빠.

아빠, 고마워

추적단 불꽃으로 활동하며 서울 이곳저곳으로 인터뷰를 다니던 때의 일이다. 아빠는 새벽에도 일을 하고 나는 거의 밖에서 지냈으니, 아버지와 자식이 얼굴을 마주 할 시간이 좀처럼 나지 않았다. 그래서 가족들이 나를 걱정할 것 같기는 한데, 정확히 왜, 얼마나 걱정하는지는 감이 잡히지 않았다.

3월 넷째 주 어느 날이었다. 인터뷰를 마치고 밤늦게 전철을 타고 집으로 내려가는데, 예보에도 없던 비가 내리기 시작했다. 아빠에게 전화해 우산이 없으니 집 근처 역으로 데리러 와달라고 부탁했다. 수화기 너머 아빠의 목소리는 다정하면서도 어딘가 불안한 것 같았다. 아빠가 멀리서 나를 향해 우산을 들고 뛰어왔다. 반가운 얼굴을 보니 마음이 놓였다. 차에 타서 겨우 숨을 돌리는데, 아빠가 이것저것 질문하기 시작했다. 아빠 나 오늘 인터뷰 일곱 개 하고 와서, 좀 쉬고 싶어. 그렇게 말하는 내 목소리는 벌써 염소 울음소리 같았다.

그러자 걱정스러운 목소리가 이어졌다. 아빠도 태어나서 처음 하는 걱정을 하는 중이었다. "그놈들은 잃을 게 없다. 어른들도 당하는데 너희가 여자이고 어린 걸 알면 가만두지 않을 거다. 지금이야 괜찮아 보여도 나중에 형을 살고 나와서 보복할 수 있다" 같은 말들이었다. 나도 걱정하고 있었지만 입 밖에 꺼낸 적은 없는데, 아빠 말을 들으니 돌연 뼈를 맞은 기분이 들었다. 점점 감정이 격해졌다.

"아빠! 나 힘드니까 그만해! 안 그래도 내일 병원에 가서 심리 상담도 받을 테니 걱정하지 않아도 된다고!"

"심리 상담? 어디서?"

"서울, 국민일보에서 해주기로 했어. 그러니까 걱정하지마."

"안 돼! 집 근처에서 아무도 모르게 하자, 아빠가 알아볼게."

"아니야! 나 당장 받고 싶어! 죽을 것 같단 말이야!"

아빠에게 소리를 지르다니…… 게다가 내가 무슨 말을 한 거지. 순간 정적이 흘렀다. 선을 넘었다.

"아빠 미안해. 죽을 것 같을 정도는 아니야."

"아이고, 단아. 아빠는 몰랐네, 많이 힘들었구나. 미안하다……"

그날 이후 아빠를 보면 미안하다. 그리고 내 마음을 먼저 생각하는 아빠가, 또 그런 분이 나의 아빠라는 게 감사하다.

나의 변화, 사회의 변화

2020년 초, 서울로 올라왔다. 아침, 저녁으로 다닐 학원을 등록했다. 아침 수업이 끝나면 카페에 앉아 샌드위치를 먹으며 미흡한 부분을 인터넷 강의로 보충하고, 저녁 수업에 가기 전까지 또 공부했다. 취업을 앞둔 대학생은 수능이 코앞인 수험생만큼 절박했다. 그렇게 두 달, 시간 가는 줄 모르고 3월을 맞이했다.

3월 말이 되자 이전에 우리가 문을 두드릴 때 대꾸도 않던 언론사에서 인터뷰 요청이 쏟아지기 시작했다. 언론 인터뷰뿐만이 아니었다. 간담회, 경찰청 방문, 피해자 대응, 유튜브 대본 작성과 촬영도 밀려 있었다. 몸이 열 개라도 모자랐다. 학원은 결국 휴학했다.

언론에 자꾸 모습이 노출되자 부모님의 염려는 극에 달했다. 엄마는 시시때때로 전화를 걸어 "그냥 집에 내려오면 안 되겠니? 분명 해야 할 일이지만 내 딸이 하는 건 싫다"고 하셨다. 누군가 꼭 해야 하는 일이라면 그것은 바로 나였다.

친구는 얼른 카카오톡 프로필 사진을 다 내리라며 성화를 했다. 친구의 걱정에 쉰 장 넘게 올려놨던 사진을 다 내렸다. MBC 기자 중에서 박사방 유료 회원이 나온 것을 보니 친구 말을 듣길 잘했다는 생각이 들었다. SNS에 올려두었던 가족사진과 애인 사진도 다 내렸다. 혹시라도 누군가 내 가족과 애인을 공격하면 견딜 수 없을 것 같았다. 두려웠다.

한번은 지하철역에서 어떤 여자가 나를 쫓아온 일이 있어서 한동안은 지하철 타기도 무서웠다. 조금 더 걷더라도 집에서 먼 역으로 가서 지하철을 탔다. 목적지가 가까우면 택시를 타는 쪽을 택했다. 아직 서울 버스 노선에 익숙하지 않아 급하면 지하철을 타야 하는데, 그럴 때면 5초에 한 번씩 주위를 둘러본다.

요즘에도 어딘가에 불법촬영 카메라가 있지 않을까 싶어 두려운 마음이 가시지 않는다. 공중 화장실은 말할 것도 없고 지금 살고 있는 서울 자취방에서도 불안할 때가 있다. 나는 혼자 집에 있을 때는 가벼운 옷차림으로 지내는 편이다. 그런데 자려고 누우면 문득 에어컨에 몰래카메라가 달려 있으면 어쩌지, 싶어 불안해진다. 탐사 취재를 하며 증거를 수집하는 동안 불안장애와 망상장애가 생긴 것이다. 사실 밑도 끝도 없는 걱정은 아니었다. 재작년에 자취방 에어컨에서 불법촬영 카메라가 발견됐다는 기사를 본 적이 있고, 비슷한 뉴스를 보다보니 나도 피해를 입을지 모른다는 생각이 들 수밖에……

예전처럼 평범한 일상으로 돌아갈 수는 없을 것 같다. 가끔 과거가 그리울 때도 있지만 후회는 없다. 내 일상이 변한 대신 사회도 변했으니까. 지난 5월, 일명 'N번방 방지법'이 제정됐고 디지털 성범죄에 대한 형량은 이전보다 훨씬 높아졌다. 사회에 일어나는 크고 작은 변화를 바라보면 내가 가치 있는 일을 했구나 싶어서 뿌듯하다. 물론 아직 갈 길은 멀지만 변화의 바람은 분명 불고 있다.

7장

추적단 불꽃의 시작

오늘의 고민

내 인생 계획은 이랬다.

26세, 방송 기자로 취직.

32세, 불 2세 출산.

50세, 그동안 열심히 번 돈으로 60세까지 10년간 세계일주.

60세, 10년 동안 여행하며 보고 들은 경험을 글로 남겨 책 내기.

어릴 때 세운 막연한 계획이었다. 그런데 어쩌다보니 취업도 하기 전에 책을 먼저 쓰게 되었다. 30년 후의 계획을 미리 실현한 지금처럼, 계획대로 되는 일은 없다. 책에 들어갈 글을 쓰고 있는 나 자신을 생각하면 문득 웃음이 나오기도 한다.

대학 졸업을 앞두고 스트레스가 심했다. 학교도 그냥저냥, 학점도 그럭저럭, 이렇게 평범한 '스펙'으로 취업을 준비하다니, 겁이 났다. 생각해낸 돌파구는 평소엔 죽어도 안 하던 공부였다. 대학원을 가자 결심했다. 취업을 원하는 부모님의 기대는 애써 모른 척하고 서울로 올라와 나름대로 열심히 공부했다.

3월이 되면서 N번방 사건이 드디어 수면에 떠오르기 시작했다. 세상이 이 문제에 관심을 기울이면서 추적단 불꽃은 언론사 인터뷰 섭외 1순위가 되었다. 누구보다 N번방 사건이 공론화되길 바랐지만, 대신 내 일상이 흐트러졌다. 학원비 4개월 치를 한 번에 결제하면 할인이 된다기에 미리 결제까지 해뒀는데, 학원에 가지 못하고 있다.

지금 사는 집은 한 달 뒤에 계약이 만료될 예정이었다. 서울이라 방값도 비쌌다. 책을 마무리 짓고 나면 고향으로 내려가야 할까. 비교적 방값이 저렴한 동네에 방을 얻어 이사하는 게 좋으려나. 할 일이 이렇게 많은데, 방은 언제 보러 다닌담. 아직 취업을 하지 않았는데 방부터 계약했다가 다른 지역에 취업이라도 하게 되면…… 고민은 꼬리에 꼬리를 물고 이어졌다.

내가 세워둔 계획은 엉망이 된 지 오래였고 미래는 불확실했다. 기자로 활동하려면 어떻게 해야 좋을지 알 수 없었다. 추적단 불꽃으로 계속 활동해야 할까, 언론사 공채를 준비하는 게 좋을까.

추적단 불꽃으로 활동하면서 기자들에게 "아니, 어디서 특채로 뽑아간다는 말 없어요?"라는 질문을 참 많이도 받았다. 얼마 전에는 "○○일보에 특채로 들어간다면서요!", 반가운 표정으로 축하의 말을 건네는 기자도 만났다.

"예? 금시초문입니다만 그러면 얼마나 좋을까요……?"

종종 기자들은 "뭐 하러 언론사 들어가요! 추적단 불꽃만의 언론사를 차리면 되잖아요!" 하고 말하는데, 우리도 먹고사는 문제를 해결해야 하고, 경찰이 언제까지 우리를 보호해줄지도 알 수 없는 일이다.

고민은 끝없이 이어졌다. 무엇이 정답일까? 후회 없는 선택, 완벽한 정답이 과연 있기는 할까? 미래는 여전히 불확실하지만, 조금씩 천천히 나아가면 되리라. 지금 주어진 일에 최선을 다하다 보면 언젠가 이 모든 과정이 좋은 선택이었다, 안도하는 날이 올 것이다. 인생에서 중요한 것은 속도가 아니라 방향이라고 괴테는 말했다. 분명 옳은 삶을 향해 나아가고 있으니 조급해하지 않으련다.

우리는 꽃이 아니라 불꽃이다

"불아 너도 불법촬영 취재해? 그럼 같이 쓸까? 아, 너는 불법촬영
○○을 다룬다고. 그럼 소재가 다르네. 합치려면 복잡해지겠다. 그냥 각
자 쓰자."

기사 작성 수업, 나와 불은 소재가 겹쳤다. 은근히 불의 기사가 어떻
게 나올지 신경 쓰였다. 같은 소재로 서로 경쟁하고 있었다.

교수님은, 소재도 관심사도 비슷하니 둘이 함께 공모전에 나가보는
게 어떠냐고 말씀하셨다. "밑져야 본전이니까 나가보자. 흔한 기회도
아니고, 공모전 상금도 엄청나네. 탐사보도 공모전!" 우리는 함께 나가
기로 하되 실명으로 제출하지 않기로 했다.

"팀명으로 '불꽃' 어때?"

"좋아!"

그런데 그때 왜 '불꽃'으로 하자고 했을까?

우리의 팀 이름이 불꽃인 이유를 궁금해하는 사람이 몇 백 명은 될
것 같다. 신변 보호를 위해 익명으로 활동한다는 사실은 누구든 쉽게
짐작할 수 있을 것이다. 왜 '불꽃'인지도 쉽게 유추할 수 있을 듯하다.

최근에 성폭력 예방교육 강사들을 대상으로 강연한 적이 있다. 이 때도 '왜 팀 이름이 불꽃이냐'고 묻는 분은 없었다. '역시 청중이 청중인지라 며칠 동안 사전 조사를 해서 그런가 보다' 했다. 강의를 끝내고 퇴장하려는데 한 분이 질문을 해왔다.

"왜 불꽃인가요? 혹시 드라마 〈미스터 션샤인〉 명대사 '나도 꽃으로 살고 있소. 다만 나는 불꽃이오'를 보고 불꽃이라고 지으신 건가요?"

'드라마는 안 봤는데, 오 그렇게 멋진 뜻이?'

"아, 뜻은 얼추 맞습니다."

"맞죠? 정말 잘 지으셨어요!"

4월, 여성가족부 장관이 주재하는 긴급 간담회에 참석했을 때 장관은 이름을 참 잘 지었다며 '파이팅' 넘친다고 하셨다.

국민일보 'N번방 추적기' 보도 이후 한창 언론 인터뷰를 할 때 "디지털 성범죄 사건에 대한 관심의 불길을 지폈기 때문이다. (······) 이 사건을 불꽃처럼 펑! 터트리려고 불꽃이라 했다"고 말하고 다녔다. '불꽃'인 이유를 찾으면 찾을수록 멋진 답이 나와서 우리 스스로 '팀명 참 잘 지었다'고 뿌듯해했다. 우리도 딱 이거라고 정하진 않으련다. 팀명이 불꽃인 이유는, 마음에 간직하기 좋은 쪽으로 기억해주면 좋겠다. 이름의 의미보다 우리 불꽃이 어떤 활동을, 왜 하고 있는지를 더 오래 생각하고 싶다. 우리 활동이 불꽃을 정의하리라 믿는다.

"언젠가 시들 수밖에 없는 꽃이 아니라, 타오르는 불꽃으로 살고 싶습니다. 저희는 여성을 예쁜 꽃으로 타자화하고 결국에는 '성기'로 대상화하는 가부장제와 자본주의의 연대를 끊고 싶어요. 우리는 꽃이 아닌 불꽃입니다!7"

---

7 "우리는 꽃이 아닌 불꽃입니다"는 2018년 여성단체 '불편한 용기'가 주최한 '불법촬영 편파수사 규탄 시위'의 플래카드와 피켓에 자주 쓰인 문구이기도 하다.

얼굴 공개

불의 이야기

N번방 기사를 처음 쓸 때도 '불꽃'이라는 이름을 사용했다. 가해자들은 여성 문제를 보도한 기자, 혹은 SNS에 올라온 여성의 사진을 가져와 능욕해왔기 때문에 신상이 드러나면 우리도 피해를 입을 수 있겠다 싶었다. 익명 보도는 혹시 모를 위협을 피하기 위한 최소한의 방어책이었다.

2020년 3월, 사건이 세상에 알려진 이후 많은 언론사와 인터뷰를 진행했다. 영상이 모자이크 처리되었지만 주변 사람이라면 실루엣과 목소리로 우리가 누구인지 짐작할 수 있겠다 싶어 걱정스러웠다. 부모님께선 모자이크 처리를 꼼꼼하게 하지 않은 방송 인터뷰를 보시더니 '저거 누가 봐도 너 같은데, 누가 알아보는 것 아니냐'며 염려하셨다.

가족과 친구들의 걱정이야 잘 알지만, 얼굴을 드러내고 활동하고 싶다는 생각이 이따금씩 들었다. 잘못한 것도 아닌데 매번 얼굴을 숨겨야 하니 답답했다. 오히려 얼굴을 드러내고 나면 활동 제약이 덜할 테니 더 많은 일을 할 수 있지 않을까 싶기도 했다. 지난 3월부터 수십 번 고민해봤지만, 답은 늘 '안 돼'였다. 우리가 기사를 익명으로 내보낸 이유가 떠올랐다. 그때는 '합성' 능욕을 걱정했지만, 추적단 불꽃에 대한 정보가 알려진 지금은 어떤 위험이 기다리고 있을지 알 수 없어서 걱정스럽다. 지금 당장은 위험하지 않다 해도 마음을 놓을 순 없다.

혹시 내가 이미 불법촬영물에 노출돼 있으면 어쩌지, 걱정하기도 했다. 내가 찍힌 영상이 많이 알려지지 않은 상황인데, 신상이 공개되면 "이거 불꽃 나오는 야동"이라며 '인기작'이 되지는 않을까 싶었다. 조금 전에도 늘 가던 카페 화장실에 갔다가, 못 보던 방향제가 보여 불안을 느꼈다. 언제쯤 이런 불안 없이 살 수 있게 될까.

내가 주변의 지인들에게 배신감을 느끼는 일 역시 두렵다. 동창이나 친구, 이웃 중에 가해자가 있을지도 모른다는 불안감은 정말이지 나를 참혹하게 한다. 디지털 성범죄 유형 중 하나인 '지인능욕'의 무서운 점은 분명 지인이 범인인데도 잡아내기 어렵다는 것이다. 지금도 세상을 믿기 어려운데, 지인마저 의심해야 한다면 너무 끔찍할 것 같다. 사건이 다 해결되고 내가 안심하고 얼굴을 드러내도 되는 세상은 언제쯤 올까?

추적단 불꽃은 '여자'이고 '두 명'입니다

언젠가 공영방송 라디오에서 아빠 연배의 남성 진행자가 우리 두 사람을 걱정하는 말을 했다. '아마추어, 어린 여자 대학생은 손을 떼고 기성 언론이 이어 받아 취재해야 할 것'이라는 뜻이 내포된 말이었다. 불은 어이없어 했고, 나는 욕을 했다. 그동안 N번방 취재를 해달라고 제보할 때는 조용하다가, 격려라며 하는 말이 손을 떼라니. 기가 찼다. N번방 가해자들은 주로 어린 여자를 노렸으니, 추적단 불꽃도 상대적으로 어린 여자라는 이유로 걱정할 수는 있다. 그런 마음은 이해한다. 하지만 사족은 붙이지 않으면 좋겠다. "우리는 기자로서 할 일을 한 것입니다. 오히려 더 적극적으로 취재하지 못해서 아쉬울 따름입니다. 나이와 성별은 조금도 중요하지 않습니다."

"혹시 '추적단 불꽃'은 몇 분이세요? 두 명이요? 그것도 둘 다 여자분? 그렇다면 더 훌륭하시네요."

우리에게 무언가를 요청하기 위해 연락한 분이 건넨 첫인사였다. 그는 우리가 여자라서 '더' 대단하다고 말했다. 나는 그렇게 생각하지 않는다. 디지털 성범죄 척결을 고민하고 있는 사람이라면 누구나 결국

'추적단 불꽃'으로 활동했을 것이다. 여자건 남자건 상관없는 일이다. 어려움에 처한 피해자를 그저 바라보고만 있기란 불가능하다. 적어도 우리는 그랬다.

우리에게 진심으로 고마워했던 사람들에게 받은 좋은 마음들, 아름다운 순간들을 되새긴다. 최근에 갔던 강연에서 있었던 일이다. 강연을 진행하며 청중들에게 명함을 나눠주었다. 명함에는 업무용 휴대전화 번호를 적어두었다. 우리는 이 번호로 오는 연락만 받고 있었다. 그날 집으로 돌아가는 열차 안에서 문자를 받았다.

아까 팀명이 〈미스터 션샤인〉 명대사에서 왔냐고 했던 사람입니다. 이 나이에도 부끄럼이 많아 꼭 하고 싶었던 말이 있어 이렇게 문자를 보냅니다.

제가 텔레비전을 보면 독립운동 하시는 분이라고 딸에게 알려주는 분들이 있는데 한 그룹은 삼성과 싸우는 분들, 또 한 그룹은 검찰 비리와 싸우는 분들입니다. 그리고 2020년 들어 저에게 불꽃은 또 그런 의미로 다가옵니다. 다음 뉴스에서 제 딸에게 새로운 의미의 독립운동가라고 알려주려 합니다.

이 번호가 사적인 감정을 보내라고 알려준 건 아니겠지만 이번만 이렇게 사용할게요. 진심으로 고맙습니다.

하나, 우리를 있는 그대로 바라봐주었다. 둘, 부끄러움이 많지만 용기를 내어 감사한 마음을 표현해주었다. 셋, 우리 활동을 다음 세대에게 자랑스럽게 소개해주고자 하는 마음이 감동스러웠다. 감사 인사는 이런 거구나.

불과 나는 기쁜 마음을 서로 나누고 싶어서, 바로 집으로 들어가지 않고 피곤한 몸을 이끌고 좋아하는 마라탕을 먹으러 갔다.

3부 　함께 타오르다

2020년을 시작하며

불꽃은 "이제 시작이다"라는 말을 달고 산다. 2020년은 이례적인 해다. 우리가 썼던 지난해 N번방 기사는 묻혔지만 이런 사실이 무색하게도, 올해 3월이 되자 디지털 성범죄를 대하는 국민과 정부의 자세가 가슴 벅찰 정도로 달라졌다. 디지털 성범죄가 현실의 성범죄보다 결코 가볍지 않은 심각한 범죄라는 인식을 국민 다수가 공유하게 되었으니 이 땅에 사는 여성으로서 보람을 느낀다. 사건을 해결할 수 있으리란 희망에 들뜨지만 피해자에게 쏟아지는 사회의 도를 넘은 관심에 어깨가 무겁기도 하다. 우리는 희망의 끈을 놓지 않으려 책을 쓴다. 디지털 성범죄의 끔찍함을 글로 남겨 더 이상 같은 일이 반복되지 않기를 바라는 마음에서다.

지난 1년 여간 보았던 디지털 성범죄는 말로 설명할 수 없을 만큼 끔찍했다. 나를 찍은 사진이, 영상이 가상공간에 널리 퍼져 있을지 모른다는 불안을 시시때때로 느꼈다. 우리가 만난 피해자는 밥을 먹다가도, 길을 걷다가도, 친구들과 놀다가도, '누군가 나를 알아보면 어쩌지' 하는 불안감에 시달린다고 고백했다. 휴대전화에 친구가 보낸 메시지의 알림이 뜨면, '친구가 내 사진을 본 거라면 어떡하지?'라는 생각에 심장이 덜컹 내려앉는다고 한다. 피해자들은 사건 이전으로 돌아가고 싶어 한다. 이전처럼 걱정 없이, 편하게 살길 원한다.

공중 화장실을 갈 때마다 '이 구멍이 몰래 카메라 렌즈면 어떡하지'라는 공포가 따라온다. '○○대 자취방 불법촬영물'(불꽃이 다닌 학교)이 공유되는 순간, '나는 아직 불법촬영을 당하지 않았겠지' 하는 믿음은 착각이 되었다. 내 또래인 불법촬영 피해자가 목숨을 끊었다는 기사를 본 날, 착각은 폭력이 되었다. '설마' 하며 '나'는 피해 갈 수 있으리라 생각했기 때문이다. 요즘은 '불법촬영' '디지털 성범죄' 관련 기사를 읽으면 피해자와 우리의 심장이 맞닿아 있기라도 한 것처럼 고통이 전해진다. 누군가 심장을 바늘로 찌르듯 따끔거린다.

인터넷이 널리 보급된 이래로 2000년대 온라인 문화는 남성이 주도했다.[1] 2000년대 초반 소라넷은 물론이고 남성 중심 온라인 커뮤니티까지 '불법촬영' 영상 후기가 수없이 올라왔다. 2020년, 아직까지도 온라인 기반 매체와 10대 일간지의 '온라인 뉴스' 같은 부서는 여성 연예인이나 유명인이 SNS에 올린 비키니 사진을 가지고 '기사'를 쓴다. 언론이 '조회 수'에 미쳐 여성을 성적 대상화하는 것이다.

여성의 성착취를 놀이, 돈벌이 수단으로 소비하는 나라에서 여성으로 태어난 순간, 불법촬영과 디지털 성범죄를 당하지 않으려면, 혹은 가해자를 처벌하려면 엄청난 노력이 필요하다. 디지털 성범죄 피해를 입으면 피해자임을 직접 호소하고 입증해야 한다. 가해자가 합당한 처벌을 받게 하려면 피해자가 나서서 증언해야 한다. 처음부터 끝까지 피해자가 얼마나 '발품'을 파느냐에 따라 범죄자의 처벌이 좌우된다. 일

---

1 김유향(국회입법조사처), 〈디지털 시대의 진화하는 성범죄와 법제도적 대응 방향〉(제17회 과학 커뮤니케이션 포럼 "성범죄 블랙홀, 사이버 세계를 진단하다"), 2020년 6월 12일.

상을 모두 희생해 자신의 피해 사실을 호소해야 하는 디지털 성범죄에서 자유로운 여성은 대한민국에 없다.

디지털 성범죄의 종류는 적어도 수백 가지는 넘을 것으로 예상된다. 이름 붙일 수 있는 것들만 보자면 디지털 성착취, 지인능욕, 딥페이크, 불법촬영, 온라인 스토킹, 온라인 그루밍 등이 있다. 이 온갖 끔찍한 범죄는 삽시간에, 동시다발적으로 일어난다. 우리나라는 2020년이 되어서야 비로소 디지털 성범죄를 '범죄'로 인식하게 되었다. 정부와 사법기관은 사건이 벌어질 때마다 '태스크포스(임시 조직)'를 구성하고 엄벌에 처한다고 으름장을 놓지만 고작 그 정도로는 디지털 성범죄를 근절할 수 없다. 경찰청 내 사이버수사대와 별도로, 중앙 정부가 지휘하는 디지털 성범죄, 나아가 가상공간 범죄를 전담하는 '상설 조직'이 절실하다.

박사 검거 일주일 뒤 우리는

2020년 3월 17일 조주빈이 검거되자 박사방을 비롯해 'N번방' 사건이 다시금 주목받았다. 3월 10~13일자로 국민일보 1면에 'N번방 추적기'가 연재되고 일주일도 채 지나지 않은 시점이었다.

지난해 7월에 멈춰 있던 우리의 시간은 다시 흐르기 시작했다. 조주빈이 검거되고 하루가 지나서 미디어오늘과 인터뷰한 기사[2]가 공개됐다. 인터뷰어는 우리를 '텔레그램 N번방 사건'을 맨 먼저 취재하고 기사 형태로 공개한 '추적단 불꽃'으로 소개했다.

당시 텔레그램 N번방 사건을 비롯한 디지털 성착취물 유포는 현재진행형이며, 성착취 기사를 보도하는 언론인은 성차별적이고 자극적인 보도를 지양하고 수차례에 걸쳐 마련된 성폭력 보도 준칙(2006년 '한국여성민우회 부설 성폭력상담소 성폭력 보도 가이드라인' '2018년 한국기자협회 여성가족부 성폭력 성희롱 사건 보도 공감 기준 및 실천 요강')을 지켜야 한다고 말한 기억이 난다. 수사가 진전되는 상황이라 조금은 가벼운 마음으로 인터뷰에 응했다. 주요 가해자도 잡혔고, 언론을 믿어보기로 했더랬다. 하지만 N번방 사건을 그저 '가십거리'로 다루는 기사가 많았다. '음란물' '일탈' 같은 자극적인 어휘로 '제목 장사'를 하는 매체도 있었다. 주로 탐사보도 방송 프로그램(MBC 〈실화탐사대〉, SBS 〈궁금한 이야기 Y〉, JTBC 〈이규연의 스포트라이트〉)의 내용을 받아쓴 온라인 전문 매체의 기사였다.

조주빈이 정확히 어떤 범죄를 저질렀는지 세상은 몰랐다. 기사에 '텔레그램' '박사' '성착취' '모네로(암호화폐)'라는 단어가 왜 같이 나오는지 모르는 사람들도 많았다. 하루이틀 사이 한겨레신문, 국민일보가 연재했던 '박사방' 'N번방' 관련 기사가 재조명받았다. '박사' 조주빈이 텔레그램에서 수십 명에 달하는 여성을 협박해 성을 착취했으며 수만 명에 이르는 회원에게 암호화폐를 받고 성착취 영상과 피해자의 개인

---

2   정민경 기자, 〈'텔레그램 N번방' 최초 신고자는 텔레그램을 지울 수 없다〉, 미디어오늘, 2020년 3월 18일자.

정보를 거래했다는 등의 범죄 사실이 만천하에 알려졌다. 텔레그램 성 착취가 만연할 때 기사 한 번 내지 않던 대다수 언론이 조주빈이 잡히자 이렇듯 태도를 바꿨다.

언론은 '조주빈은 악마'라는 등 가해자 서사를 늘어놓았다. 또 비슷한 시기에 검거된 가해자들의 가정사와 학업 성적, 장래 희망에 주목했다. 가해자가 범죄를 저지른 이유를 줄줄이 늘어놓고는 피해자가 '일탈계'를 했다더라, 먼저 신체 노출을 했다더라며 가해자 중심의 보도를 했다. 피해자가 원인을 제공했다고 서술한 것이나 다를 바 없었다. 피해자 인터뷰가 어려워 그들의 입장을 알 수 없기 때문이라면서. 언론이 '피해자도 잘못이 있다'와 같은 여론을 조장한 것이다. 이에 언론 권력을 견제하고 감시하는 시민단체인 민주언론시민연합에서 '가해자에게 면죄부 주고 피해자에게 책임 전가하는 보도를 지양하라'는 긴급 논평을 내며 과열된 보도의 문제점을 꼬집기도 했다.

다수 언론은 텔레그램에서 디지털 성착취가 일어나고 있을 때 취재를 하지 않았으니, 관련 '범죄현장 잠입 르포'나 '피해자 보호 대책 점검' 같이 사회에 꼭 필요한 취재와 보도는 할 수 없었다. 언론은 '주요 가해자가 잡히고 국민의 관심이 조주빈에게 쏠렸을 때 우선 그가 누구인지를 자세히 밝혀야 국민의 눈높이에 맞게 디지털 성범죄를 보도할 수 있다'고 반박할지도 모른다. 그러나 언론에게 부족했던 것은 정확한 보도 시점이 아니라, 윤리 의식이었다.

우리는 조주빈이 체포된 주의 주말에 유튜브를 열었다. 최대한 많은 사람들에게 이 사건의 심각성을 한 번 더 전하고, 잘못된 언론의 보도를 정정하려고 했다. '텔레그램 N번방 최초 보도자가 사실을 바로잡습니다'라는 첫 영상을 올리자 다음 날부터 "추적단 불꽃을 인터뷰하고 싶다"는 기자들의 연락이 빗발쳤다. 주범이 체포되고 수사가 진전되는 와중에 사건 가해자가 아닌 우리한테 언론의 관심이 분산되면 문제 해결에 차질이 생길까 싶어 망설였다. 하지만 우리는 사건의 목격자로서 해야 할 일이 있었고, 이 사건이 또다시 용두사미로 끝나버리면 한국에서 도저히 살 수 없을 것 같았다. 우리는 취업이나 유학 준비를 잠시 접어두기로 했다. 단은 아르바이트와 공부 모임을 나가지 않았고 불은 다니던 학원을 휴학했다. 우리는 최대한 다양한 매체에서 발언하기로 했다.

"사람들마다 보는 매체가 정해져 있으니 최대한 다양한 매체와 인터뷰를 해서 사건의 심각성과 사건이 현재진행중이라는 사실을 꼭 알리자."

3월 23일 월요일. 방송사 두 군데와 인터뷰하고 집에 돌아오는데 기분이 좋았다. 우리와 인터뷰하고 싶어 하는 기자들의 연락이 메일함에 쌓여 있었다. 할 일은 산더미지만 이제 많은 기자들이 관심을 가지는구나, 안도했다. 처음에는 텔레그램에서 일어난 디지털 성범죄를 모두 'N번방 사건'으로 부르는 언론사가 많았다. 'N번방'을 제목에 넣으면 조회 수가 오르기 때문이기도 했지만 그들은 N번방과 박사방을 제대로 구분하지 못했다.

N번방이 대체 어떤 곳이고 '디지털 성착취'가 무엇인지, 피해자를 만나본 적이 있는지, 언제부터 추적을 시작했고 경찰과 협력했는지 등을 기록한 자료를 노트북에서 삭제하지 않아서 다행이라고 생각했는데, 자료는 없어도 그만이라고 여겨질 만큼 머릿속에 모든 것이 저장돼 있었다.

우리는 목격자이자 피해자였다. 사건을 해결해야 한다는 마음이 너무 강한 탓인지 각성 상태가 지속됐다. 수집한 자료의 대사 한마디 한마디가 머릿속에서 끊임없이 재생됐다. 덕분에 기자가 '가해자가 이런 말을 했다던데, 자료가 있나요?' 하고 물으면 '그 대화는 다른 맥락에서 나온 겁니다. 자료도 함께 보내드릴게요'라는 식으로 빠르게 답할 수 있었다. 우리의 뇌에 앨범 기능이라도 있는 모양이었다. 우리 머릿속에는 캡처한 사진과 사진의 맥락을 둘러싼 기억들이 여전히 생생했다. 깜깜한 가해 현장에서 멈췄던 우리의 시간이 햇빛을 받아 흐르기 시작하고 두 다리와 마음은 달릴 준비를 하고 있었다.

3월 24일 화요일. 방송사와 신문사를 포함해 총 여섯 군데 언론과 인터뷰했다. 여론이 관심을 보이지 않아서 조마조마했던 지난 몇 개월과 비교하면 포기하지 않아 다행이라고 느끼는 순간들이었다. 오후 3시부터 여의도에서 KBS, MBC, CNN, 다시 MBC와 인터뷰를 진행했다. 저녁 먹을 시간이 됐다. 집으로 가지 못하고 근처에서 마라탕을 먹었다. 화요일 마지막 스케줄인 서울신문과 YTN '변상욱의 뉴스가 있는 저녁' 생방송 전화 인터뷰가 남았기 때문이다.

허겁지겁 식사를 마치고 바로 옆 건물인 스터디 카페에서 스터디 룸 하나를 빌렸다. 단은 생방송 전화 인터뷰를, 불은 서울신문 전화 인터뷰를 하기로 했다. 인터뷰는 사전 질문지가 있었으므로 미리 준비를 해둬서 어려움은 없었다. 다만 생방송 전화 인터뷰의 특성상 조용한 방에서 전화를 받아야 했다. 그래서 단은 스터디 룸에서, 불은 비상계단에서 전화 인터뷰를 하고 왔다. 생방송 전화 인터뷰는 처음이라 긴장했다.

단은 YTN 변상욱 앵커의 "지난해 7월부터 N번방을 취재하면서 어려운 점이나 받아들이기 힘든 피드백도 있었느냐?"는 질문에 답을 하다 울컥, 눈물이 터졌다. 'N번방과 박사방은 범인이 다른 성착취 범죄다' 등 연신 사건 관련 질문에만 답하다가, 우리 활동 중에 있었던 일을 생각하려니까 갑자기 감정이 끓어올랐다. 사실 2019년 9월 우리의 첫 보도 후 수개월 동안 피드백은 없었다. 그러다 7개월만인 2020년 3월에 우리의 보도가 2차 피해를 유발하는 거 아니냐, 오히려 N번방을 홍보하는 셈이다,라는 선배 기자들의 피드백을 받았던 터이다. 빠르게 진정하고 마지막 질문은 평온한 목소리로 대답할 수 있었다.

3월 25일 수요일 저녁. 아, 이럴 줄 알았으면 평소에 운동을 열심히 해서 체력을 비축해둘걸⋯⋯ 체력이 동난 탓일까, 어제 단이 우는 모습을 놀리던 불이 인터뷰 도중 눈물을 흘렸다. 불이 우는 모습에 단도 울었고 인터뷰하던 PD도 눈물을 훔쳤다. 이 무슨 민망한 상황인가. 우리는 서로 주책이라며 울면서 웃었다. 피곤해서 그랬다는 말로 너스레를 떨었다. 수요일 오전 6시 CBS 생방송 전화 인터뷰를 시작으로 오후 1시 중앙일보, 3시 중앙일보 논설위원, 3시 30분 뉴스1, 4시 30분 JTBC 보도국, 6시 JTBC 스포트라이트, 6시 30분 TBS 생방송 전화 인터뷰, 7시 한겨레21, 9시 KBS까지 총 아홉 번 인터뷰를 했다. 밥 먹을 시간도 없어서 한겨레21 측에서 인터뷰 장소를 식당으로 잡아주었다. 그날 한강대교를 여러 차례 건너야 했다.

3월 26일 목요일 오후. 수요일과 비슷한 횟수의 인터뷰에 응했다. 오후 3시 국민일보 특별취재팀·불꽃 좌담회('N번방 추적기:오늘은 좀 잤어요, 피해자 문자에 울컥했다')에 갔을 때였다. 인터뷰를 하는 줄로만 알았는데, 정신과 전문의 명단이 인쇄된 종이를 건네받았다. 신문사에서 '심리 상담'을 지원해준다는 것이었다. 우리가 편한 지역으로 골라서 방문할 수 있도록 선별해서 추천해준 듯했다. 정말 감사하고 든든했다. 한편으론 우리가 이런 지원을 받아도 되나 싶기도 했다. 불은 명단이 적힌 종이로 얼굴을 가리고 이따금씩 목이 메인 소리로 대답했다. "힘들면 쉬었다 해요." 인터뷰어가 말했다. 한 시간 정도 예정된 인터뷰였는데 끝나고 보니 두 시간이 훌쩍 지나 있었다.

3월 26일 목요일 자정. 국민일보 박 선배에게 연락했다.
"선배, 혹시…… 병원 내일 당장 가도 되나요?"

다음 날 박 선배는 우리가 YTN과 인터뷰하던 장소로 병원비를 갖고 와주었다. 갑작스런 연락에도 우리를 상담해주겠다는 의사 선생님이 있었다고 한다. 강원경찰청에도 연락해 신변 보호를 받기로 했다. 쉼 없이 내달렸지만 이제 시작이라는 느낌을 지울 수 없었던 일주일이었다.

피해자가 일상으로 돌아갈 수 있도록

"공영방송의 힘을 빌려 최대한 많은 피해자가 실질적인 도움을 받을 수 있는 보도를 하자."

우리는 4월 총선에 돌입하기 전에 약 3주간 KBS와 협업했다. 이때 피해자 K를 직접 만나 이야기를 들을 수 있었다. K가 우리를 만나준 것은 기적이라고 생각한다. 언론이 피해자의 실명을 공개하지 않았을 뿐, 인적사항을 상세히 묘사해 누군지를 짐작할 수 있게 보도한 적이 한두 번이 아니었기 때문이다. 피해자가 먼저 우리를 믿어줬기에 신뢰를 저버릴 수 없었다.

"대답할 수 있는 질문에만 답변해주시면 되어요."

K의 부담을 덜어주려고 한 약속이다. 그는 우리가 준비해 간 스무개의 질문 중 열 개 정도를 골라 답해주었다. '추적단 불꽃'으로서는 부끄럽게도 박사 조주빈이 피해자를 협박하고 괴롭힌 방법을 이날 처음 제대로 알았다. 언론에서도 접할 수 없었던 내용이라 피해자들이 왜 당했는지 온전히 이해하는 사람들은 드물 것이다. K의 증언을 듣는 내내

고통이 피부에 와닿아 전신에 소름이 돋고 눈물이 고였다. K는 말했다. "피해자들이 겪은 고통은 '성착취'라는 단순한 단어로는 전달할 수 없다"고.

인터뷰가 끝나고 며칠이 지났을까. KBS 기자가 좋은 소식을 알려왔다. 경찰이 방송에 나온 피해자를 돕겠다고 연락한 것이다. 피해자가 예전 같은 일상으로 돌아갈 수 있도록 한 명이라도 더 돕고 싶은 마음이 간절하다.

다음은 우리와 KBS가 함께 취재·보도한 피해자의 이야기 중 일부를 발췌한 것이다.

"빨리 내 차례 끝나길" ······ '박사방' 피해자가 겪은 '지옥'

■ "단순한 '착취' 아니었다" ······ '나를 죽일 것 같았던' 공포

지난해 12월 어느 날 K씨는 트위터에서 '고수익 아르바이트'를 모집하는 글을 봤습니다. 호기심이 생긴 K씨는 글에 적힌 텔레그램 ID로 연락을 했습니다. 연결이 된 남성은 K씨에게 현금 다발과 통장을 찍은 사진을 보여주면서 회유하고 다른 남성과 K씨를 '매칭'해줬습니다. K씨와 연결된 남성은 사진을 요구하기 시작했습니다.

"얼굴이 나온 사진을 열 장 보내달라고 하는 거예요. 그냥 얼굴 사진이니까 보냈죠. 그랬더니 '손을 한 번 찍어봐'라는 식으로 요구가 하나씩 늘어갔고, 대화를 한 지 한 시간 정도 됐을 때 수위가 높아지기 시작했어요. 막 '나체 사진 보내' 이러고, 제가 못하겠다고 했더니 트위터에 제 사진들을 올리겠다고 협박했어요."

협박뿐만 아니라 이 남성은 K씨가 자신에게 사기를 치지 않았냐며 위협하기 시작했다고 합니다. K씨와 자신을 연결해준 대화방에 돈을 이미 보냈는데, 해당 대화방이 갑자기 없어졌으니 K씨가 대화방 사람들과 짜고 자기 돈만 빼돌린 게 아니냐는 얘기였습니다.

"'너도 공범이지' 이러면서 제 사진들을 다시 저한테 보내면서 '인생 종 치고 싶냐'는 식의 욕과 협박이 1초마다 계속 왔어요. 메시지를 확인하지 않으면 욕을 보내면서 '바로바로 답장해' '눈 떼지 마'라고 했어요. 당장 무슨 일이라고 생길 것처럼 진짜…… 제 사진에 낙서를 해서 보내기도 했고요."

이 남성은 결국 신분증 사진도 찍어서 보내라고 요구했습니다. K씨가 공범이 아니라면 믿음을 달라는 요구였죠. 구체적인 지시까지 했습니다.

"(영상을 촬영할 때) 항상 '박 사장'을 언급하라고 저한테 얘기했거든요. 1분 안에 특정 포즈를 취해서 마이크에 대고 '박 사장님 잘못했어요'라고 하라고 대사까지 다 적어줬어요."

이 남성은 만나자고도 요구했습니다.

"'택시를 타고 서울 ○○로 오면 내가 직원을 보낼 테니, 만나서 합의를 봐라. 네가 공범이 아니라면 그런 성의는 보일 수 있지 않느냐'라고 했어요. 제가 못 가겠다고 하니까, '그럼 (사진) 다 올릴게' 이러면서 웃기 시작하더니, '잘 죽어라, 미친 ✕' 하고는 전화를 끊었어요."

남성이 전화를 끊자 K씨는 신고를 결심했습니다. 그리고 경찰서에 가기 전에 새벽 내내 인터넷 검색을 했습니다. 자신의 사진이 올라온 텔레그램 방을 찾는 데는 30분도 걸리지 않았습니다. 대화방의 이름은 '박사 자료 모음' '박사 샘플 공유방'이었습니다.

"이미 제 사진이 다 올라와 있었고…… 방에 몇 명이 있는지 뜨잖아요. 2600명, 이렇게 떠 있었고요. 그렇게 피해를 입은 사람한테 별명을 붙이거든요? '○○녀', 저한테도 그렇게 닉네임이 붙었어요."

트위터를 통해 남성에게 처음 연락을 한 이후 남성이 전화를 끊기까지, 욕설과 협박 메시지가 매 순간 올라와 K씨가 공포에 떨었던 시간은 단 세 시간이었습니다. 길지 않은 시간 동안 찍은 사진과 동영상이 해가 지난 지금도 어딘가에서 떠돌고 있고, 언제까지 떠돌지 모른다는 사실에 K씨는 극도로 불안해했습니다. 차분히 취재팀에게 피해 사실을 털어놓던 K씨는 텔레그램 방 성착취 기사에 대한 불만도 드러냈습니다. 본인의 피해를 단순히 '착취'라는 단어로 표현할 수 없다는 것입니다.

"착취가 아니었어요. 그건…… 이대로 안 하면 나를 죽일 것만 같은? 나를 찾아올 것만 같은? 그런…… 그런 게 전혀 (기사엔) 없더라고요. 그러니까 사람들은 그냥 '고수익 알바' 이 단어들만 보고 '피해자들도 이상한 거 아니야?'라고 생각하는 거죠. 시작은 그랬을 수 있죠. 저도 바보 같다고 생각도 해요. 근데 솔직히 아르바이트 모집 사이트만 들어가도, '룸 술집 알바 구한다' 이런 글 많잖아요. 저는 그냥 그런 일이라고 생각했던 거예요."

■ "안도하는 내 모습을 보는 게 가장 고통······ 내 차례 끝나기만 바랐다"

그런데 K씨에게 가장 힘들었던 기억은 대화방에 올라온 자신의 사진을 보거나, 협박을 당한 일이 아니었습니다. K씨는 경찰에 신고를 한 이후에도, 자신의 사진이 텔레그램 방에 유출되지 않을까 하는 걱정에 앞에서 말했듯이 '박사 자료 모음' '박사 샘플 공유방'에 들어가 일반 이용자인 양하며 지켜봤습니다.

"어느 날 대화방 관리자가 '저녁 시간이고 날씨도 좋은데, 저희 투표 한번 할까요?' 그러더니 저랑 다른 피해자 세 분의 이름을 보내면서 '네 명 중 제일 많은 표를 얻은 사람의 자료를 뿌려주겠다'고 하는 거예요. 제가 2등을 했어요. 그런데 이게 너무 다행이라고 생각하고 있는 거예요, 제가······"

다른 피해자의 자료가 공유되는 현실을 보면서도 안도하는 자신의 모습이, 그럴 수밖에 없는 상황이 가장 고통스러웠다고 K씨는 털어놨습니다.

"대화방의 대표 사진이 제 사진이었어요. 사진이 바뀌던 날도 저는 안도하고 있는 거죠. 저보다 훨씬 어려 보이는 여자애 얼굴로 바뀌었는데, 제가 다행이라고 생각하고 있는 거예요. 대화방에 있는 사람들을 원망하고 있는 게 아니라, 그냥 빨리 내 차례가 끝났으면 좋겠다고 생각하고 있었어요."

K씨는 박사방 운영진이 조직적으로 피해자들을 착취한 정황도 증언했습니다.

"누군가 차 안에서 성관계를 하는 사진을 올렸어요. 본인이 만든 것 같아요. 그걸 보내면서 '나는 박사가 보내서 얘도 ××했다' '너네도 박사한테 잘해' 이런 식으로 말했어요. 자기가 박사의 직원이라는 사람이 못해도 4~5명 있었어요. '나 이번 달에 월급을 얼마 받는다' 이런 얘기를 하는 사람도 있었어요."

앞서 K씨를 위협한 남성도 '박사' 조주빈의 직원일 가능성이 높습니다. K씨는 서울 모처로 나오라는 '직원'의 요구를 자신은 거절했지만, 협박에 못 이겨 해당 장소로 나갔다가 성폭행을 당한 여성들이 여럿 있을 거라며 괴로워했습니다.

■ **"날 좋은 날 해 받고 비 오는 날 비 맞듯…… 다들 버텼으면"**

K씨는 차츰 일상을 회복하고 있습니다. 하지만 당시의 기억은 이야기를 하다가도 눈물이 날 정도로 여전히 괴롭습니다. 그러던 와중에 K씨는 용기를 내 취재팀에 피해 사실과 생각을 전했습니다. 피해를 본 여성들이 "다 괜찮은지 궁금했다"는 게 이유였습니다. K씨가 피해자들에게 하고 싶다는 말을 마지막으로 전해드립니다. 포기하지 말고, 꼭 버텨낼 것을 거듭 강조했습니다.

"자고 일어나서 아무 생각 없이 거실 바닥에 앉았어요. 그런데 그날따라 햇빛이 너무 따뜻하게 들어오는 거예요. 갑자기 막 눈물이 엄청 나기 시작했어요. 그날 정말 오랜만에 하늘을 본 느낌? 진짜 오랜만에 뭔가를 피부로 느꼈던 것 같아요. '아, 내가 아직 살아 있구나…….' 솔직히 앞으로 뭐가 얼마나 바뀔지, 범인이 더 많이 잡힐 거라는 기대는 안 해요. 이제는 제 자료가 아예 없었던 것처럼 되길 바라지도 못 하겠어요. 잊을 만하면 올라오고, 잊을 만하면 올라오고 그러니까. 다른 데서 또다시 퍼질 수 있을 거라 생각해요. 그런데 살아야 되니까. 그러니까…… 정말 다들 잘 버티셨으면. 저도 매일이 너무너무 힘들지만요. 그냥 날씨 좋은 날 해 한 번 받고, 비 오는 날 비 한 번 맞고…… 그냥 그렇게, 다들 버티셨으면 좋겠습니다."

- KBS NEWS 김지숙 기자×불꽃(2020년 4월 19일자 기사 발췌)

일상의 성범죄

KBS와 협업하면서 만난 '지인능욕' 피해자 최 씨. 우리는 그에게 SNS로 연락해서 방송 보도를 통해 공론화를 돕겠다고 했다. 최 씨는 지인능욕이 얼마나 괴로운 범죄인지 끊임없이 증명해내야 하는 싸움을 막 시작하던 참이었다. 이 범죄는 온라인 기반 성범죄라는 이유로 수사기관에서 가해자를 체포하지 못하는 경우가 허다했다. 피해자들은 지인 중 가해자가 있어도 잡지 못해, 언제 어디서 또다시 피해에 노출될지 모르는 두려움을 느낀다.

최 씨와 약속 장소를 정하는 일부터 섬세한 조율이 필요했다. 최 씨의 신상을 짐작할 수 있는 장소는 제외했다. 그렇다고 여의도에 있는 KBS 스튜디오로 부르자니 촬영팀과 예정된 인터뷰 시간에 맞추기가 어려웠다. 그날 9시 뉴스에 나갈 인터뷰다 보니 일분일초가 빠듯했다. 결국 우리가 사는 곳과 최 씨가 사는 곳 중간 지점을 약속 장소로 정했다. 피해자가 편하게 이야기할 수 있는 한적한 야외 공간으로 KBS 기자가 안내했다.

최 씨는 인터뷰 질문에 답변하는 내내 씩씩했다. 인터뷰를 끝내고 우리는 서로를 안아주었다. 조금 더 따뜻한 말을 건네지 못한 게 못내 아쉬웠다. KBS 스튜디오로 다시 돌아가는 길, 손이 무척 차던 최 씨가 생각났다. 무엇보다 따뜻한 밥 한 그릇을 사주고 싶었다.

최 씨와는 인터뷰는 잘 마무리했으나 9시 뉴스 생방송 두 시간 전, 인터뷰가 못 나갈 수도 있는 위기가 찾아왔다. 최 씨와 지인능욕피해자

연대가 연락을 해온 것이다. 최 씨는 방송에 보도되면 발생할 2차 피해를 걱정했고 연대 측에서는 최 씨가 피해자 모두를 대변하는 것처럼 보일 수 있다며 우려했다. 우리는 피해자의 선택을 지지하고 보도 이후 함께하겠다는 입장을 전했다. 지인능욕이 디지털 성범죄 축에도 못 끼는, 가해자의 '일탈'로 치부되는 데 무력함을 느껴온 최 씨와 피해자연대는 결국 보도에 동의했다. 2차 가해라는 위험을 감수하고 보도를 허락한 그들의 바람은 하나였다. 사람들이 '피해자도 뭔가 잘못한 게 있겠지' 하며 피해자에게 낙인을 찍지 않고 가해자들을 모두 잡는 것. 그들이 예전 일상을 회복하기를 간절히 바랐다.

우리는 피해자 최 씨가 국가 지원을 받을 수 있도록 꾸준히 함께하고 있다.

피해자는 우리 옆에 있다

안타까움, 분노, 상실감…… 디지털 성범죄 사건의 민낯을 마주할 때마다 감정은 격해진다. 수백 가지 유형의 디지털 성범죄가 언론에서는 'N번방' '박사방' 두 가지로 축소되고 있다. 사회가 주목하지 않는 디지털 성범죄 피해자들은 제대로 된 지원을 받기 어렵다. 그뿐만 아니라 피해자가 본인 탓을 한다. 우리는 디지털 성범죄의 심각성을 인지하고 다양한 목소리를 들을 수 있는 자세를 갖추어야 한다. 그래야만 민주적인 방식으로 '피해자를 보호'할 수 있을 것이다.

우리가 만난 피해자들은 각자 느끼는 고통이 모두 달랐다. 부끄럽지만 왜 그들이 피해를 입게 되었는지 우리 역시 제대로 이해하지 못했다. 피해자와 마주한 아주 짧은 순간, 우리에게 있던 사회적 고정관념이 와르르 무너졌다. 우리는 피해 당사자가 아니었기에 피해자 입장에서 질문하려 노력했다. 사람에 대한 예의이자 인터뷰어로서 갖추어야 할 태도라고 생각했다. 그동안 우리 사회는 피해자에게 "그러게 왜 밤늦게 돌아다니냐" "왜 짧은 치마를 입었냐" 같은, 피해자가 원인을 제공했다는 식의 말을 서슴없이 해왔다. 또는 "성범죄를 당한 사람이 그렇게 웃고 나설 수 있냐" "나라면 부끄러워서 평생 말 못한다" "증거 있어? 꽃뱀이네" 같은 말로 피해자의 입을 막기도 했다.

피해자를 이해하기 위해 필요한 것은 그의 삶을 피해 사실 하나로 재단하지 않고 개인의 삶 자체를 존중하는 태도다. 우리는 성범죄 피해자가 증언대에 나설 수 있도록 함께 할 것이다. 우리가 걷는 길에 여러분도 동행해주면 좋겠다. 온라인 공간에서 일어난 가해 형식이 낯설고 피해자와 가해자의 연령이 점점 어려지고 있는 만큼 디지털 성범죄의 양상을 공부할 필요가 있다. 우리 사회에서 끊임없이 자행되고 있는 디지털 성범죄의 사례를 소개한다.

① N번방의 전조, '아○'

2020년 4월 초, JTBC 기자에게 연락이 왔다. "2018년 JTBC가 불법촬영물의 유통 경로를 쫓았는데, 1년 뒤 2019년 추적단 불꽃이 취재한 N번방 사건이 터졌다. 불꽃을 꼭 한 번 만나보고 싶다"고 했다. 4월 어느 날, 한 카페에서 기자를 만났다.

2018년 7월, JTBC 탐사보도팀 '트리거'는 '불법촬영물'의 유통 경로를 쫓았다. 그러다 '아○'라는 유명한 랜덤 채팅 어플리케이션에서 벌어지는 성범죄를 추적하기에 이른다. 취재진이 아○를 설치하고 미성년자로 가장해 대화를 시작하자 음란 메시지가 쏟아졌다. 성인 남성은 상대가 미성년자라는 사실에도 개의치 않았다. 오히려 쉴 새 없이 성희롱을 내뱉었다. 다짜고짜 성적 요구를 하는 남성들도 많았지만, 충분한 대화로 친밀감을 유도한 후에 접근해오는 남성도 있었다. JTBC 취재진이 10대 여성으로 가장해 한 남성과 통화한 내용은 전형적인 '그루밍 범죄'의 문법을 따랐다.

다음은 가해자들이 늘어놓는 전형적인 인사들이다.

"몇 살이야?"

"오늘 하루는 잘 보냈어?"

"남자 친구와 스킨십 진도는 얼마나 나갔어?"

그루밍 범죄(피해자를 길들인 뒤 자행하는 성범죄)는 아동·청소년을 대상으로 자주 일어난다. 온라인에서 쌓은 친밀도를 토대로 현실 공간으로 꾀어내 강간, 성 매수 등의 범죄를 시도하기 때문에 더욱 위험하다. 가해자들은 대화방에서 나눈 내용을 불법 녹화해 유출하거나, 부모님에게 말하겠다고 협박하기도 한다.

2018년 여름, JTBC 취재진은 아○에서 제작된 불법촬영 영상들이 텔레그램에서 유포, 판매되는 현장을 목격하고, 가해자를 지목해 경찰에 제보했다. N번방 사건이 일어나기 이전에 이미 '미성년자 성착취' 범죄를 수사기관에 신고한 것이다. 이때까지만 해도 경찰청 사이버수사대에 성폭력을 수사하는 전담 팀이 없었다. 담당 기자가 텔레그램 성착취 판매 계좌를 정리해서 경찰에 고발했지만 열 명가량의 가해자 중 경찰에게 붙잡힌 이는 단 한 명뿐이었다. 수사기관은 디지털 성범죄가 심각한 범죄라고 보지 않는 듯했다. 수사기관이 수사를 진행하기도 전에 '잡지 못한다'고 단정 짓고 있으니 제대로 된 수사가 이루어질 리 없었다. 당시 경찰은 기자에게 '텔레그램 범죄자는 못 잡는다'는 말을 되풀이했다고 한다.

② 가해에서 도망친 지 1년, 트라우마는 진행중

2019년 8월, 우리가 한창 '지인능욕' 범죄를 취재할 때, 텔레그램 대화방들에 퍼진 비보가 있다.

"여러분 피해자 걔, 죽었답니다."

"걔가 누구? 아무튼 내 탓 아님ㅋㅋ"

"구라 아님? (성착취 때문에) 누가 죽었다는 소리 한 번도 못 들었다."

성착취 피해자가 목숨을 끊었다는 안타까운 이야기였다. 이 비보는 SNS를 중심으로 고담방 및 텔레그램 성착취 대화방들에 퍼졌고 진실 여부로 논란에 휩싸였다. 그로부터 7개월이 지난 2020년 3월, 우리는 성착취 피해자 사망 사건의 전말을 취재하기로 결심했다.

결론을 먼저 말하자면, 당시 피해자는 자살을 위장한 것이었다. 가해자의 협박이 숨통을 조여오자, 피해자는 어떤 방법을 써서라도 이 상황에서 도망치고 싶었다고 한다. 피해자는 SNS에서 성착취 문제를 규탄해오던 계정의 운영자에게 본인이 자살했다는 글을 올려달라고 부탁한다. 피해자는 이 방법이 윤리적으로 옳지 않다는 것을 알았지만, 다른 방법이 없었다. 당시 '일탈계' 피해자를 대하는 사회의 시선은 지금보다 훨씬 더 각박했다. 수렁에서 빠져나올 수 있게 도와줄 사람도 찾기 어려웠다. 위장 자살 글이 올라가고 나서야 가해자의 협박이 멈췄다고 한다. 하지만 피해자의 트라우마는 계속 이어졌다.

피해자는 "1년도 더 된 일이지만 부모님이나 친구들에게 말하지 못한 상황"이라고 했다. 매일 SNS와 구글 같은 포털 사이트에서 자신의 이름과 학교 명을 검색하고 있고, 시도 때도 없이 눈물이 나온다고 한다. 우리는 넌지시 심리 상담을 권했다.

"대학에 가야해서요. 성적을 올려야 한다는 압박감이 커서 시간 내서 상담 가기가 어려워요."

말문이 막혔다. 간단하게 전화 상담을 받았다는 말에, 상담이 도움이 되었는지 물었다. 상담사는 경찰에 신고하라는 말을 반복하기만 해서 잘 모르겠다고 했다. 추가 대면 상담은 받지 않았다고 한다. 대면 상담을 받아야 피상담자에 맞춘 단계적이고 실질적인 지원이 가능한데, 피해자 입장에서는 상담을 받는 것조차 까마득하게 느껴진 것이다. 피해 사실을 외부에 알리고 도움을 청해야 하지만 미성년 피해자의 두려움은 생각보다 컸다. 특히 신고하면 부모님이 알게 될까봐, 경찰이 학교로 찾아올까봐 무서워하는 경우가 많다. 디지털 성범죄를 신고한 이가 미성년자라고 하더라도 경찰이 보호자에게 자세한 피해 내용을 알리지 않아도 된다는 사실을 모르는 것이다. 피해자는 그간의 경험을 잊고 싶다며 수화기 너머에서 울고 있었다.

"제 이야기 들어주셔서 감사합니다……"

지금도 홀로 두려움에 떨고 있을 피해자가 얼마나 많을까. 성범죄는 혼자만의 싸움이 아니다. 사회가 나서서 해결해야 하는 문제다. 묻지도 따지지도 않고 손 내밀어줄 이가 있다는 걸 피해자들이 알아주길 바란다.

'아웃리치' 연대의 시작

2020년 4월, 정부 서울청사 국무조정실에서 주최한 회의에 참석했다. 우리는 텔레그램 내에서 발생하는 가해 현황을 발표하고, 피해자 지원을 전담하는 상설 부서의 필요성을 힘주어 말했다. 며칠 전 여성가족부 장차관 실무자 회의에 다녀온 덕에 국가에서 디지털 성범죄 피해자를 지원할 때 무엇이 필요한지 파악할 수 있었다. N번방과 박사방, 지인능욕·불법촬영 등 다양한 디지털 성범죄에 노출된 피해자를 단계적으로 보호할 '피해자 원스톱 지원' 체계가 필요했다.

피해자들은 법률 지원을 요청하는 과정에서 본인의 트라우마와 피해 사실을 반복 설명해야만 한다. 그러다 보니 자신의 트라우마를 다루는 방법을 터득하기도 전에 체력이 동난다고 호소했다. 수사기관에 출석하는 일만으로도 벅차 심리 상담이나 법률 지원 등 피해자가 누려야 할 권리를 포기하기도 한다. 정부에서 원스톱 지원 체계를 갖춘다면, 피해자의 피해 사실을 대리 설명할 수 있는 조력자가 동행하는 등의 지원이 가능해진다. 여러 기관에서 실행 중인 지원 방식을 일원화하는 것도 피해자 보호에 도움을 줄 것이다.

앞서 말한 회의에는 국무조정실을 비롯해 한국여성인권진흥원, 탁틴내일, 형사정책연구원, 텔레그램 성착취 공동대책위원회, 정보보호대학원 등 여러 기관의 실무자와 전문가들이 참석했다. 오후 2시부터 회의를 시작해 '디지털 세상이 도래하며 생긴 정보 편차'와 '성범죄 인지 능력의 수준 차이'에 대해 논의했다. 참석자 모두 기성세대의 디지털 성범죄 인지 능력이 현저히 낮다는 데 공감했다. 어떤 이들은 N번방 사건이 일어나기 전에는 디지털 성범죄의 심각성을 몰랐다며 반성하는 모습을 보였다.

지난해 여름 우리가 느낀 문제의식이 마침내 여기 정부청사 국무조정실까지 도달했다. 우리가 느낀 환멸과 좌절을 보상받을 수 있을 것 같아 가슴이 뜨거워졌다. 회의가 끝나고 할 이야기가 남은 사람들은 카페로 자리를 옮겼다. 텔레그램 성착취 공동대책위원회 측 변호사는 우리가 누구인지 궁금해하는 활동가가 있다며 만나볼 것을 권유했다. 일주일에 세네 번씩 경찰이나 기자를 만난 적은 있어도 활동가를 만나본 적은 없었다. 기대가 되었다. 곧장 택시를 타고 한국성폭력상담소로 향했다. 여기서 만난 활동가는 김혜정 부소장이다. 지난 주말, 재판에 쓰일 성착취 피해자 관련 자료를 암호화해 전달한 적은 있지만 실제로 만나기는 처음이었다. 그는 우리를 반갑게 맞이해주었다. 현장을 수십 년 누빈 활동가를 만나니 든든함이 느껴졌다. 나중에 이날의 갑작스러운 만남을 가만히 떠올려보니, 그는 우리가 잘 지내는지 확인하고, 위로해주고 싶었던 게 아니었을까 하는 생각이 든다. 우리를 보자마자 '괜찮냐'던 그의 한마디가 가슴 속에 따뜻하게 남아 있다.

경찰은 3월 말 조주빈에게 성착취를 당한 피해자는 일흔네 명(미성년자 열여섯 명)이라고 밝혔다. 김 부소장은 피해자의 신원이 특정되지 않았는데 일흔네 명이라는 수가 어떻게 나왔는지 의아하다고 했다. 경찰 측에서 피해자를 추산한 방법을 명확히 밝히지 않은 상황이라, 피해자 중에는 자신을 가해한 자가 조주빈이 맞는지 알 수 없는 이들이 있어 변호에 어려움을 겪는다고 한다. 피해자의 증언은 가해자의 형량에 큰 영향을 미칠 정도로 사건을 해결하는 데 중요한 역할을 한다. 그런데 이번 성착취 사건은 '피해자가 없는 사건'이라 불릴 정도로 피해를 입은 사람들의 신원이 파악되지 않는다는 것이다.(3월 31일 피해자 일흔네 명 중 20여 명의 신원이 검찰에서 특정되었다.)

부소장의 고민에 동감했다. 우리는 이 사건을 보도할 때마다 2차 피해에 대해 고민한다. 가해자 처벌을 촉구하면서 동시에 피해자 보호를 염두에 두는 보도 전략이 필요한 것이다. 우리는 보도로 인해 발생하는 2차 피해를 온전히 막기가 어렵고 우리가 한 사람 한 사람 지속적으로 연락할 여력이 되지 않아 힘들다는 고민을 털어놓았다.

이에 대해 부소장은, 우리가 피해자에게 피해 대책을 안내하는 역할을 잘 수행하고 있으며, 피해자는 이러한 안내를 받을수록 자기 판단력이 생긴다고 답했다. 경찰에 신고할지, 법률 지원만 받을지, 상담 지원만 받을지, 피해자 스스로 원하는 해결책을 선택할 수 있게 된다는 것이다.

한국성폭력상담소 책장에 비치된 엽서와 스티커를 챙겨 돌아왔다. '우리는 성폭력의 감시자'란 글이 쓰인 스티커를 휴대전화 뒷면에 붙였다. '피해자들은 활동가들의 활력을 믿고 간다'는 부소장의 말을 마음에 새긴 날이었다. 부소장은 피해자에게 먼저 다가가 도움을 주는 우리를 디지털 성폭력 '아웃리치Outreach'3 활동가로 봤다고 한다. 순간 '아웃리치'라는 어감과 뜻이 우리 활동과 잘 어울린다고 생각했고, 그때부터 우리는 불꽃을 '저널리스트'가 아닌 '아웃리처Outreacher'로 소개하고 있다.

"당신들은 이쪽 사람이 된 거야"

KBS 〈"당신의 잘못이 아닙니다" …… '불꽃'이 전하는 목소리〉라는 기사를 보도하기 위해 이수정 경기대학교 범죄심리학과 교수를 인터뷰하게 되었다. 오전 10시, 신촌에 있는 스터디 카페에서 이 교수를 만났다. 이 교수에게는 세 가지의 질문을 건넸다.

---

3 지역 주민에 대한 사회기관의 적극적인 원조나 지원 활동.

하나, N번방 사건을 어떻게 진단하는가?

둘, KBS의 '고담방' 대화 15만 건 분석 결과를 어떻게 보는가?

셋, 앞으로 우리 사회에 필요한 과제는 무엇인가?

인터뷰는 한 시간 동안 진행했다. 인터뷰를 마치고 이수정 교수와 함께 엘리베이터를 기다리는데, 우리에게 해준 말이 인상 깊었다.

"당신들 용기가 대단해, 이제 추적단 불꽃은 이쪽 사람이 된 거야."

KBS 기사는 피해자의 목소리를 담는 데 집중해, 이수정 교수 인터뷰가 실리지는 못했다. 방송에 나오지 않은 대화를 여기에 공개한다.

▶ **가해자들의 가해 심리를 어떻게 보시는지요?**

이제 성인뿐 아니라 아동의 성조차도 돈만 있으면 얼마든지 살고 팔 수 있다, 사람들은 성인 포르노보다 미성년자 성착취 영상을 얻기가 더 어렵기 때문에 호기심을 느낄 것이다, 이렇게 보여요. 그렇기에 아주 어린 아이들을 대상으로 한 성착취물을 성적으로 자극적인 영상물 정도로 취급했을 가능성이 굉장히 높습니다. 가해자들은 성착취 영상의 희소성 때문에 돈을 지불하고도 아깝지 않다고 생각하는 사람들인 거죠. 도대체 왜 그런 사고방식이 대한민국 사회에서 생겨났는지를 따져 봐야 합니다. 1차적으로는 가해자 개인, 그들의 문제지만 사실은 전 사회가 고민해야 할 문제라 생각합니다.

아동 성착취물만은 엄벌하는 해외의 사례들을 살펴보면서 우리나라도 이제 선택해야 하는 시점에 왔어요. 우리 아이들이 위협받고 있는데 계속 이렇게 느슨

하게 다룰지 아니면 해외의 사례들처럼 엄벌할지를 말입니다.

▶ 해외 사례를 말씀하셨는데 현재 미국이나 호주, 영국 등지에서는 미성년 온
라인 성범죄는 함정수사⁴를 합니다. 우리나라에서는 아직 함정수사를 반대하는
입장이 더 많은데요. 어떻게 생각하시는지요?

함정수사에 대한 시각은 80~90년대 감각을 지금도 유지하고 있다고 봐요. 기
술은 아주 빠르게 변화했는데 여전히 '함정수사는 사찰이다'라고 생각하는 기성세
대들이 있는 거죠. 그렇다보니 그들의 상식에서는 '함정을 파놓고 무고한 시민들
을 빠져들게 하는 것은 매우 반인권적'이라고 이야기할 수도 있겠지만, '인권이 단
하나의 가치냐' '모든 사람의 인권이 보장되는 사회가 실제로 존재할 수 있느냐' 하
는 근본 문제를 사유해봐야 할 것 같아요.

아동·청소년 인권을 성인 인권보다 우선 보호해야 합니다. 아동 함정수사가
사실은 아동인 척 위장해서 아이들을 유인하는 자들을 찾아내는 수사인데요. '수
사관이 왜 아동으로 위장하느냐?' 이유는 아동의 법익이 어른의 법익보다 우선하
기 때문이에요. 보호해야 하는 대상을 성적으로 유인하는 행위는 무슨 일이 있어
도 막아야 한다는 게 국가의 우선순위가 되는 거죠.

모든 사람이 안전하기를 원하지만, 그중에서도 아이들이나 청소년들이 우선

---

4   통상의 수사 방법으로는 범인을 체포하기 어려운 범죄를 수사할 경우에, 수사기관이나 하
    수인이 신분을 속이고 범죄를 유도한 후에 범인이 실행하기를 기다려 체포하는 수사 방
    법. 현재 마약단속법에서는 이를 허용하고 있다.

안전해야 미래가 있는 거잖아요. 어른들 입장에서는 좀 억울하고 인권을 침해하는 것이라고 생각할 수도 있겠지만, 보호 법익이 우선시하는 대상은 아동·청소년이기 때문에 '아동 위장수사' 또는 '아동을 가정한 함정수사'에 타당성이 생기죠.

그러니까 우리 사회가 먼저 선택해야 하는 것이 '누구를 보호할 것인가' 하는 것입니다. 위법적인 수사 절차로 인한 인권 침해를 막고 모든 사람의 인권을 보호하겠다, 이건 사실 말이 안 돼요. 일단은 여러 어려운 점이 있어도, '아동이나 청소년을 유인하는 모든 행위는 통제한다'는 법익을 우선시해야 한다는 거죠.

분명하게 얘기하자면, 이 주장이 민간인 사찰을 의미하는 게 아니라는 거예요. '모든 사람을 수사권을 이용해서 사찰한다'는 말이 아니고, '아동을 유인하는 사람들을 골라내겠다', 다시 말해 아동을 성적으로 도구화하고 성착취를 하려 드는 사람들을 처벌하겠다는 겁니다. 이 의지가 분명하다면, 아동을 위장하는 가상공간·현실 공간 수사 기법을 반대할 이유는 없는 거죠. 아동이라고 밝히는 순간, 아이들 인권을 침해하는 행위를 하면 안 된다는 게 분명한 사실입니다. 아동임을 알고도 접근하면 그거 자체가 불법이잖아요.

▶ 디지털 성범죄 대상이 아동으로 내려오기 전에는 2030 여성들이 디지털 성범죄에 노출되어 있었습니다. 온라인 피해자 연령층이 점점 내려가고 있는데요, 이런 흐름을 전문가들은 디지털 성범죄를 강력히 처벌하지 않았기 때문으로 진단하기도 합니다. 실제로 대법원 양형위원회에서는 디지털 성범죄에 대한 양형 기준을 따로 두지 않았고, 그래서 감경 요소도 판사마다 제각각이었는데요. 양형위원회가 이 사건을 통해서 양형 기준을 다시 세운다면 무엇을 최우선으로 고려해

야 할까요?

지금 양형위원회에서 기준을 정할 때 근거로 삼아야 하는 것은 현행법이에요. 그렇기 때문에 현행법에 근거한 조치들을 토대로 여러 판례들을 다 실증적으로 검토하고 통계를 산출해야죠. 일반 법원에서 너무 엄벌해도 안 되고, 너무 관대해도 안 되기 때문에 실증적으로 양형 인자들을 발굴해서 '처벌은 어느 정도 수준이면 된다', 이렇게 기준을 정해야겠죠. 지금 양형위원회에서도 사실 고민을 하고 있는 것이, 기존 판결이 너무 관대했기 때문에, 그리고 이 사건의 본질을 판사들이 알고 판결하기보다 정확히 알지 못하고 판결했을 가능성이 많기 때문에, 이번 사건을 통해 사회적 분위기가 크게 바뀌리라는 생각이 들어요.

그리고 기존 죄명으로 포괄할 수 없던 이 범죄의 독특성들을 파악해야죠. 예를 들면, 아동 성착취물 제작, 아동을 대상으로 불법촬영물을 제작하는 죄, 성보호법에는 있단 말이에요. 어떤 죄목으로 검거할지를 정해야 하고 이걸 양형 기준에 반영해야 합니다.

사실 현행법상의 죄명, 그리고 양형 기준이 문제가 있어요. 예를 들면 지금 박사방에서 제일 큰 문제는 돈을 주고 가장 높은 등급에 올라간 사람들의 행위잖아요. 예컨대 스트리밍이라는 새로운 기법으로 굳이 소지를 하지 않고 관람만 한 사람들은 그럼 무고하다는 얘기냐? 불법 영상물 소지죄로 잡아들일 수도 없잖아요. 신종 범죄까지 양형 기준에 포괄할 수 있느냐, 이게 큰 숙제로 보여요.

▶ 총선 앞두고 '원 포인트 국회'를 열어 디지털 성 관련 법을 조속히 제정해야 한다는 의견이 많은데요.

일단 지금 해야 하는 일은 정확한 피해를 알리고 실태를 정확히 파악하는 일이에요. 경찰이 유례없이 많은 비난을 받고 있는 게 버닝썬 사건이잖아요. 버닝썬과 N번방이 그럼 본질적으로 다른 사건이냐. 절대 아니죠. 다 그게 그거예요. 결국은 어린 여자 아이들의 성을 사고 파는 행태가 버닝썬이라는, 어떻게 보면 특정 공간에서 일어난 거고요. N번방 사건은 미성년자 성착취 영상이 가상공간에서 사고 팔린 거잖아요. 가상이냐 현실이냐, 차이가 있을 뿐 사실 우리 사회가 아동·청소년의 인권을, 또 성적 자기결정권을 얼마나 침해했느냐 하는 점에서 두 사건의 본질은 동일해요. 버닝썬 사건에서 소위 '유저'들은 하나도 검거되지 않았다면, N번방 사건의 경우 그래도 유저들의 개인정보까지 파악했고 일부는 공범으로 처벌받기도 했고요. 이런 차원에서 보면 현저히 각성했다는 생각도 들고요.

이런 흐름을 이어가려면 언론이 성착취 실태를 계속 보도해줘야 하고요. 시민들도 다 같이 호응을 해줘야 합니다. 관심을 보이지 않는 순간, 이 사건은 그냥 증발할 겁니다. 이미 말도 안 되는 음모론을 거론하는 정치인들이 있잖아요. 이게 무슨 음모입니까? 이건 음모가 아니고 현재진행형으로 진행되는 그냥 문제예요, 문제. 그냥 실재하는 문제입니다.

▶ **피해자들에게 해주고 싶은 말이 있다면요.**

지금 가상공간 성범죄의 제일 끔찍한 문제는 피해자가 다시 생길 수도 있다는 거예요. 이런 범죄는 끝나지 않을 가능성이 높아서 피해자들이 많은 어려움을 극복해야 할 것 같아요. 정부 기관은 여러 제도를 통해 이들을 지원해야 하고, 피해자분들도 좀 더 담대하게 마음먹을 필요가 있어요. 그리고 사람은 성장을 합니다. 어느 시점이나 나이 대에 한 실수로 인해 그대로 멈춰 있는 게 아니에요. 인생은 계속 흘러가고, 우리는 그만큼 나이를 먹고 더 성숙해지는 거죠. 지난 실수를 계속 되새기며 자책할 필요가 없어요.

이 범죄는 사회현상이었고 우리 모두의 과오였기 때문에, 또 기성세대 잘못으로 아동·청소년이 끔찍한 피해를 당한 거니까 절대 혼자서 비관할 필요가 없어요. 자책해야 하는 사람들은 기성세대다, 이렇게 생각하시고 혼자서 고민하지 마세요. 다 같이 연대해서 어떻게든 고난을 극복하기 위해 노력해주셨으면 해요. 그냥 자신의 개인 문제로만 치부하고 비관하는 일은 절대 하지 마시기를 꼭 부탁드립니다.

▶ **추적단 불꽃에게 해주고 싶은 말이 있다면요.**

현장에서 오랫동안 연구해온 입장에서 얘기하자면 조사를 하는 것만으로도 피해를 입을 수 있어요. 정신적으로도 굉장히 피폐해질 수 있습니다. 앞으로 여러 시도를 통해 어려움을 극복해가면서 이 일을 해야 해요. 여러분 같은 사람들이 자신의 정신 건강을 해치면, 그래서 어떤 피해자도 찾아내지 못하는 지경까지 가면 온 사회가 피해를 입는 셈이기 때문이죠. 자신의 신변을 잘 관리하는 숙제가 남아 있다고 보고요. 문제의식을 안고 지속적으로 관심을 기울이면서 가시적인 변화가 나타날 때까지 주야장천 조사, 발굴, 고발하는 역할을 해야 해요. 기성세대뿐만 아니라 젊은 세대 사이에서도 이런 사회 병폐가 얼마나 심화되었는지 지속적으로 이야기해주면 좋겠습니다.

피해자에게 피해자다움을 요구하지 말 것

중학생 때까지 남자의 성기가 여성의 성기에 닿기만 하면 임신이 되는 줄 알았다. 어려서부터 올바른 성교육을 받지 못한 탓이었다. 대한민국에서 '성'은 '대놓고 말하면 안 되는 것'으로 여겨져왔다. 특히 여성이 성욕을 표출하는 일 자체가 용납되지 않는 사회이다보니 음지에서 어떤 일이 벌어질 수밖에 없었다. 이들 중 일부는 성적 자기결정권[5]을 갖지 못한 채 SNS를 통해 성욕을 표출하는 쪽을 택했다. 이들의 잘못일까? 이를 과연 나쁜 행동이라 할 수 있을까?

청소년 시기에 자아를 표출하고 타인의 관심을 요하는 것은 자연스러운 현상이다. 그런 청소년의 심리를 이용해 돈벌이를 하는 행위가 잘못이다. 당연한 이야기다. 그런데 아직도 많은 사람들은 피해자가 '일탈계'를 했다더라, '스폰 알바'를 구했다더라, 그런 애들이 범죄의 빌미를 제공한 거 아니냐, 하며 피해자에게 엄격한 잣대를 들이밀고 있다.

여기서 질문 하나.

오토바이를 탄 누군가 지나가면서 당신의 가방을 휙 채갔다. 어떻게 대처하겠는가.

"경찰에 신고한다"가 일반적인 답변일 것이다. 경찰을 찾아간 당신은 아무런 망설임 없이 말할 것이다. "가방을 도둑맞았어요!" 여기서

---

5 스스로 내린 결정에 따라 자기 책임하에 상대방을 선택해 성관계를 가질 수 있는 권리로, 헌법 제10조(인간의 존엄과 가치, 행복을 추구할 권리)를 근거로 한다.

경찰이 가방을 도둑맞은 당신에게 "그러게, 가방을 잘 간수했어야죠" 라며 책임을 전가할 수 있을까? 아닐 것이다. 가방을 훔쳐 간 사람이 잘 못했으니까. 근데 성범죄 피해에 한해서만은 유독 사회의 인식이 엄격하다. 경찰서에 가도 "먼저 사진 올린 거 아니에요?" "그것도 범죄인 거 알죠?"라며 원인 제공을 했다며 피해자에게 책임을 묻기에 바쁘다.

한 변호사에 따르면, 일탈계를 한 청소년들이 아동청소년법(아동청소년의 성 보호에 관한 법률)이나 정보통신법(정보통신망 이용 촉진 및 정보보호 등에 관한 법률)에 따라 처벌받을 소지가 있을 수도 있다고 한다. 하지만 이를 근거로 피해자가 범죄의 빌미를 제공했으니 그런 일을 당해도 마땅하다고 주장하는 게 과연 옳은 일인가? 법이 왜 존재하는가?

피해자가 한 행동이 상식에 부합하냐 아니냐가 중요한 게 아니다. 피해가 발생했다는 사실이 더 중요하다. 성범죄에 한해서는 '피해자로서 완벽한 자격을 갖춘 사람'만 보호하겠다는 인식은 틀렸다. 피해자의 말, 글, 행동을 평가하여 합격 조건을 통과하지 못하면 비난하고 의심한다. 피해자도 잘못이 있다는 인식 때문에 성범죄 피해자는 세상에 쉽게 나서지 못한다. 당할 만해서 당하는 피해자는 없다. 이 부분은 아무리 설명해도 이해하지 못하는 사람들이 있다. 이해하지 못하겠으면(설혹 싫더라도) 그냥 외웠으면 좋겠다.

당할 만해서 당하는 피해자는 없다

인식 전환과 함께 지속적으로 관심을 기울이는 것이 중요하다. N

번방이 한참 공론화되던 지난 3월 2주간 N번방 관련 기사는 1만 2000 건에 달했다. 하지만 N번방이 공론화된 지 3개월이 지난 6월에는 1000 건이 조금 넘었다. 이마저도 'N번방 주요 가해자가 구속됐다' 정도의 기사가 대부분이었다. 국민의 관심이 점차 줄어들면 기사의 개수도 줄 어들기 마련이다. 관심이 줄었다 싶을 때마다 너무 불안하다. 지난번에 피해자를 만났을 때 다짐한 약속을 지키지 못하게 될까봐 매일 가슴을 졸인다. 4월, 우리가 만났던 피해자가 한 말 가운데 일부를 여기에 공유 한다.

저는, 박사가 잡혔다는 얘기를 듣고 너무 좋은 거예요. 진짜 이제 끝났다고 생 각한 거죠. 아 이제 나는, 밥도 편하게 먹고 잠도 편하게 자고 친구들도 편하게 볼 거야. 걔가 잡혔으니까 자료들이 다 지워지겠지.

근데 아니었어요. 앞으로 한두 달은 조용하겠죠. 길게는 세 달까지 조용하겠지 만 조금 더 지나면 사실 다시 또 방이 개설될 거 같고. 오히려 더 지독해지겠죠. 어 떻게든 숨어서.

저는 앞으로 6개월 뒤 1년 뒤 2년 뒤가 너무 무서워요. 어느 순간 사람들의 관 심이 줄어들고, 그렇게 되면 어느 순간 진짜 더 많이…… 더 넓게 퍼져 있을 거 같 아서.

미투와 스쿨 미투, 버닝썬 게이트 등 성범죄 사건들이 우리 기억 속 에서 너무 쉽게 잊혀지고 있다. 우리가 계속 관심을 보여야 가해자들의 범죄행위를 예방하고 합당한 처벌을 받게 할 수 있다.

eNd[6]와 트위터에서 활동하는 D[7] 같은 시민들이 나서서 텔레그램에서 성착취를 일삼은 가해자들의 재판을 계속 방청하고 있다. 이들의 방청 방식은 각자 다르다. 피켓팅을 하며 직접 압박을 가하기도 하고, 방청 후기를 남겨 판사들을 견제하며 예전 같은 솜방망이 처벌을 막기 위해 애쓰기도 한다. 이렇게 관심을 이어가야 국회가, 사법부가 국민들을 의식하여 제대로 법을 만들고, 합당한 처벌을 내릴 수 있을 것이다.

피해자 지원, 잘되고 있나요?

N번방 사건 이후로 여기저기서 피해자를 지원하겠다는 움직임이 일었다. 하지만 피해자 지원에 대한 기사가 나가자 2차 가해도 뒤따라 극심해졌다. 검찰은 N번방 피해자들 중 "5주 이상 상해를 입은 피해자에게 연 1500만 원, 총 5000만 원 한도에서 실비로 치료비를 지급한다. 5주 미만의 상해도 치료비 지원이 가능하도록 할 예정이다"라고 발표했다. 이에 언론은 "N번방 피해자에게 최대 5000만원 지원"이라는 제목으로 분란 조장성 기사를 내보내기 바빴다. 이 기사를 본 누리꾼들은 "순수한 피해자도 아닌데 왜 지원해야 하나" "과도한 특혜다"라며 피해자를 비난하고 "지원하지 말라"며 국민청원 게시판에 글을 올렸다. 피

---

6 N번방 성착취 강력 처벌 촉구 시위팀을 가리킨다. @nbun_out
7 찾아가는 연대, 재판 모니터링 교육 활동가. @D_T_Monitoring

해자들은 더 작아졌다.

대한민국 헌법 제30조를 보면 "타인의 범죄행위로 인하여 생명·신체에 대한 피해를 받은 국민은 법률이 정하는 바에 의하여 국가로부터 구조를 받을 수 있다"라고 명시되어 있다. 이는 N번방 피해자뿐만 아니라 다른 범죄의 피해자에게도 적용된다. 덧붙이자면 N번방 피해자 모두에게 5000만 원이 지급되는 게 아니다. 세세한 요건을 충족해야만 지원을 받을 수 있다. 우리가 만난 피해자 중 국가로부터 충분한 지원을 받은 이는 없었다. 피해자들이 국가 지원을 받으려면 담당 기관들을 일일이 찾아가 피해 사실을 몇 번이고 설명해야만 한다. 우리는 지난 3월 말, 일주일 동안 일평균 아홉 군데 언론사와 인터뷰했다. 목격자인 우리조차 증언이 힘들었는데, 직접 피해를 입은 당사자가 피해 사실을 여러 차례 설명하고 입증해야 한다는 것은 정말 가혹한 일이다.

무엇보다 피해자들이 원하는 것은 금전 지원이 아닌 영상을 완전히 삭제하는 것이다. 각종 불법촬영물이 유통되는 가상공간의 특성상, 금전 지원이 만능은 아니다. 영상 삭제 지원, 수사 지원 등은 아직도 부족한 게 현실이다. 다행히도 7월 여성가족부에서 디지털 성범죄 피해자 지원 센터의 기능을 강화하는 사업에 8억 7500만 원을 투입하기로 했다는 발표가 났다. 이 센터는 아동·청소년 불법촬영물에 대한 사전 모니터링과 24시간 상담 서비스를 제공하는 기능도 수행한다. 원래는 성착취 영상이 유포되면 이를 삭제하는 작업이 주 업무였지만, 이제 범죄를 적극 예방하고 사후 관리를 할 수 있게 된 것이다.

이번 N번방, 박사방 사건의 경우 공론화되면서 피해자가 여러 지원을 받을 수 있게 되었지만, 다른 디지털 성범죄 피해자는 매우 한정된 지원을 받는다는 한계가 있다. 지인능욕 범죄 피해자들은 자신의 지인도 믿을 수 없는 불안에 시달리게 되는데 이에 반해 적용되는 처벌은 터무니없이 가볍다. 디지털 범죄라 수사기관에서도 애를 먹고, 성범죄로 처벌되지 않는 경우도 있다. 피해자를 대면하는 수사·사법 기관에서 디지털 성범죄 유형을 정리하고 그에 걸맞은 대응을 할 때다.

정부는 이번 텔레그램 성착취 문제를 대대적으로 지원한다고 발표했지만, 아직 특별한 대책을 세우지 않고 있다. 일례로 '법률 지원'을 살펴보자. 성범죄 피해자의 경우 여성가족부에서 지원하는 무료법률구조기금을 통해 변호사 비용 등을 지원받을 수 있다. 1심 변호사 비용의 약 120만 원이 책정되고, 1인당 총 500만 원의 지원금 신청이 가능하다. 더 많은 지원을 요청하면 심의를 거친다. 문제는 디지털 성폭력의 경우 촬영, 유포, 재유포 등 이어지는 사건이 많고 공범 또한 많아 다수의 재판이 동시에 열리며, 협박·강요·강간·강제추행·개인정보 보호위반 등 처벌해야 하는 죄명도 다양하다는 점이다. 기존 법률 구조 방식으로는 적절한 대응이 매우 힘겨울 수밖에 없다.

법률구조기금의 연간 지급 규모도 문제다.[8] 한국성폭력상담소 김

---

8   방윤영, 〈범죄 피해자 지원금 …… 11월·12월엔 못 받는 이유〉, 머니투데이 2019년 10월 28일자.

혜정 부소장에 따르면 여성가족부 무료법률구조기금을 집행하는 네 군데 실행 기관 중 가장 많은 상담소가 한국성폭력위기센터 쪽에 기금을 신청한다. 그런데 이 센터의 기금은 2020년 6월에 이미 동이 난 상태다. 기금이 예년에 비해 빨리 소진되었다면 원인을 찾아 보충해야 하는데 정부는 미동조차 하지 않는다. 성폭력 가해자들의 변호사 선임 비용은 날로 규모가 커지는데, 피해자를 위한 법률 지원 기금은 턱없이 부족한 데다 이제는 아예 끊겨버린 형국이다.

모자란 기금에 편입시킬 수 있는 좋은 재원은 '범죄 수익'이다. 미국, 캐나다, 일본 등에서는 사기 같은 재산 범죄에서 발생한 범죄 수익 몰수금을 피해자 지원에 적극 활용한다. 한국에서는 범죄 수익의 전액이 국고로 편입되며 피해자가 형사 고소 및 재판을 통해 사기를 당했음을 입증해도 결국 돈을 돌려받으려면 민사소송을 거쳐야 한다. 일본에서는 2006년 '조직범죄처벌법'(우리나라의 범죄수익규제법과 동일[제8조 제3항, 제10조 제2항])을 개정하면서 피해자가 직접 손해배상 소송을 통해 피해를 회복하려 할 때 따르는 보복의 두려움, 소송비용, 피해액 입증 곤란, 범죄 수익금 세탁 및 은닉 등의 문제가 제기됨에 따라 제한된 범위에서 국가가 조직범죄의 수익을 몰수, 추징하도록 했다(제13조 제3항). 주목할 점은 이것이다. 일본은 '범죄 피해 재산 등에 의한 피해 회복 급부금(주로 국가나 공공 단체에서 내주는 돈) 지급에 관한 법률'을 제정해 위와 같이 몰수, 추징된 범죄 피해 재산을 국가의 일반회계에 포함하지 않고 '피해 회복 급부금'으로 지정해 검사가 보관하고 있다가 피해자에게 분배하는 제도[9]를 시행하고 있다.

내가 정말 갓갓의 피해자였구나

4월, 추적단 불꽃의 트위터 계정으로 메시지 하나가 도착했다.

"2018년 성착취를 강요당했고, 협박에 못 이겨 어쩔 수 없이 하다가 도망쳤어요. 그리고 경찰에 신고했는데 수사가 그냥 종결 났어요. 이런 걸로는 (재수사가) 안 되겠죠? 혹시 몰라 메시지 남겨요……."

"안녕하세요. 추적단 불꽃입니다. 용기 내 연락주셔서 감사드립니다. 혹시 당시에 캡처해두신 증거 자료가 있을까요?"

피해 사실을 명확히 확인해야 도움을 줄 수 있었기에, 증거 자료가 있는지 물었다. 피해자 B는 "죄송해요. N번방 공론화 터지기 전에 잊어버리자는 마음으로 다 삭제했어요, 죄송합니다"라고 답했다. 그가 우리에게 사과하고 있었다. 그것도 두 번이나. 그가 우리에게 사과할 이유는 없었다. 거듭 죄송하다고 말하는 피해자가 신경 쓰였다.

피해자 B가 경찰에 신고했다면, 신고를 접수한 경찰서에 당시 자료가 남아 있지 않을까 싶었다. 혹시 경찰에 신고하실 때 자료를 넘기지 않았는지 다시 물었다. 답이 없었다. 다시 연락을 해볼까 싶다가도 부담감을 느낄 것 같아 주저했다. 그렇게 한 달이 조금 넘는 시간이 흘러, 피해자 B에게 다시 연락이 왔다. 경찰에 넘겼던 신고 자료를 받기 위해

---

9 편영길, 〈범죄 수익 몰수 제도의 현황과 활용 방안〉, 고려대학교, 2018.

정보 청원을 올렸다는 메시지였다.

일주일이 지난 후 B에게서 경찰에게 청구했던 자료를 받았다는 메시지가 도착했다. 2018년 경찰에 신고했던 당시 제출한 피해 사진이 함께 포함되어 있었다. 사진을 확인하자마자 당황했다. 추적 기간 동안 수없이 본 갓갓의 범죄 수법과 B의 피해 내용이 일치했기 때문이다. B도 언론에 공개된 갓갓(문형욱)의 범죄 수법을 보고 자신이 갓갓의 피해자가 아닐까 의심했지만, 확신하지는 못했다고 한다. 트위터나 텔레그램 같은 온라인 공간에서 여성을 목표물로 삼아 범죄를 저지르는 가해자는 '갓갓'뿐이 아니었기 때문이다.

B는 자신이 갓갓의 피해자인지 확인하고 싶어 했다. 만약 갓갓이 가해자가 맞다면 자신의 피해를 진술해 그의 형량을 높이는 데 도움을 주고 싶다고 했다. 가해 내용뿐만 아니라 가해자의 활동 시기가 일치하는 것으로 보아 B는 갓갓의 피해자일 가능성이 높았다. 우리는 2020년 5월 중순 갓갓이 검거된 후, 수사를 진행하고 있던 경북경찰청에 전화해 N번방 피해자 명단에 B씨가 올라가 있는지 물었다. 개인정보가 걸린 문제라 경찰 측에서 즉각 확인해주기는 어렵다는 답이 돌아왔다.

B에게 상황을 설명하며 직접 경찰에 신고해 진술할 것을 권했다. 피해자는 일반 경찰서에 신고했으나 유야무야 넘어간 적이 있었던 터라, 일반 서에 신고하는 것은 원치 않았다. 갓갓을 수사하고 있는 경북경찰청에 바로 신고하는 게 좋겠다고 생각했다. B가 직접 경북경찰청에 신고한 다음 날, B로부터 자신이 갓갓에게 피해를 당했다는 게 확인

되었다는 연락이 왔다.

N번방 사건이 공론화되면서 경찰 측에서는 N번방 피해자들에게 연락해 필요한 보호 조치를 취하고 있다고 발표한 바 있다. 그런데 우리에게 연락을 준 피해자는 경찰에게 아무런 연락도 받지 못한 상황이었다. 초기 수사가 종결된 지 1년이 지난 뒤였기 때문에 B는 피해자 지원 상담은커녕 안내조차 받지 못했다.

다행히 B는 늦게나마 피해자 명단에 들어가게 되었다. 이 모든 상황에 우리는 다시금 화가 났다. B는 2018년 피해가 발생했을 당시 해당 지역 경찰서에 신고했다. 그러나 해당 경찰서는 해외기반 SNS는 수사가 어렵다며 수사를 사실상 종결해버렸다.

이후 B는 범죄 피해자가 마땅히 누려야 하는 권리를 잃은 채, 2년을 홀로 고통 속에서 살았다. 2020년 5월, 대대적으로 N번방 사건을 공론화해 갓갓이 잡힌 후에야 비로소 피해자 지원을 받을 수 있었다. B는 우리에게 거듭 감사 인사를 전했다. 우리가 한 일은 경찰청 수사관과 전화 상담을 한 후, 사건을 해결할 수 있도록 피해자를 경찰청에 연결해준 것뿐이었다.

피해자는 "(물질적·정신적) 보상보다는 갓갓이 영상을 가지고 있지 않기만을 바라고 있어요"라고 말했다. 우리가 만나본 피해자들의 바람은 한결같았다. '영상 영구 삭제.'

N번방 방지법? 사각지대 못 막아

5월, 20대 국회에서 일명 'N번방 방지법'이 통과됐다. 내용은 다음과 같다.

성폭력범죄처벌특례법 개정안

- 불법 성적 촬영물을 소지·구입·저장 또는 시청한 자에 대해 3년 이하의 징역이나 3000만 원 이하의 벌금에 처할 수 있는 규정을 신설함.
- 성착취물을 이용해 타인을 협박·강요한 사람은 각각 징역 1년 이상·징역 3년 이상의 형에 처해진다. 특히 자신의 신체를 직접 촬영했더라도 이후 본인 의사에 반해 유포됐다면 처벌된다.

형법 개정안

- 미성년자와의 성관계를 미성년자의 동의 여부에 관계없이 강간으로 간주하는 의제강간 기준 연령을 현행 13세에서 16세로 상향 조정되었음.
- 합동 강간·미성년자 강간 등 중대한 성범죄는 준비하거나 모의하기만 해도 처벌하는 예비·음모죄 신설.

범죄 수익 은닉의 규제 및 처벌 등에 관한 법률 개정안

- 성착취 영상물 거래 등에서 가해자·범죄 사실이나 개별 범죄와 범죄 수익 간 관련성 등에 대한 수사기관의 입증 책임을 완화해 범죄 수익 환수를 촉진함.

- 인터넷 사업자들에 디지털 성범죄물 삭제 등 유통 방지 조치, 기술·관리적 조치 의무를 부과해야 함.

하지만 위의 법안으로 디지털 성범죄를 온전히 감당하기에는 역부족이다. 추가로 한시라도 빨리 통과시켜야 하는 법안을 소개한다.

① 스토킹방지법

2018년 KBS에서 살인 사건과 살인미수 사건 381건을 조사한 바에 따르면, 여성 피해자 30퍼센트가 살해당하기 전에 스토킹에 시달렸다. 이 조사 결과에서 알 수 있듯이 스토킹을 막으면 인명 피해를 막을 수 있다.[10] 텔레그램 성착취 사건에서도 가해자들은 N번방 피해자의 학교를 찾아가서 강간하자는 모의를 했고, 지인능욕의 경우 지인의 사진과 함께 주거지와 직장을 노출하는 경우가 허다해 마음만 먹으면 누구라도 스토킹을 할 수 있었다.

특히 '박사방'을 운영한 조주빈의 공범 중에도 스토킹을 일삼은 자가 있었다. 사회복무요원이던 A는 자신의 담임교사였던 B를 8년간 스토킹했다. 그는 피해자에게 '딸부터 시어머니까지 너의 눈앞에서 살해

---

10 이수정, 이다혜 외, 『이수정 이다혜의 범죄 영화 프로파일』, 민음사, 2020, 169쪽.

하겠다' '우리나라 법 좋다. 사돈에 팔촌까지 다 죽이고 심신미약 인정받아 3년 살다 나오면 된다'라며 협박하기도 했다. 그는 실제로 심신미약을 주장해 징역 1년 2개월을 선고받았다. 가해자가 예상한 3년보다 1년 8개월 더 적은 형을 살고 나온 것이다. 그는 출소 후 다시 사회복무요원으로 일하며 피해자 딸이 다니는 어린이집 주소를 빼내 조주빈에게 400만 원을 건네며 피해자의 딸을 죽여달라고 살인을 청부한 바 있다.

'스토킹방지법만 있었어도……'라는 탄식이 나온다. 1999년, 처음으로 스토킹방지법이 국회에 상정됐지만 통과되지 않고 있다. 2018년 국회 법제사법위원회는 "스토킹은 행위 유형이 다양하고 단순한 애정 표현이나 구애와 구분하기 어려우며, 심각한 스토킹은 형법상 폭행죄, 협박죄 등으로 처벌할 수 있어 별도 법률을 신중해야 한다"고 입장을 표명했다. '단순한 애정 표현과 구애'의 주체는 '가해자'다. 가해자의 입장이 반영된 해석이다. 피해자가 상대방의 행동에 두려움을 느낀다면 스토킹이 분명한데도, 여전히 국회의원 다수는 남성주의적인 시각에서 범죄를 바라보는 것이다.

이미 영국·호주·미국 같은 국가에서는 '스토킹방지법'을 제정해, 접근금지 명령을 어기고 주변을 배회하는 사람을 처벌하고 있다. 또 피해자가 큰 두려움을 느끼고 있는지, 초대하지 않았는데 일주일에 세 번 이상 찾아온 적이 있는지 등의 항목이 포함된 체크리스트를 활용하고 있다고 한다.

다음은 영국에서 사용하고 있는 자가 스토킹 체크리스트다.

☐ 현재 당신은 큰 두려움을 느끼고 있는가

☐ 스토커가 전에 스토킹을 한 적이 있는가

☐ 스토커를 초대하지 않았는데 일주일에 3회 이상 찾아온 적 있는가

☐ 접근금지 명령을 내렸는데도 스토커가 주위에서 배회하는가

☐ 스토커가 신체적 위협 또는 성폭력 위협을 가한 적이 있는가

☐ 스토커가 당신의 재산을 약탈하거나 훼손한 적이 있는가

☐ 스토커가 제3자를 끌어들여 위협을 가한 적이 있는가

☐ 스토커가 마약이나 알코올 중독, 혹은 정신적인 문제를 겪고 있는가

☐ 당신이 이전에도 경찰을 부른 적이 있는가

우리나라에서 스토킹 여부를 판단할 수 있는 체크리스트가 생긴다면 위와 같은 사례를 참고할 수 있을 것이다. 이외에도 반드시 포함되어야 할 리스트가 바로 '사이버 스토킹'에 대한 내용이다. 예를 들어 전화, 메신저, 이메일 등을 통해 거절 의사를 밝혔음에도 지속적으로 연락하거나, 성희롱 발언과 자극적인 내용을 메시지로 보내면서 불안감을 조성하는 행위는 명백한 성범죄로 규정해야 할 것이다. 무엇보다 스토킹 범죄에 시달리는 피해자의 '공포'를 사법부에서 이해하는 것이 중요하다.

② 그루밍처벌법

'그루밍grooming'이란 '다듬다, 길들이다'라는 뜻으로, 마부groom가 말에게 빗질하고 목욕시켜 말끔하게 꾸민다는 데서 유래했다. '그루밍 성범죄'는 가해자가 피해자에게 호감을 얻거나 돈독한 관계를 형성해 심리적으로 지배한 뒤에 성폭력을 가하는 범죄다. 이 범죄의 가해자는 먼저 피해자를 선정해 호감을 쌓고 그들의 욕구를 충족시켜준다. 점차 피해자가 가해자 자신만 바라보게 해 고립시키며 성적 관계를 형성하고 서서히 협박 단계로 진입한다. 그리고 성착취를 저지른다.

지난 3월, 우리에게 연락한 미성년 피해자를 통해 이 그루밍 성범죄에 대해 자세히 알게 되었다. 피해자 C는 평소 전학을 자주 다녀 친한 친구를 사귈 기회가 없었다고 한다. C는 랜덤 채팅 어플을 통해 한 '오빠'를 만나 몇 달간 친구처럼 지냈다. 오빠는 "비밀 이야기도 들어주고 싶다"면서 C에게 조금씩 다가갔다. 몇 달 후에는 신체 사진을 요구하기 시작했다. 거절하자, "그럼 나 이제 너랑 연락 안 해"라며 매몰찬 모습을 보였다. 자신의 이야기를 잘 들어주는 오빠를 잃고 싶지 않았던 C는 결국 사진을 한 장, 두 장 보내게 되었고, 이 과정에서 C의 얼굴 같은 개인정보가 노출되고 말았다. 시간이 지날수록 오빠는 C에게 성적인 사진을 요구했고, 이를 거절하면 주변에 알리겠다며 협박했다고 한다. 부모님이나 선생님에게 사실이 알려질까봐 두려워하는 피해자의 마음을 이용한 것이다.

이처럼 그루밍에 의한 성폭력이 심각한 이유는 신뢰를 바탕으로 자행되기 때문이다. 그래서 경제적으로 취약하거나 정서적으로 불안한 환경에 놓인 아동이나 청소년들이 피해를 입는 경우가 많다. 아동이나 청소년은 누구나 인정과 애정을 받고 싶어 한다. 왜 모르는 사람에게 사진을 주었느냐며 아이를 다그칠 일이 아니다.

이 그루밍 과정에서 피해자들은 학대당하고 있다는 사실을 인지하지 못할 뿐만 아니라 때로는 가해자를 사랑한다고 느낀다. 자신이 어떤 피해를 입었는지 모르는 피해자의 영상은 본인 모르게 인터넷에 올라가거나 거래된다. 대부분 성착취 범죄가 그루밍으로 시작되기에 아동·청소년이 성착취를 당하기 전에, 가해자의 유인 행위와 같은 '접근' 자체를 처벌해야 한다. 가상공간의 그루밍 처벌이 법제화되면 성적 만남이나 성범죄 실행에 상관없이 성적 목적으로 접근하는 행위 자체를 처벌할 수 있게 될 것이다.

해외에서는 이미 영국과 호주 등 63개국이 '온라인 그루밍' 처벌법을 시행하고 있다(2017년 기준). 유럽 국가들은 2007년 란사로테협약(성착취 및 성학대에서 아동을 보호하기 위한 유럽의회 협약)을 맺고 "정보통신 기술을 이용한 아동에 대한 성적 제의가 반드시 직접 만남으로 이어져야 범죄에 해당한다고는 볼 수 없다"며 "가해자가 온라인에만 머물러도 아동에게 심각한 피해를 야기한다"고 선포한 바 있다.

③ 디지털 성범죄 함정수사 법제화

대한민국에서 현재 청소년과 성인이 대화할 수 있는 랜덤 채팅 앱은 200개가 넘는다. 2019년 여성가족부 연구진이 여성 청소년으로 위장해 랜덤 채팅 앱에서 2230명과 나눈 대화를 분석한 결과에 따르면 상대가 청소년일 때도 만남을 요구하는 등 성적인 목적으로 대화하는 경우가 76.4퍼센트(1704명)에 달한 것으로 나타났다.

우리가 직접 어플을 깔고 실태를 확인해본 결과, 채팅 상황은 몇 년 전과 다를 바 없었다. 상대방은 여전히 "열다섯 살이면 좋지.""아다야?(한 번도 성관계를 맺어보지 않았냐는 의미다)" 같은 말을 늘어놓고 있었다. 이런 상황을 막기 위해 필요한 것이 바로 '함정수사'다. 함정수사는 크게 두 가지로 구분되는데, 단순히 범행 기회를 제공하는 '기회제공형', 범행 동기나 범행 의도가 없던 사람에게 범행 의도를 갖게 하는 '범의유발형'이 있다. 우리나라에서 제한적으로 허용되는 수사는 기회제공형이다.

예를 들면, 경찰이 만취한 척 길거리에 쓰러져 있다가 지갑을 훔치도록 유도하거나 경찰이 인터넷에 올린 살인청부 위장 광고를 보고 살인청부를 의뢰하는 것은 기회제공형이다. 또 경찰이 휴대전화를 길거리에 일부러 떨어뜨리고 지켜보다가 누군가 주워 우체국이나 지구대에 가져다주려 하면 그를 설득해 자신에게 팔라고 꼬드기는 것이 범의유발형이다. 문제는 현실에서 일어나는 범죄가 예시처럼 간단하지 않다는 것이다. 시간이 갈수록 범죄 수법은 진화한다. 현재 제한적으로 허용되는 '기회제공형'만으로는, 범죄 수법의 변화에 제대로 대처하고 범인을 검거하기는 어렵다는 것이다.[11]

이미 많은 국가에서 디지털 성범죄와 관련해 함정수사를 허용하고 있다. 하지만 우리나라에서는 여전히 논란이 거세다. 함정수사로 범인을 검거해 기소한 경우, 공소 제기 절차가 적법하지 않다고 말하기 때문이다. 아동·청소년이 "15세 여자, 잘 곳 구해요"라고 대화창에 올려놓았다고 하자. 그러면 이는 '범의'(범죄임을 알고도 해당 행위를 하려는 의사)를 유발하기 때문에 불법이다. 평범한 사람에게 범의를 유발했다는 것이다. 현재 대한민국 법은 성인이 아이에게 불온한 마음을 품는 것을 선제적으로 문제 삼지 않는다는 뜻이다. 현재 정책은 피해가 발생할 때까지 기다리겠다는 것이나 마찬가지다.[12]

아동·청소년을 보호하기 위해서라도, 반드시 성범죄 함정수사를 도입해야 한다. 지금까지 성범죄는 문제가 발생한 다음에야 대응하기 급급했다. 이번에도 그랬다. 미래에 또 다른 N번방 사태를 겪고 싶지 않다면, 사전에 범죄를 차단하는 법안들을 반드시 만들어야 할 것이다.

존경하는 재판장님, 국민들 생각은요

4월, 대법원 양형조사위원회에서 아동 청소년 이용 성착취물 범죄에 대한 양형 기준 마련을 위한 설문을 실시했다. N번방 사건이 일어난

---

11   이윤호(동국대 경찰사법대학 교수), 〈디지털 성범죄로 확대된 '함정수사' …… 부작용 최소화할 묘수는〉, 한국일보 2020년 5월 7일자.

12   이수정 교수와의 대담 내용 일부.

이후 양형위원회가 '아동·청소년의 성 보호에 관한 법률(아청법) 11조'에 의한 적절한 양형 기준을 논의하기 전에 해당 법조항에 대한 의견을 물은 것이다.

설문 결과, 범죄 유형별 적정 형량을 묻는 설문에 다수 법관들이 관대한 답변을 내놓았음을 확인했다. 한 예로, 아동·청소년 성착취물 제작 범죄의 경우 법으로 정해진 형량이 '징역 5년 이상의 유기징역 또는 무기징역'임에도 불구하고, 조사 결과 3년형이 적당하다는 응답이 31.6퍼센트로 가장 많았다. 이로 미루어 법관들이 디지털 성범죄의 심각성과 양형 기준의 중요성을 인지하지 못했음을 다시 한 번 확인했다. 젠더법연구회 소속 판사들은 설문조사 질문과 문항 자체에 문제가 있다고 지적했다. 현재 아청법의 양형은 다음과 같다.

아청법 11조 1항 미성년자 음란물을 제작하거나 수입·수출한 자는 5년 이상의 징역 또는 무기징역.

아청법 11조 2항 영리를 목적으로 미성년자 음란물을 판매·대여·배포·제공하거나 이를 목적으로 소지·운반한 자는 10년 이하의 징역.

젠더법연구회 소속 판사에 따르면, 미성년 성착취물 제작의 경우 하한이 5년인데 대법원 양형위원회 설문조사엔 양형 보기로 징역 2년 6개월 이상부터 9년 이상까지 제시되어 선택지 열 개 중 다섯 개가 5년 미만 형이었다. 설문조사 선택지에서 이미 양형 범위가 지나치게 낮게 제시되었다는 것이다. 같은 달 말에는 '웰컴 투 비디오' 운영자였던 손정우의 미국 송환을 앞두고, 손정우가 법원에 구속적부심[13]을 청구하며 논란이 일었다. N번방 사건을 취재하며 이 디지털 성범죄가 어디서부터 시작된 것일까 생각해보았는데 배경에 손정우가 있었다. 한국에 디지털 성범죄 씨앗을 뿌린 자가 1년 6개월의 형을 살고 출소했다. 법관들이 디지털 성범죄를 가볍게 여긴 탓이다. 디지털 성범죄에 대한 새로운 양형 기준이 절실하게 필요한 이유다.

때마침 한 시민이 좋은 제안을 해주었다. 추적단 불꽃이 디지털 성범죄 양형 기준 설문조사를 진행해주면 어떻겠느냐는 내용이었다. 이 제안은 리셋 팀에게도 보내졌다. 리셋과 불꽃 모두 아동·청소년 이용 성착취 범죄를 비롯한 대부분의 디지털 성범죄에 대한 양형 기준이 마련되어 있지 않은 현실에 문제의식을 느꼈고, 같은 목표를 향해 나아가는 여성으로서 힘을 합치기로 했다. 우리는 이 설문조사를 통해 국민들이 생각하는 디지털 성범죄의 적정 형량 및 양형 과정에서 고려 또는 배제해야 할 양형 인자 등에 대한 의견을 모으기로 했다. 국민의 법 감정과 판사의 판결 사이의 괴리감을 해소하는 것이 공동 목표였다.

우리는 트위터와 인스타그램 등에서 설문조사를 실시했다. 설문조사는 7월 13일에 있을 양형위원회에 전달할 예정이었다. 첫번째 설문조사는 7월 7일 마감되었고, 총 6360명이 참여했다. 응답을 분석한 결

13　피의자의 구속이 과연 합당한지를 법원이 다시 판단하는 절차를 말한다.

과(분석 작업은 리셋이 했다), 전체 응답자의 95.8퍼센트가 미디어나 주변에서 디지털 성범죄 사건을 자주 접한다고 답했으며, 응답자의 99.2퍼센트는 디지털 성범죄의 선고 형량 범위가 적절치 않다고 했다. 또한 응답자의 98.8퍼센트는 사법부가 디지털 성범죄를 진지하게 여기고 있지 않다고 보았다.

디지털 성범죄를 줄이기 위해 양형위원회와 사법부에서 어떤 일을 해야 하는지 묻는 설문에 1929명이 '형량 강화'와 '강력 처벌'이라고 답했다. 더불어 응답자의 99.8퍼센트가 디지털 성범죄 처벌이 '솜방망이'라는 데 동의했다. 이 설문조사 결과를 보면 한 가지만은 분명했다. 지금까지 해온 것처럼 관련 판례들을 참고하여 양형 기준을 마련하는 일은 무의미하다는 것이다. 불꽃과 리셋은 이 설문조사의 결과를 양형위원회에 전달하려 했으나, 이미 자료집이 다 만들어져 추가할 수 없고, 회의에 전달할 수 있을지 잘 모르겠다는 답변을 받았다. 우리가 안일했던 것일까. 당황스러웠지만 그렇다고 방법이 없는 것은 아니었다. "8월 말까지 보내주면 9월에 열릴 회의 자료집에는 무조건 들어가게 하겠다"는 양형위원회 답변을 받아, 설문조사 기간을 연장했다. 약 3달간 진행된 설문조사[14]는 총 7509명이 참여하며 8월 20일 막을 내렸다. 8월 27일, 대법원 양형위원회에 설문조사 결과와 설문 담당자들의 의견서를

---

14 박민지, 〈N번방은 판결을 먹고 자랐다…불꽃×리셋 "디지털 성범죄 양형기준 높여야"〉, 국민일보 2020년 8월 26일자.

전달했다. 설문 최종 결과, 판결에 대한 불신과 시대 변화에 도태되는 사법부 및 양형기준에 대한 염려가 있었다. 판사들과 현 양형위원회가 디지털 성범죄 현실을 제대로 인식하지 못한다는 것이 이유였다. 사법부의 다수가 중년 남성들로 구성된 것에 문제를 제기하는 의견도 있었으며 다양한 계층의 의견을 수합할 견제기구가 필요하다는 응답 또한 기억에 남는다. 불꽃과 리셋, 또 대한민국에 사는 수많은 여성들이 디지털 성범죄 양형 기준이 합당하게 세워질 수 있도록 열심히 발언하는 중이다.

이건 또 뭐야

2020년 5월, 새로운 유형의 디지털 성범죄를 제보받았다. 텔레그램 가해자들은 결코 사라지지 않는다는 사실은 알고 있었지만 그나마 성착취 범죄는 줄어들고 있는 듯했다. 여세를 몰아 다른 성범죄도 하나씩 해결하면 되겠구나 생각했다. 오산이었다. 우리 생각보다 가해자들의 움직임이 훨씬 빨랐다. 또 다른 성범죄를 양산하고 있었던 것이다. 새로운 성범죄는 수법이 꽤나 복잡했다. 제보자에게 두 시간 동안 설명을 듣고, 수집한 자료를 수십 개 본 이후에야 범죄를 어렴풋이 파악할 수 있었다. 파악한 피해자만 서른 명이 넘고, 가해자는 수백 명이 넘었다.

그야말로 '멘붕'이었다. 디지털 성범죄를 뿌리 뽑을 수 있겠다, 희망이 있다고 생각하던 찰나에 또 다른 신생 범죄라니. 붙들고 있던 정신줄이 끊기는 느낌이었다. 우리가 아무리 애써도, 불어나는 가해자들을 막을 길은 없단 말인가. 무력감이 찾아왔다. 우리가 모르는 가상공간의 성범죄가 또 얼마나 많을까, 두려움이 엄습했다. 그렇다고 손 놓고 있을 수는 없는 노릇이라 당장 할 수 있는 일을 찾았다. 범죄를 파악했으니 신고가 우선이었다. 다만 경찰은 지금 텔레그램 사건을 수사하기도 벅찬 상황인데, 신생 성범죄를 바로 수사할 수 있을지 걱정이었다.

작년 7월부터 우리와 연락을 주고받던 강원지방경찰청에 신고하기로 했다. 지난 1년간 서로 신뢰를 쌓았고, 이번에도 잘 살펴봐주리라 생각했다. 우리는 상황을 보다 명확히 설명하기 위해 제보자와 함께 춘천으로 향했다. 강원지방경찰청 사이버수사대 상황실에 둘러 앉아 사건을 설명하는 우리를 보며 수사관들도 처음 사건을 접했을 때의 우리와 같은 표정을 지었다. 간략히 설명해서는 이해할 수 없는 범죄 수법이었기 때문이다. 세 시간가량 설명한 뒤에야 경찰들도 문제의 심각성을 알게 되었다.

문제는 범죄 사실을 입증할 수 있는 증거가 없다는 것이다. 텔레그램 성착취는 소굴에 들어가서 자료를 모을 수 있었지만, 이들의 본거지는 어디인지 파악조차 되지 않았다. 피해자들을 협박하고 조롱하면서도 범죄가 될 만한 증거는 남기지 않는, 보다 고도화된 범죄였다. 이 문제를 두 달간 추적했지만 섣불리 기사화했다가 가해자들이 증거를 숨기고 도망갈까 우려되어 계속 주시하며 보도 시기를 미루고 있다. 이건 N번방 사건만큼이나 지능화된 사이버 범죄다. 이 책이 출판될 즈음에도 이 문제를 기사화할 수 있을지 모르겠다. 가해자가 검거되는 그날,

보도하려 한다. 대한민국에 만연한 디지털 성범죄의 추악한 민낯을 우리는 알아야 한다. 그래야 뿌리 깊은 강간 문화를 직시하고 해결할 수 있을 테니.

서울중앙지검 간담회에서

5월 말, 추적단 불꽃 공식 계정으로 이메일 하나가 도착했다. 서울중앙지방검찰청(서울중앙지검)에서 디지털 성범죄와 관련한 간담회에 참석해달라는 내용이었다. 그동안 활동하며 느꼈던 법적 제도적 한계점을 직접 말할 수 있는 기회였다. 서울지검에서는 또 N번방 사건의 전반적인 내용에 대해 참고인 신분으로 증언해줄 것도 부탁했다.

6월 초, 우리는 서울중앙지검에 도착해 수사관의 안내를 받았다. 간담회 참석자는 서울중앙지검 디지털 성범죄 특별수사 TF 검사 네 명과 박사방 피해자 국선변호사 신진희 변호사, 국회 입법조사관 전윤정 조사관, 리셋 팀과 추적단 불꽃이었다. 각자 맡은 일은 달랐지만 동일한 문제의식을 느끼고 있었기에 서로의 의견에 누구보다 공감할 수 있었다.

이 문제를 낱낱이 꿰고 있는 신진희 변호사는 2012년부터 성범죄 피해자 지원을 하며 한국에서 디지털 성범죄가 어떻게, 얼마나 발전해왔는지, 또 현재의 문제는 무엇인지를 지적했다. 신 변호사가 지적한 문제는 '스트리밍' 서비스였다. 불법 영상이 발견되었을 경우, 방송통신위원회에 신고하면 24시간 이내에 삭제되지만 실시간 송출 영상은 막을 수 없기 때문이다. 자리에 있던 모두 이 문제의 심각성을 절감했다.

이어 전윤정 입법조사관은 현재 피해자 지원에 대한 법적 근거가 없다며 체계적으로 시스템을 구축해야 한다는 점을 강조했다. 리셋 역시 계속 모니터링하며 느낀 문제점이 무엇인지 밝혔다. 검사들은, 성범죄 피해 아동은 어른이 대신 진술할 수 있지만 성인의 경우는 대리 진술이 불가하다며 성인 피해자도 보호해야 한다는 점을 짚었다.

디지털 성범죄의 실태, 수사기관에 바라는 점, 제도의 개선 등 서로 나눠야 할 이야기가 정말 많았다. 우리 역시 1년 여간 추적하며 느낀 바를 이야기했다. 경찰에서 검찰에 영장을 신청해도 기각되는 경우가 많다는 점을 지적하고, 플랫폼마다 성착취물이 공유되는 방식 등을 설명해 나갔다. 또한 디지털 성범죄와 같은 신종 여성 대상 폭력이 계속 늘어나는데, 실태를 파악할 수 있는 통계 자료는 부족하니 예방책을 마련하기 위해 성폭력 범죄 통계자료를 구축할 것을 제안했다.

한 시간 반 동안 실무자들 이야기를 들으니 아직도 우리 사회에 바꾸어야 할 게 많다는 사실이 여실히 느껴졌다. 동시에 이 자리에 있는 이들 모두 바라는 것은 같구나, 하는 생각에 연대감을 느끼며 위안을 얻었다. 검찰청 간담회가 끝나고 함께 점심을 먹으며 못 다한 이야기들을 이어나갔다.

점심 식사가 끝나고 검사실로 올라가 우리는 우리대로, 리셋은 리셋대로 참고인 조사에 응했다. 우리는 어떻게 N번방에 들어갔는지, 텔레그램 대화방들이 어떻게 운영되는지를 설명하고 일탈계, 박사의 범죄행위에 대해 진술했다. 또 그런 행위가 범죄단체조직죄에 해당하는지 등에 대해서도 이야기를 나누었다. 검찰청을 들어간 시간이 오전 11시였는데, 참고인 조사까지 마치고 나오니 오후 6시가 다 되어 있었다. 몸은 지칠 대로 지쳤지만, 희망이 있다는 생각에 저녁 발걸음만큼은 가벼웠다.

두 번의 강연

5월을 기점으로 지역 성폭력 상담 센터 등에서 꾸준히 강연 요청이 들어왔다. 우리는 디지털 성범죄를 근절하려면 '인식의 전환'이 가장 어려운 과제라고 생각했다. 그래서 유튜브 영상을 올리고 인터뷰와 간담회를 하고 책도 쓰고 있었는데, 강연 요청까지 들어올 줄은 예상하지 못했다. 처음에는 거절했지만, 디지털 성범죄 실태를 직접 듣고 싶다는 간절한 청을 외면할 수 없었다. 교육 실무자들은 어떤 이야기를 듣고 싶어 하는지도 알고 싶었다.

강연을 수락하기 전에 센터 담당자에게 한 가지를 요청했다. 추적단 불꽃이 강연을 한다고 외부에 홍보하지 말아달라고. 우리는 계속 신변의 위협을 느끼고 있었기 때문이다. 다행히도 센터 측에서는 상황을 잘 이해해주었다. 결국 세종시와 김해시에서 강연을 하기로 했다.

'이미 다 아는 내용을 말하는 것은 아닐까?'

강연 자료를 준비하는데 점점 부담이 커졌다. 청중이 다들 성폭력 상담 실무자 아니겠는가. 걱정스러운 마음에 센터에 다시 연락하니, 취재하면서 경험한 범죄 현장을 알려주면 좋겠다고 했다.

우선 세종시로 갔다. 맨날 강의를 듣던 우리가 강의를 한다니, 설레는 한편 부담감이 밀려왔다. 세종시는 처음이라 센터 담당자가 역에 마중을 나왔다. "다들 추적단 불꽃을 보면 업어주겠대요." 절로 웃음이 터졌다. 우리는 점심 식사를 할 시간이 없을 것 같아서 용산역에서 주먹밥이며 간식을 잔뜩 챙겨 먹고 왔는데, 담당자께서 우리에게 따뜻한 밥을 사주었다. 강연은 좀 늦게 시작해도 괜찮으니 밥은 꼭 먹어야 한다면서.

강연장으로 가니 강사 열 명이 앉아 있었다. 우리 이야기를 들으러 열 명이나 오다니, 그동안 신변 보호 때문에 언론 인터뷰도 최소 인원만을 대상으로 했었는데…… 우리는 긴급회의를 했다. "강연할 때 마스크 벗어도 되나?" "이분들 앞에서는 괜찮겠지?" 사진 촬영은 허용하지 않고 얼굴을 공개하기로 했다.

추적단 불꽃을 간단히 소개하고 이어서 디지털 성범죄 용어를 설명했다. 우리도 처음 추적에 나설 때 각종 용어가 낯설었다. 디지털 성착취, 고담방, N번방, 지인능욕, 웹하드 카르텔 같은 용어들을 설명한 뒤, 2019년 7월부터 현재까지 디지털 성범죄를 추적한 과정을 이야기했다. 줄이고 줄여서 추적기만 이야기하는데도 목이 메었다. 불의 목이 갈라질쯤, 단의 차례가 왔다.

단은 디지털 성범죄 사례와 가해 수법들을 정리하며, 우리 사회에서 디지털 성범죄가 어디까지 발전했는지를 설명했다. 다 아는 내용이지만 듣는 불도, 말하는 단도 힘들었다. 여러 번을 들어도 끔찍한 내용이었다. 이어서 단은 '피해자가 죄가 없는 이유'를, 불은 '사회에 남은 과제'를 발표하며 강연을 마쳤다.

두 번째 강연은 김해여성회가 열었다. 세종시보다 청중 수도 세 배가량 많았다. 김포에서 비행기를 타고 출발해 오전 11시 45분에 도착할 예정이었다. 선잠에서 깨어 보니 11시 55분, 아직도 하늘을 날고 있었다. 기체는 흔들리고 창밖은 뿌옇기만 했다. 강연에 늦겠다는 걱정보다, 이러다 갑자기 비행기에 문제가 생기면 어쩌나 하는 두려움이 엄습했다. 다른 승객들 역시 두리번거리고 있었다. 그렇게 10분 정도 흘렀을까, 안내 방송이 흘러나왔다. "김해공항 기상 상황이 안 좋아 착륙을 못하고 있습니다. 30분 안에 착륙할 예정입니다." 안도의 한숨이 흘러나왔다.

겨우 김해공항에 도착하자마자 상담소 담당자에게 연락했다. 죄송하게도 10분 정도 늦을 것 같다고 양해를 구했다. 내리자마자 경전철을 타고 강연 장소에 도착했지만, 제대로 준비도 못한 채 강연을 시작할 수밖에 없었다. 설상가상으로 단의 노트북에 설치된 파워포인트 프로그램이 오작동했다. 분명 강연을 하고 있는데 물속에서 입을 뻐끔대는 것처럼 멍—했다. 하도 정신이 없어서 우리가 무슨 말을 하고 있는지도 모를 지경이었다.

다행히 쉬는 시간이 지나고 나니 긴장이 풀렸다. 우리는 서로 눈을 맞추며 자연스럽게 이야기를 이어나갔다. '정말 너 없었으면 어쩔 뻔했냐!' 그야말로 이심전심이었다. 세 시간에 걸친 강연을 마치고 우리는 녹초가 되어 강연장을 빠져나왔다. 예상보다 30분 정도 길어졌지만 그래도 못 다한 이야기가 많았다.

강연을 마치고 밖으로 나오니 비가 쏟아졌다. 우산을 펼칠 새도 없이 비를 맞아버렸다. 정수리를 타고 빗물이 흘렀다. 참 어렵다. 고된 하루였다. 앞으로 두 차례 강연 일정이 잡혀 있다. 더 많은 강연을 통해 디지털 성범죄의 실체를 알리고 싶은 마음은 여전히 간절하다.

끝내며
틀림없이 끝이 있다는 것

3월, 인터뷰 요청이 밀려들 때 출판사에서도 연락이 왔다. 모두 아홉 군데에서 출판 제의를 해왔다. 피해자 대응, 언론 인터뷰만으로도 몸이 부서질 지경이라 출판은 생각해볼 여유가 없었고, 어떻게 우리가 책을 쓰겠냐는 마음에 두렵기도 했다. 하지만 불꽃이라는 이름을 걸고 활동할수록 책을 써야겠다는 생각이 점점 커졌다. 언론 인터뷰 내용만으로는 시민들이 디지털 성범죄의 현실을 파악하는 데 한계가 있을 수밖에 없기 때문이다.

'그래, 책을 써서 디지털 성범죄의 역사를 낱낱이 기록해 사람들의 인식을 바꾸자, 우리가 느낀 분노와 참혹함을 사회가 함께 고민할 문제로 제시하자.'

아홉 군데 출판사 중에서 우리와 마음이 잘 맞는 출판사와 계약했다. 5월 첫 주, 첫 원고를 보냈다. 9월 중 출간하려면 매주 원고지 15매 이상은 써 보내야 했지만 할 일이 너무 많았다. 계속되는 인터뷰, 강연 등으로 인해 하루에 다섯 시간도 잘 수 없었다. 한국의 디지털 성범죄 실상을 다큐멘터리로 제작한다는 감독과 만나고, 우리가 처음으로 자료를 제공했던 한겨레신문과 생방송 인터뷰를 하고, SBS 〈그것이 알고 싶다〉, KBS 〈시사기획-창〉 측과 만나 인터뷰를 하고, 유튜브 영상을 촬영하는 등 밤낮을 가리지 않고 강행군을 했다. 우리는 평일에 인터뷰를 진행하고, 주말에는 온종일 책을 썼다. 몸도 마음도 많이 지쳤지만, 사람들이 디지털 성범죄의 심각성을 인지하고 있음을 방증하는 것이라 여기고 버텼다.

책을 쓰기 위해서는 지난 일을 복기해야만 했다. 머릿속에 재생되는 온갖 영상들로 인해 괴로워하며 이틀 내내 아무것도 쓰지 못한 날도 있었다. 편집자와는 주말마다 원고를 보내기로 합의했는데, 매번 일요일에서 월요일로 넘어가는 새벽에 보내기 바빴다.

좋은 점도 많았다. 평소에 바빠서 못 읽던 책들을 어떻게든 시간 내서 읽게 됐다. 책을 읽어야만 책을 쓸 수 있겠다는 생각이 들었다. 2부를 쓰며 어렴풋한 추억에 잠겨 실실 웃기도 하고, 추적하며 생긴 트라우마도 치유되었다. 3부를 쓰는 지금, 마지막 송고를 앞두고 있다. 그동안에도 정말 많은 일이 일어났다. 위력형 성범죄가 반복되고, 웰컴 투 비디오 손정우의 미국 송환이 거부되고, 고등학교 교사가 불법촬영을 저질렀다. 한국 여성으로 살아가는 게 버겁게 느껴지는 일주일도 있었다.

하지만 우리는 살아 있다. 이 땅에서 살아남아, 외치고 있다. 각자의 자리에서 함께 연대하며 움직이는 이들이 있기에 내일을 그릴 수 있는 것이다. 추적단 불꽃은 성범죄 피해자의 고발을 지지한다. 그들의 고통은 우리의 몸을 통과해 심장을 건드렸다. 피해자의 상처가 나의 고통으로 바뀌어 발화하는 순간, 뜨거운 용암이 심장에서 솟구친다.

우리가 써내려간 지난 1년간의 기록이, 함께 공감하고 분노하는 여성들의 발자취로 이어지길 바란다.

우리의 대화방

불

(저녁) 밥 뭐 먹지? 점심이 자극적이었으니
소화 잘되는 거 먹자. 죽 어때?

단

나쁘지 않은데……? 리조토?

불

나쁘지 않은데……? 참치 야채죽?
새우죽? 아, 새우죽 맛있겠다.

단

덮밥은?

불

나쁘지 않아.

단

그럼 지하 2층?

불

또? 아, 거기 이것저것 많으니까?

단

어어어어.

불

이것저것? 흐흐……

단

그래 많이많이 먹자.

시작하면서 가볍게, 서로 장점 하나씩 말해볼까?

불

음 단은 참 꼼꼼해. 아까 메일 보낼 때 느꼈는데 뭐 하나를 해도 이런 거 저런 거 다 준비하면서 하더라. 난 대충대충 넘어갈 때가 있는데 단의 그런 모습 볼 때마다 배워야겠다고 느껴.

단

나는 네가 확실한 게 좋아. 너가 좋아하고 잘하는 게 여럿 있잖아. 운전이나 글쓰기나, 말도 그렇고 요리도 그렇고. 너는, 나 이런 거 잘한다, 하고 자기가 잘 하는 게 뭔지 확실하게 말을 하더라고. 그런 걸 보면서 '확실한 사람이다' 느꼈어. 자기 자신을 잘 알고 있다는 건 좋은 거라고 생각해~

서로에게 힘들었던 점은?

불

저번에 이야기 하긴 했는데, 난 지금도 우리가 하고 있는 일이 많아서 그것만으로도 벅차. '단'이 이런 저런 이야기를 할 때 그게 부담으로 다가오더라고. 쉬거나 친구랑 노는데 '단' 혼자 느낌이 온 거야. 이것도 하자 저것도 하자, 이야기를 해, 나는 쉴 땐 온전히 쉬고 싶은데. 대꾸를 해줘야하는데 그게 은근 스트레스가 되더라고.

또 우리가 같이 있을 때 내 모습이 마음에 안 들 때가 있어. 내가 날카로워지는 것 같고 예민해지는 듯도 하고. 그럴 때? 언니가 나한테 경쟁의식 느낀다고 했잖아. 그게 느껴질 때? 그때가 힘들었던 것 같아. 그냥 그런 생각이 들었어. 언니가 내 생일날 써준 편지에 제목을 '나보다 잘됐으면 좋겠다고 생각하는 유일한 사람'이라고 썼잖아. 그걸 읽고 감동받았는데…… 문득 이 사람이 경쟁의식을 느끼는구나, 나한테…… 이런 생각이 드니까 그게 힘든 거야. 서로 그저 의지하면 좋겠는데 그게 잘 안 되는 것 같은?

297

그럼 나는 네가 한 말에 해명하는 대신, 너랑 있을 때 힘들다고 느꼈던 걸 말해볼게. 오히려 그게 답이 될 수 있으니까. 나는 어딘가에 필이 꽂혀서 내 말에 당장 답을 바란 적도 있고 그렇지 않을 때도 있어. 당장 답을 원했을 때는 업무 이메일을 빨리 처리해야 한다든지, 내 아이디어에 대한 너의 반응이 궁금했을 때? 정도야. 나는 브레인스토밍을 하는 게 의식의 흐름처럼 자연스러워서 너랑 연락하면 줄줄 말하게 되는 것 같아. 친구가 나더러 "너는 틈만 나면 불이랑 카톡 한다"고 하더라고? 연락을 좀 줄여야 하나…… 내가 12월에 너한테 크리스마스 카드를 줬는데 네가 1월에 답장을 준 적이 있잖아. 그걸 얼마 전에 발견해서 읽었는데, 너 기억나?

하나도 안 나. ㅋㅋㅋ 내가 뭐라고 썼지?

네가 편지에 가장 친한 사람이 '나'라고 쓴 거야. 그때는 우리가 말도 마음도 잘 맞았잖아. 서로 연락을 자주 하는 게 너무 좋았는데 지금은 그 마음이 어디 갔을까 싶은 거야. 그래도 나는 네가 좋아. 너무 좋은 친구여서 우리 관계를 어떻게 하면 다시 건강하게 만들 수 있을까 생각했어. 나는 생각을 많이 하고 기사를 봐도 한 편이라도 더 참고해서 쓰고 싶은데. 네가 1차 검수자잖아. 그래서 속도를 더 빨리 내야 할 것 같은 압박감이 있었어. 그런데 우린 체계가 없잖아. 그래서 더더욱 논의가 필요한데 논의가 부족한 적도 있고 너무 빨랐던 적도 있어.

그럼, 너는 그동안 제일 힘들었던 게 뭐야?

이 활동을 지속할 수 있을까? 돈이 없으니까 확신이 안 섰어. 만약 내가 돈이 진짜 많았더라면 우리가 그동안 만났던 피해자분들한테 묻지도 따지지도 않고 밥도 근사한 거 사드리고 지원금도 팍팍 드렸을 텐데. 우리가 인터뷰하느라 진짜 힘들었을 때 지하철 대신 택시를 타고 일정 소화했을 것 같고, 서울에 집도 구했겠지. 사무실도 구하고? 완전 본격적으로 추적단 불꽃 활동을 꾸렸을 것 같아. 아무도 건드릴 수 없는, 우리가 하고 싶은 일 다 하는 추적단 불꽃 말야. 내가 부자라면 독립 언론을 세워도 문제없겠지. 자본으로부터 독립할 수 있으니까. 이런 생각을 했을 만큼 나는 취업을 해야 하나, 불꽃 활동을 해야 하나 고민이 많았어.

돈이 없어서 스트레스를 받았어? 그건 몰랐어.

내 밥은 내가 벌어먹어야 할 나이가 됐는데 갑자기 사회운동을 하게 됐잖아. 다른 또래보다 시간이 상대적으로 많은 것도 아니고, 생계를 위해 카페 알바를 5-6시간 하는데, 그러고 집에 오면 몸이 너무 힘든 거야. 불꽃 활동에 능률도 떨어지고⋯⋯. 일단은 상금으로 연명하는 중이지. 버는 돈이 없잖아? 그래서 조금씩 빼서 쓰는 거야.

우리 활동하면서 언제가 제일 힘들었어?
최근 1년 동안 제일 힘들었던 적은?

남들에게 잘 보이려고 한 거 때문에? 내가 이 사람에게 잘 보이고 싶은데 그렇게 되지 못했을 때 오는 스트레스가 있어. '꾸며진 모습'이라고 해야 하는지 모르겠는데 잘 보이려고 하다보면 힘들어. 물론 나도 열심히 했지만. 아무튼 이런 것보다도 불꽃 활동을 하면서 감정이 많이 사라진 느낌이야. 감정이 사라졌다고 느낄 때 좀 많이 힘들더라. 기뻐도 엄청 기쁘지 않고, 인생무상이 되는⋯⋯.

그럼 슬퍼도 엄청 슬프지는 않아?

어떤 감정인지 잘 모르겠어. 그냥 내 삶을 내 시점에서
바라보는 게 아니라 해탈한 느낌이야. '이 또한 지나가리라'
생각하고. 1년간 활동하면서 제일 힘들었던 거는 인간관계지.
우리 둘이 활동하면서도 서로 의견 안 맞을 때 힘들기도 했고.

우리 둘의 관계……

응, 그게 계속 붙어 있다 보니까? 서로 지향하는
목표는 같은데 의견 충돌이 있거나 그럴 때.
근데 대화로 풀어나가려고 노력하니까 그래도!

나는 내 자격에 대해서 스스로 많이 의심했어. 그러면서 점점
우울해지고 힘들었어. 내가 이 글을 써도 되나 싶은 감정을
자주 느껴. 내가 남 얘기를 하지 않고 내 얘기를 하는 거라도
'내가 이런 단어를, 비유를 써서 얘기를 하면 상처받을 사람은
없을까?'부터 시작해서 내가 이 사람을 비판해도 되는가 싶고,
누군가 나를 철없다고 생각하지 않을까, 나를 이상하게 보지
않을까 이런 생각을 했지. 남 눈을 많이 신경 썼던 것 같아.
아무래도 우리가 드러나는 활동을 하다보니까 그런 것 같아.

○○○에서 N번방 영상 분석해달라고 했을 때 네가 들어가 있던
N번방이 폭파된 상태였고 나한테는 남아 있었잖아. 그래서 영상 속
피해 사실들을 정리해야 하니까 두 시간 가까이 한 영상만 스무 번씩
돌려봤는데, 그때 남은 잔상이 요즘도 간간이 생각나. 애벌레 봤던
것도…… 큰 트라우마로 남았어. 그냥 대수롭지 않게 생각하려고
하는데 문득 '이게 대수롭지 않은 게 아니다' 느껴질 때가 있지.

단

사실 우리한테는 성착취 영상이 우리와 멀리 있는 허구의 과장된 이미지로 다가온 게 아니라, 진짜 사람이 실제로 우리 손안에 있는 것처럼 느껴졌잖아. 우리는 피해를 단순히 목격한 게 아니라 경험했으니, 트라우마가 생길 수밖에 없지. 그럼에도 종종 잔상을 생각하고 보면서 느낀 감정을 말해야 덜 힘들대. 임상치료 선생님이 그랬어 기억나?

불

아, 받아들이라고?

단

나는 두 번 정도 선생님이랑 같이 떠올렸었어. 처음에는 그걸 회상하라고 했을 때 목이 누가 찌르는 것처럼 아픈 거야. 진짜 아팠어. 선생님이 상담해주고 지시해주면 그대로 따랐지, 끝나면 치료가 어땠는지 느낌을 말해야 하잖아? 내 고통을 발화하는 과정에서 극복할 수 있는 힘이 생기는 것 같아. 두번째 떠올렸을 때는 목이 아프지 않고 '슬프다, 무섭다' 이런 생각이 들었어. 처음에는 그 기억을 회피하고 싶어서 발버둥을 쳤다면 두 번째 떠올릴 때는 있는 그대로 봐줄 수 있었던 것 같아. 우리에게 트라우마로 남은 잔상을 떠올리고 명상하는 걸 일주일에 한두 번 했으면 좋겠어. 집단 명상 효과가 좋다고 하잖아!

불

맞아, 나도 명상하고 나아졌지.

활동 기간 중 제일 두려웠던 경험은?

단

우리 강연하러 갔을 때 비행기 추락할 뻔한 거. 죽음이 눈앞에 있을 수 있다고 생각하니까 아직 사랑하는 사람들이 세상에 너무 많아서 슬펐다. 우리 유서도 썼잖아…….

불

난 지하철에서 아줌마 쫓아왔을 때……
그때를 생각하면 지금도 좀 무서워.

마냥 즐겁지만은 않은 불꽃 활동, 계속 하는 이유는?

단

우리가 이런 저런 활동을 많이 하고 싶어서 한다기보다 의무감
때문에 하는 면도 있지 않나 싶어. 그렇지만 우리가 하고 있는
활동이 충분히 가치가 있는 활동이니까, 계속할 수 있겠다 하는
생각이 들거든. 기자가 되는 것보다 이런 활동을 계속해나가면
디지털 성범죄에 대한 여론을 환기시키는 것만으로도, 계속
취재를 하는 것만으로도 언론인으로서 가능성을 보여주는 것
같아서 의미가 있는 작업이다, 이렇게 생각해.

불

돈을 못 벌어도 이 일을 계속 할 거야?

단

이 활동을 계속할 수 있다면 돈은 먹고살 수 있는 정도로만
벌면 되지 않을까? 막 한 달 에 500만 원씩 벌고 싶다,
그런 생각은 하지 않아. 뭐 부모님 집에서 살면서……
부모님이 좋아하실지는 모르겠다만. ㅎㅎ 넌 어때?

불

당연히 많이 벌면 좋은데…… 근데 어쨌든 중요한 것은
우리 활동이니까 돈은 크게 상관없는 문제 같아.

단

언제 스스로 '성장'했다고 느껴?

불

불꽃이 아니었으면 해보지 못했을 활동을 하면서 느꼈어. 나는 대학생활 동안 선관위원장이나 학생회 간부 하면서 겪은 경험을 통해 성장했다고 느끼거든. 남자 친구랑 사귀었다가 헤어진 것도 성장에 도움이 되었다 느끼고. 이번 활동을 하면서도 뭐 하나를 딱 짚기보다 모든 일에서, 누군가를 만나고, 일을 하고, 사업을 구상하고, 취재하고, 협업하고, 이런 일들을 하면서 성장한다고 느꼈어! 엄청 많은 일들을 했으니까. 그럼 단은?

단

나는 이번 1년을 겪은 이후로 사람들을 많이 안 믿게 됐고 동시에 사람들에게 상처를 주기 싫어졌어. 전엔 어떻게든 내 말을 관철하려고 강요한 적이 있는데 이제는 그러고 싶지 않다고 해야 하나? 나는 내 길만 묵묵히 걸어가면 되겠다 생각이 들더라. 내가 해준 만큼 돌려받지 않아도 된다, 이런 마음을 쌓아가고 있어. 그래서 성장한 것 같아.

불

우리가 잊지 말아야 할 태도가 있을까?

단

가훈 이런 건가? 나는 '감히 판단하지 말자.'

불

나는, '객관적으로 우리 행보를 바라보자'.

책도 다 썼겠다, 앞으로 뭐 하고 싶어?

단

불이랑 제주도 여행 가기, 아 요즘 비행기 값 비싸댔지? 그럼…… 울릉도나 독도 가기? 그리고 일기를 매일 써볼까 생각하는 중이야. 명상도 같이 하고.

불

나는 일주일에 무조건 두 권 이상 책 읽기. 그리고 운동도 하고 싶어. 또 영어 공부를 하고 싶어! 영어에 대한 갈망이 큰 것 같아. 어제도 길 가는데 앞 사람이 영어로 통화하는 거 보고 하염없이 쳐다봤어.

단

너도 영어로 통화하잖아.

불

그 사람처럼은 못해.

단

나도 영어 배워야겠다고 생각했어. 영어를 잘하게 되면 활동할 수 있는 길이 많아지지.

우리 앞으로도 잘 극복해나갈 수 있겠지?

불

그럼~ 극복해야지, 나는 심리 상담 가서 얘기하고 그러면서 천천히 괜찮아지더라고.

단

나도! 고민이 생기면 들어주는 사람이 있어서 극복할 수 있었어. 들어주는 사람이 있다는 게 정말 감사한 일이야. 앞으로도 힘들다고 말하면 누군가는 들어주겠지?

불

맞아맞아. 그럼 이제 끝?!

단

벌써 끝이야? 재밌으니까 하나 더 하자 더 없어? 없어?

불

그럼 격려의 말 한마디씩 하면서 끝내자!

불, 너는 아직도 나보다 잘되기를 바라는 유일한 사람이야. 옆에 있어줘서 고마워.

불

단과 함께했기에 여기까지 올 수 있었어. 고마워. 언젠가는 이 모든 게 분명히 끝날 거야. 그날을 기다리며 함께 웃자!

부록

다시 쓰는 사법 정의, 성폭력·성착취 근절
시민법정(집회) 발언문

발언자	추적단 불꽃
대독자	N번방에 분노한 사람들 활동가
일시	2020년 8월 16일 오후 6시
장소	서초역 7번 출구
주최	N번방에 분노한 사람들

"무지몽매한 대중에 비해 높은 식견을 갖춘 엘리트들은 대중에게 즉자적으로 반응하기보다 자율적으로 판단하는 것이 정당하다."

18세기 영국의 보수주의 이론가 에드먼드 버크의 주장이다. 최근 논란이 된 성착취 가해자를 판결한 재판부, 다수의 법원 인사들은 버크에게 빙의한 것 같다. 그 오만한 생각에서 깨어나기를 바란다.

7월 29일 국회 법사위원회에서 더불어민주당 김용민 의원이 "세계 최대 아동 성착취물 사이트 '웰컴 투 비디오' 운영자 손정우(24)의 모든 죄를 포괄일죄로 단 1건으로 처리하는 게 맞느냐"고 묻자 조재연 법원행정처장은 "재판부의 판단이라 사건을 이야기하기 어렵다"고 답을 피했다. 이 답변의 오만함에 국민들이 가슴을 치는 소리가 끊이지 않는다.

오만함이 게으름을 낳는다. 법원은 (아동 성착취물에 대한) 판매, 제작, 유통을 다 별개로 보는데 손정우 사건은 특이하게 포괄일죄로 봤다. 판결을 내리기 전후로 양형과 포괄일제에 대한 근본적 고민은 했는가. 게으름이 불러온 솜방망이 판결에 대해 사법부는 국민들에게 제대로 된 피드백을 내놓아야 한다.

법원행정처장 조재연, 그리고 손정우 미국 송환 불허 결정을 내린 재판부 강영수 등은, 성착취 가해자들이 얼마나 부지런한지 아는가? 박사 조주빈, 갓갓 문형욱, 켈리 신모 씨, 와치맨 전모 씨, 부따 강훈, 이기야 이원호, 웰컴 투 비디오 손정우 등, 성착취 가해자들은 부지런하다.

이들은, 성을 착취한 증거가 남지 않게 휴대전화 '공기계'를 쓴다. '조서 쓰는 법'을 공유한다. 부지런히 해킹 프로그램을 만들어 피해자들 신상 정보를 빼돌린다.

성착취 범죄 수익 자금 세탁도 이들에게는 아주 쉬운 일이다. 암호화폐 전문가를 통해 안전한 코인을 추천받아 성착취 영상을 거래한다. 박사방에서 감방으로 간 조주빈은 매일 반성문을 쓴다. 1년간 텔레그램 성착취 불법촬영물 방을 추적한 결과, 가해자들은 잡히기 전에는 안 잡히려고, 잡힌 후에는 형을 감경받으려고 발버둥 친다.

가해자들은 아무리 죽여도 기어 나오는 '바퀴벌레' 같다. 사법부는 피해자가 아닌 '무엇'에 감정을 이입하는가?

텔레그램 성착취 사건 관련 재판부는 딱 가해자만큼만 노력하라. '탁상 재판' 하지 말고 현장에 나가 진실을 파악하라. 업무량이 많아도 현장검증을 부지런히 하는 판사들이 있는 것을 잘 안다. 첨예하게 맞부딪히는 두 개의 '진실' 중 어느 한쪽의 손을 들어주는 게 판사다. 그렇기에 재판이 어렵다. 앞서 말한 것을 실천하기 힘들다면, '법'의 형량을 통해서라도 가해자를 엄히 처벌하려 노력해야 할 것이다.

항소심 선고 2주 전 웰컴 투 비디오 손정우는 혼인신고를 했다. 재판부는 이를 감형 요소로 삼았다. 혼인 여부가 감경 사유인 것도 황당한데 최근 손정우 상대방의 혼인 무효 소송으로 손 씨의 결혼 생활은 끝났다. 감형도 받고 결혼도 무효 처리된 손정우의 '사회 복귀' 시나리오를 최종적으로 승인한 자는 대한민국 사법부다.

손정우 관련 재판, 미국 송환 심리를 담당한 사법부는 사법 정의를 이루고자, 지키고자 하는 초심을 티끌만큼이라도 간직하고 있는가.

있다면, 법복을 벗고 떠나라.

2020년 8월 16일 추적단 불꽃

부록 2

"미성년자 성착취물 파나요?"…'텔레그램' 불법 활개

해외 서버 둔 모바일 메신저에 국내 미성년 불법 영상 보러 1만3천명 '우글우글'
화장실·자취방 불법촬영물 등 20GB나…해외 수사 공조 요청 등 경찰 대책 시급

아동·청소년 성착취물을 공유하는 단체 채팅방이 모바일 메신저 '텔레그램'을 통해 버젓이 운영 중인 것으로 확인됐다. 최근 정부에서 대대적인 웹하드 사이트 규제에 나서자 불법촬영물을 유통하던 업로 더들이 독일에 서버를 둔 텔레그램에 둥지를 튼 것이다. 취재팀은 텔레 그램 채팅방의 불법촬영물 유통 실태를 파악하기 위해 약 한 달간 텔 레그램 채팅방을 잠입, 아동·청소년 등장 성착취물과 불법 성인 사이 트 링크 등을 공유하는 가해자들의 모습을 채증했다. 가해자들은 텔레 그램의 탄탄한 보안을 방패삼아 불법촬영물 유포, 미성년자 강간 모의 까지 자행했다. 취재를 통해 익명 뒤에 숨은 가해자들의 추악한 민낯을 파헤쳤다.

피해자에 대한 2차 가해 우려 속에도 더는 가해자 연대를 묵인하거나 방관하 지 않기 위해 이번 기사를 기획했다. 성착취물을 촬영하고 유포한 가해자에게 수 치의 책임을 묻는 첫걸음이 되길 바란다. <편집자 주>

사진 1. 아동 성착취물이 유포되는 텔레그램 대화방에 올라온 공지, '아동·청소년을 협박해 얻어낸 자료'라고 버젓이 써 놨다. '일탈계'는 '일탈하는 계정'의 줄임말로 보통 트위터에서 일탈계를 해시 태그해 본인의 성적 욕망을 표출하는 데 쓰인다.

◇ **불법촬영물 놀이터 '텔레그램'**

"여기 공유되는 아이들의 영상과 사진들은 일탈계하는 여자아이들을 협박하여 얻어낸 자료들입니다 시키는 대로 하지 않아 도망간 아이들이니 마음대로 하셔도 됩니다."

불법 웹 사이트 'a*****'에는 텔레그램 단체 채팅방 링크가 게재돼 있다. 이 링크를 타고 들어가면 1천728명(7월 30일 오후 5시 기준)이 참여한 채팅방 A로 연결된다. 각종 성착취물이 공유되는 방으로 들어가는 첫 번째 루트다. A방은 주로 각종 불법촬영물 정보를 묻거나 일상 이야기 수준의 대화가 오간다. 겉으로는 단순히 수위가 높은 대화를 나누는 것 같지만 속내는 달랐다. 이 방은 불법촬영물의 유통을 담당하는 파생방에 들어갈 수 있는 중간다리다. 파생방 링크는 불시에 올라왔다. 7월 30일 오후 5시 기준 파생방은 4개 이상이며 참가자를 합치면 총 7천 명을 훌쩍 넘는다. 중복 참가자를 고려해도 적은 인원은 아니다. 파생방 B에서만 불법촬영 영상 938개, 사진 1천898개, 파일 233개가 공유됐다. 주로 아동 강간 촬영물과 화장실·여성 자취방 불법촬영물, GHB(일명 물뽕)을 먹여 기절시킨 피해자를 성폭행하는 영상과 사진이었다.

하룻밤 사이 1만 3천 건의 대화가 쌓여있기도 했다. 불법촬영물을 올리지 않거나 대화에 참여하지 않으면 강제 퇴장당할 수 있어 참가자들은 본인이 소유한 불법촬영물을 올리기 바빴다. 참가자들은 불법촬영물을 많이 올리는 헤비 업로더를 찬양하고 '직촬'(직접 찍은 불법촬영물)을 원하기도 했다. 단순히 상업용 포르노만 공유하는 곳이 아니었다. 불법촬영과 공유, 여성을 조롱하는 행태가 이곳에선 하나의 놀이였다.

◇ 미성년자 성착취물 보러 '번호방' 몰려…피해자 30여 명 이름·학교 공개도

이들의 최대 관심사는 '번호방'이었다. 미성년자를 협박해 제작한 성착취물을 모아둔 채팅방으로, 1번방부터 8번방까지 무려 8개가 운영되고 있다. 피해자는 30명이 넘는 것으로 추정된다. A방 관리자는 번호방 피해자의 이름, 학교, 반, 평가를 주기적으로 올리며 참가자들의 궁

텔레그램 채팅방 참가자 현황
(2019.07.30. 오후 5시 기준)

채팅방 A
1,728명

채팅방 B   채팅방 C   채팅방 D   채팅방 E
1,368명   1,471명   2,271명   761명

총 8개 방   번호방
①~⑧   8,024명

ⓒ 2019 불꽃

사진 2. 채팅방 A에서 파생된 방만 4개 이상, '번호방'에는 미성년자를 협박해 얻은 성착취물들이 올라온다. 각 방의 숫자들은 현재 채팅에 참여한 사람들의 수를 알려준다.

금증을 증폭시켰다. 번호방에 들어간 이용자들은 미성년 피해자들의 성착취 영상을 보며 품평회를 여는가 하면, 피해자의 나체 사진으로 텔레그램에서 공유할 수 있는 이모티콘을 제작해 사용했다. 심지어 "**이 (개인정보가 노출된 피해자) 학교 찾아가자"며 강간을 모의하기도 했다.

번호방 링크를 얻으려면 A방에서 파생된 채팅방인 B방에 입장해 인증을 받아야 했다. 7월 11일 오후 10시, B방에 들어온 참가자는 400명 이상이었다. 이 방을 관리하는 관리자는 한 명이 아니었다. 여러 명

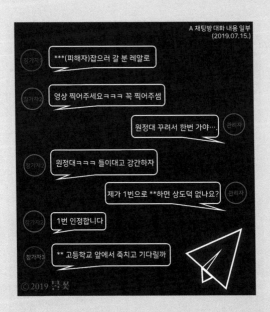

사진 3. A 채팅방 대화 내용 일부. 신상 정보가 노출된 미성년자를 성폭행하자는 가해자들.

이 돌아가며 링크를 뿌렸는데, 기준도 다양했다. 어느 관리자는 성착취물을 보내라고 요구하고 자신의 마음에 들면 링크를 줬다. 기자는 번호방의 존재를 알게 된 지 약 5시간 만에 들어갈 수 있었다. 특별한 조건 없이, 심지어 성별과 불법촬영물 소지 여부도 확인하지 않는 관리자가 부여한 링크를 통해서였다. 그는 프로필 사진을 애니메이션 여자 주인공으로 설정하라는 요구만 했다. 원하면 누구나 입장할 수 있다는 의미다. 그렇게 들어간 번호방에는 성착취물이 무려 20GB나 공유되고 있었다. 20GB면 영화(1.4GB 기준) 14편에 달하는 용량이다.

◇미성년자 협박 수법 '악랄'

번호방의 표적은 SNS에 본인의 누드 사진과 '일탈계'를 해시태그 해 올렸던 미성년자였다. 일탈계는 트위터에서 본인의 노출 사진이나 자위행위 영상을 올려 성적 욕망을 표출하는데 쓰이는 계정이다. 가해 자인 최초 유포자 B씨가 A방에서 발설한 내용에 의하면, 그는 지난해 중순부터 올해 초까지 '일탈계'를 해시태그한 피해자들의 트위터 계정 으로 해킹 링크를 보내 계정을 해킹했다. 이후 경찰을 사칭해 '음란물 유 포'로 고소장을 접수하겠다며 이름, 주민등록번호, 학교명, 연락처 등을 수집했다. 이 과정에서 "부모님께 말하기 전에 시키는 대로 하라"며 몸 에 칼로 '노예'라는 글자를 새기게 하고 자위하는 모습 등을 촬영하게 했 다. 이렇게 번호 방에 유출한 피해자만 30일 현재 30명 이상이다.

1번부터 5번까지 번호방을 운영하던 B씨는 현재 텔레그램을 탈퇴 한 상태다. A방 관리자는 B씨가 탈퇴 전 본인에게 번호방 링크를 넘기 며 범행 이유 등을 밝혔다고 말했다. B씨는 스트레스를 풀기 위해 이런 일을 벌였다며, 피해자에게 시켰던 가장 심한 일로 "동생 성기 구강성 교 시킨 것"을 꼽기도 했다. 지금도 이 번호방 영상들은 다운로드가 가 능해 각종 SNS, 불법 웹페이지 등을 통해 빠르게 유포되고 있다.

◇ 누구 하나 죽어야 끝나나?…경찰 비웃는 가해자들

채팅방 참가자들은 "텔레그램 경찰 수사 못함ㅋㅋ" "외국 서버인데 어떻게 잡냐" "정부가 텔레그램을 막는다고? 정부에서 텔레그램을 쓴

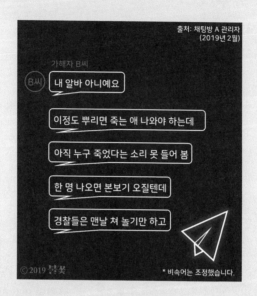

사진 4. 최초 유포 가해자 B씨가 파생방에 보낸 대화 내용 일부.

다" 등의 대화를 나누며 자신들이 절대 잡히지 않을 것이라는 확신을 가지고 있다. 텔레그램은 러시아의 감시를 피하고자 만들어진 메신저이다. 정기적으로 수억 원의 상금을 내건 해킹 콘테스트를 하고 있으나, 아직 암호를 푼 사람이 없을 정도로 강력한 보안체계를 갖추고 있다. 불법 영상 유포자들이 안심하는 이유다. '개인정보 보호'라는 거대한 나무 아래 '불법촬영물 유포'라는 그늘은 짙어질 수밖에 없는 걸까. 경찰은 텔레그램 속 범인을 붙잡는 일이 불가능하지는 않을 것으로 내다봤다.

　지난해 5월 딥웹에서 아동 성착취물 공유 사이트를 운영하던 20대 남성이 충남 당진에서 검거됐다. 사이트 이용자들로부터 비트코인을 받고 아동 성착취물을 판매하다가 경찰에 덜미가 잡힌 것이다. 이번 사건도 텔레그램의 협조만 있다면 범인 검거 희망은 있다. 강원지방경찰청 사이버수사대 전인재 팀장은 해외에서는 아동 성착취물을 더욱더 중하게 처벌하기 때문에 텔레그램도 본청 인터폴 계를 통해 영장 신청과 공모 협조가 가능하다고 보고 있다. 다만 "해외는 국내보다 절차가 까다롭고 오랜 시일이 걸려 공조 수사를 요청하고 기다리는 동안 독립 수사가 필요하다"고 설명했다 그는 현재 "문제가 되는 채팅방 중 파생방 B에 잠입 수사 중"이라며 "참가자의 신상을 파악할 수 있는 단서를 몇 가지 채증했고 앞으로도 지켜보겠다"는 입장이다. 전 팀장은 "호기심으로 채팅에 참여한 사람이라도 불법촬영물 관련 링크를 건다거나 소지하고 있던 아동 성착취물 및 불법촬영물을 유포했을 경우 그에 상응하는 처벌을 받는다"며 "운영자를 통해 방이 운영되기 때문에 운영자를 잡는 것이 최종 목표"라고 말했다.

◇세계적으로 규탄받는 텔레그램, 뿌리 뽑으려면 정부가 나서야

불법촬영물 유통이 빈번히 일어나고 있는 텔레그램에 자정自淨이 필요하다는 목소리가 끊이지 않고 있다. 지난해 1월 애플이 IOS 앱스토어에서 예고 없이 텔레그램을 제거했다가 24시간 뒤 복구한 일이 있었다. 당시 애플 부사장 필 실러Phil Schiller는 "텔레그램 앱 삭제는 아동 성착취물 때문이었다"고 밝혔다. 애플은 텔레그램 개발자에게 주의를 준 뒤 전미 행방불명 피착취 아동 센터NCMEC와 미 당국에 통보했다. 지난해 스위스에서 열린 세계경제포럼WEF에서 테리사 메이Theresa May 영국 전 총리도 텔레그램이 '소아성애자를 위한 플랫폼'이라며 비판한 바 있다. 건국대학교 몸문화연구소 윤김지영 교수는 "디지털 성폭력은 보안정책보다 더 중요한 여성 인권의 문제이자 초상권과 인격권 침해의 문제라는 것을 텔레그램 운영자에게 인식시키기 위한 여러 정책적 법제적 공조가 이루어져야 한다"고 말했다.

관련 전문가들은 한결같이 우려를 표하며 당국의 행동을 요구하고 있다. 경기대학교 범죄심리학과 이수정 교수는 "당연히 정부 차원에서 텔레그램에 공조 요청을 해 유저를 필히 찾아내야 한다"며 "이번에 요청해서 들어주지 않는다고 하더라도 여러 번 요청하다 보면 바뀌는 계기가 될 것"이라고 말했다. 윤김 교수 역시 "정부 차원에서 해외 공조 요청을 통해 실질적 방안을 초국적 차원에서 마련해야 한다"고 강조했다. 아울러 "폐쇄형 단체 대화방에서 불법촬영 피해 영상물 유포가 이루어질 시, 플랫폼 운영자들에게 즉각 신고 가능한 버튼을 만들도록 해, 운영자 측에서 유포를 막는 기술적 차단조치를 의무화하는 법안이 필요하다"며 대안을 제시했다.

취재팀 불꽃

디지털 성범죄 용어 정리

디지털 성폭력

노트북, 컴퓨터, 핸드폰, 태블릿 PC 등 디지털 기기를 이용해 피해자의 성을 착취하며 인권을 침해하는 폭력 행위 전반을 말한다. 성폭력은 성희롱, 성추행, 성폭행, 성 매수 등을 모두 포괄하는 개념이다.

디지털 성범죄

디지털 성폭력 중, 현행법상 '범죄'로 인정되는 것을 뜻한다. 디지털 성착취, 불법촬영, 성적 촬영물 비동의 유포, 통신매체를 이용한 음란행위, 딥페이크 등이다.

아동·청소년 성 착취 물

2020년 6월 '아동·청소년의 성보호에 관한 법률 일부개정법률안'에 따라 '아동·청소년 이용 음란물'이 '아동·청소년 성 착취물'로 용어가 변경됐다. 성 착취는 성행위나 이에 준하는 행위를 강제로 시키거나 이를 통해 이익을 취하는 범죄다.

온라인 그루밍

게임, 채팅 앱, 소셜네트워크서비스SNS 등 온라인 공간에서 만난 이를 타깃으로 삼는다. 친구, 언니, 오빠 등으로 신뢰 관계를 형성하여 피해자를 심리적으로 지배한 후, 자연스럽게 성적 사진이나 영상물 등으로 성 착취하는 것을 말한다. 짧게는 몇 시간, 길게는 몇 년씩 그루밍하는 사례가 있다. 온라인 그루밍은 디지털 성 착취의 시작이라고 볼 수 있다.

몸캠 피싱

온라인 대화를 통해 성적 행위를 주고받을 때 이를 영상으로 녹화하고, 동시에 피해자의 기기에 있는 연락처를 해킹해 지인들에게 피해 영상을 유포하겠다고 협박하는 범죄다. 협박 과정에서 성적 만남을 유도, 성 착취 영상 요구 등의 피해가 발생한다. 가장 빈번하게 일어나는 건 금전 요구다.

지인 능욕(사진 성적 합성물)

SNS에 올라온 지인의 사진을 기기에 저장한 후, 그 사진과 함께 피해자의 신상을 온라인에 게시하는 범죄. 나아가 해당 게시물에 성희롱을 하거나 성적인 사진과 피해자의 얼굴을 합성해 텀블러, 텔레그램, 트위터 등 SNS에 유포하고 적게는 수백 명, 많게는 수만 명과 성적 합성물을 보며 성희롱하는 범죄이다. 지인 능욕 피해자의 직업과 연령대는 다양하며, 피해 규모가 크다. 하지만 음지에서 일어나는 범죄의 특성상, 일반인인 피해자는 본인의 피해 사실조차 모르는 경우가 다반사다. 가해자를 검거하지 못하면 피해자와 가해자를 분리할 수 없어 2차 범행이 우려된다.

웰컴 투 비디오(Welcome to video)

한국인 손모 씨가 다크웹에서 운영한 세계 최대 아동 · 청소년 성 착취 웹사이트이다. 중복 없이 약 25만 개의 아동 성 착취 물이 존재했다. 영상 업로드 페이지에는 "'성인 포르노'는 올리지 말 것"이라는 공지가 있었다.

웹하드 카르텔

불법촬영물의 불법유통 수익을 목적으로, 주요 웹하드 사이트음란 사이트 운영자 · 헤비업로더 · 디지털 장의사 간에 형성된 유착 관계를 뜻한다. 양진호 전 한국미래기술 회장은 음란물 불법유통에 대한 혐의로 재판에 넘겨졌다. 웹하드 카르텔의 핵심 인물이다.

고담방

와치맨이 운영하던 텔레그램 대화방의 방제. 주로 N번방을 홍보하는 데 사용됐다. 성 착취 범죄 피해자들의 신상 정보가 올라오기도 했다. 고담방에서는 아동에게 성 착취하는 방법이나 경찰 수사를 피하는 방법, 조서를 쓰는 방법 등이 공유됐다.

AV-SNOOP

텔레그램 '고담방'의 방장이던 '와치맨'이 수년간 운영한 구글 블로그. N번방을 비롯한 불법 촬영물들에 대한 후기가 올라왔다. 피해자들의 신상이나, 사진 등을 올리며 사람들의 호기심을 불러일으키는 게시물도 올렸다. 추적단 불꽃이 N번방을 처음 접하게 된 곳이다.

N번방

갓갓(문형욱)이 아동·청소년들을 협박해 만든 성 착취 영상이 공유되던 텔레그램 채널이다. N번방의 N은 'Number'(숫자)의 앞글자를 따온 것이다. 1번방부터 8번방까지 존재했으며 이를 통틀어 N번방이라고 불렀다. 텔레그램 채널은 대화방과는 달리 대화를 보낼 수 없게 설정됐으며 오로지 성 착취 영상만 올라와 있었다. N번방에 입장했다면, 올라와 있는 영상을 본인의 디지털 기기로 내려받을 수 있다.

박사방

박사(조주빈)이 만든 성 착취 영상이 업로드되던 방. 이윤을 목적으로 방을 운영했으며, '모네로'라는 추적이 불가능한 암호화폐로 거래했다. 텔레그램에만 공지방, 업로드방, 홍보방 등 수십 개의 방을 만들어 철저히 관리했다. 이 대화방들에서 박사는 본인을 '수괴', '아티스트', '사장' 등으로 우상화했다. 박사는 유료 방 입장권을 10만 원부터 150만 원까지 다양하게 판매했는데, 100만 원짜리 입장권을 사는 가해자에게는 피해자를 2달 동안 성적으로 학대할 수 있는 권한을 준다며 홍보했다.

텔레그램 자경단

랜덤채팅, 트위터 등을 통해 지인 능욕을 해보라고 시키거나, 지인 능욕을 해주겠다는 홍보 글을 올려 지인 능욕 의뢰자들을 모집한다. 그 과정에서 자경단은 지인 능욕 의뢰자의 개인정보와 피해자의 SNS 등을 얻어낸다. 이후 자경단은 가해 증거를 빌미로 역으로 의뢰자의 성착취를 시도한다. 일당은 의뢰자에게 가학적인 행위를 시키며 명령에 따르지 않을 시, 피해자에게 지인 능욕 의뢰 사실을 알리겠다고 협박한다. 텔레그램·SNS에 의뢰자들의 신상을 '박제'하기도 한다.

우리가 우리를 우리라고 부를 때

초판 1쇄 발행 2020년 9월 23일
초판 7쇄 발행 2022년 7월 28일

지은이 추적단 불꽃
펴낸이 고미영

펴낸곳 (주)이봄
출판등록 2014년 7월 6일 제406-2014-000064호
주소 10881 경기도 파주시 회동길 455-3
전자우편 yibom@yibombook.com
팩스 031-955-8855
전화 031-955-9981~3

ISBN 979-11-90582-35-3 03300

 springtenten　　 **yibom_publishers**